Reinhard K. Sprenger

ELTERNJAHRE

Reinhard K. Sprenger

ELTERN JAHRE

Wie wir mit
Kindern leben,
ohne uns selbst
zu verlieren

Deutsche Verlags-Anstalt

Sollte diese Publikation Links auf Webseiten Dritter enthalten, so übernehmen wir für deren Inhalte keine Haftung, da wir uns diese nicht zu eigen machen, sondern lediglich auf deren Stand zum Zeitpunkt der Erstveröffentlichung verweisen.

FSC® www.fsc.org MIX Papier | Fördert gute Waldnutzung FSC® C083411

Klimaneutral* Druckprodukt ClimatePartner.com/14044-1912-1001

Penguin Random House Verlagsgruppe FSC® N001967

1. Auflage

in der Penguin Random House Verlagsgruppe GmbH,
Neumarkter Straße 28, 81673 München
Umschlaggestaltung: Büro Jorge Schmidt, München
unter Verwendung eines Fotos von Robin Sprenger
Satz: GGP Media GmbH, Pößneck
Druck und Bindung: CPI books GmbH, Leck
Printed in Germany
ISBN 978-3-421-07000-5

www.dva.de

Für meine Kinder
Robin, Eileen, Marvin und Lennart

Inhalt

»Weh dir, Land, dessen König ein Kind ist.«
(Prediger 10,16)

Einleitung
Was sind unsere Elternjahre?

Elternsorgen

Eltern erziehen heute sehr bewusst. Mütter stillen ihren Nachwuchs bis ins Kleinkindalter. Väter verzichten auf Gehalt und Karriere, um Zeit mit ihren Kindern zu verbringen. Gemeinsam bauen sie ein drei Meter breites Familienbett und bringen die Kinder morgens nicht nur ans Schultor, sondern bis ins Klassenzimmer. Frühkindliche Förderung ist inzwischen die Regel, nicht mehr die Ausnahme. Und auf Elternabenden müssen immer mehr Stühle herangeschafft werden, so groß ist der Andrang.

Diese Elternpräsenz wird überwiegend begrüßt. Aber sie hat eine Schattenseite, und die wird täglich größer. So groß, dass sie die Präsenzgewinne überlagert. Dieser Schatten heißt *Sorge.*

Da ist zunächst die Sorge, dem Kind könnte etwas *passieren.* Ein Kind haben heißt Angst haben. Angst vor Unfall, Krankheit oder schiefer Bahn. Man sieht in einem Kind ein fragiles Wesen, das von Erwachsenen immerzu überwacht und vor allen Gefahren geschützt werden muss.

Sodann ist da die Sorge, das Kind könnte etwas *verpassen* – eine Sorge, die aus der Flut von Informationen erwächst, die uns die Medienwelt entgegenspült. Nimmt das Kind eine normale Entwicklung? Was darf es essen? Mit wem soll es spielen? Wie unterstützen wir Eltern es optimal?

Später die Sorge, das Kind könne nicht in die künftige Arbeitswelt *passen*. Welche Fähigkeiten werden gebraucht? Welche Berufe haben Chancen? Man hält es für unwahrscheinlich, dass zukünftig das gewöhnliche Menschsein genügt.

Und dann ist da letztlich das Bedürfnis der Eltern, sich ihrem sozialen Umfeld *anzupassen* – sie möchten durch die Leistungen ihres Kindes gut dastehen. Der Erfolg des Kindes wird auf die Eltern zurückgebogen. Die Sorge wird zum »Selbst«-Zweck.

Nun ist Sorge generell weder falsch noch völlig unbegründet. Als Vor-Sorge ist sie ein uraltes Prinzip menschlichen Selbsterhalts, die Für-Sorge ist aufgehoben in der Liebe. Aber manche Eltern sorgen sich so sehr, dass sie selbst vor lauter Sorge krank werden: Stress, niedergedrückte Stimmung, Schlaflosigkeit sind noch die harmloseren Folgen. Partnerschaftliche Probleme die weniger harmlosen. Unser Umgang mit dem Kind ist dann nicht mehr getragen von Gegenwart, Leichtigkeit und Humor, sondern von Zukunftsschwere. Mit traurigen Nebeneffekten: Wir bringen das Kind um seine Kindheit. Und uns selbst um wunderbare Elternjahre. *Das* wären Gründe, sich Sorgen zu machen. Wir werden sehen, was sich stattdessen eignet, unsere Elternjahre gelingen zu lassen. Wie wir es schaffen, die Bedürfnisse des Kindes zu erfüllen, ohne uns selbst dabei aufzugeben.

Nur-noch-Eltern

Früher wurde ein Kind eher nebenbei und unabsichtlich selbstständig; man kümmerte sich nicht groß darum. Entsprechend neu ist die Erziehung selbst. Es gibt sie erst seit etwa 200 Jahren – ein Klacks in der Weltgeschichte. Heute haben viele Eltern kein wichtigeres Thema. Das Kind ist nicht mehr nur »Nachwuchs«, es ist zum *Projekt* geworden. Und als Projekt wird es sorgfältig geplant, aktiv gestaltet und am Ende hoffentlich erfolgreich. Das Kind wird identitätsstiftend für die Familie.

Dabei wird das Erziehungs-»Projekt« zunehmend *moralisiert*. Noch bis in die 1960er Jahre hinein standen sich homogene Kollektive gegenüber – auf der einen Seite die Erwachsenen, auf der anderen die Kinder. Es war klar, was man von der jeweiligen Gruppe erwartete. Eltern verfolgten die gleichen Werte und Ziele: Sie sorgten dafür, dass die Kinder satt waren, saubere Kleidung trugen, vernünftig durch die Schule kamen und schließlich einen sicheren Beruf fanden. Und Kinder sollten vor allem gehorchen, freundlich grüßen und keine Widerworte geben. Dieser gesellschaftliche Konsens über Erziehung ist verloren gegangen. Heute stehen Erwachsene nicht mehr für Erwachsene ein, sondern vorrangig für ihr eigenes Kind. Zudem kommt es vermehrt zu ideologischen Flügelkämpfen zwischen »richtiger« und »falscher« Erziehung. Der Hype um das Kind kippt dabei oft in rigide Gewissheit, die nicht selten langjährige Freundschaften zerbricht. Wo man hinschaut: missionarischer Eifer, egal, ob es sich ums Impfen, Aufessen oder den Schnuller dreht. Kopfschüttelnd schaut man auf andere Eltern herab, die offenbar noch nicht begriffen haben, was zu tun und was zu lassen ist.

Nur in einem Punkt sind sich alle einig: Das Kind ist das neue Heiligtum. Dies umso mehr, als ein Kind heute »wertvoller« ist als früher: Die Zahl der Kinder pro Haushalt sank in Deutschland bis 2021 beständig. Zudem bekommen Menschen in unseren Breitengraden immer später ein Kind. Und ältere Eltern sind ängstlicher. Infolge der Verherrlichung durch die Eltern entwickeln die kleinen Prinzen und Prinzessinnen nicht selten ein Anspruchsdenken, das despotische Züge trägt. Die natürliche Ordnung von Eltern und Kind hat sich um 180 Grad gedreht: Heute stehen die Eltern unten und blicken hinauf zu ihrem Hausgott – zum Kind. Der französische Ideenhistoriker Alain Finkielkraut erzählt von einem Studenten, der auf einem Fragebogen als Vornamen »Majestät« angab.

Nehmen wir diese Phänomene zusammen, können wir geradezu von einer *Sakralisierung des Kindes* sprechen. Alles wird problematisiert, nichts bleibt unhinterfragt, und die Experten von Papa/Mama-Google haben zu allem eine Meinung, die auf Optimierung zielt. Die Familie mutiert zum Trainingslager für kindlichen Steigerungsstress. Denn Eltern wollen es »gut« machen, wollen möglichst perfekte Eltern sein. Entsprechend ist Erziehung heute: gehemmte Forderung und enthemmte Förderung. Eine solche Erziehung, so viel sei vorweggenommen, erstrebt Ziele, die nicht erreichbar sind. Sie geht von Voraussetzungen aus, die illusionär sind. Sie wählt Methoden, die kontraproduktiv sind. Und sie hat Spät- und Nebenwirkungen, die wir als Eltern unmöglich wollen können.

Das ist keine Früher-war-alles-besser-Onkelei. Ich frage vielmehr danach, was den Vorrang des Kindes gegenüber den Eltern begründet. Ob es eine Erziehung gibt, die das Prädikat »gut« verdient. Ob wir Eltern es eindeutig »richtig« machen können. Ich bin überzeugt, dass es sich bei »guter und richtiger Erziehung« um Mythen handelt. Mit fatalen Folgen für das Kind.

Und uns Eltern.

Was nämlich bei dem familiären Anstrengungsprogramm völlig unter den Tisch fällt, ist die Selbst-Fürsorge der Eltern. Die Erwachsenen sind oft *Nur-noch-Eltern*, vergessen sich sowohl als Paar wie als Einzelpersonen. Die Hausherren sind gleichsam von den Gästen verdrängt; die Eltern dürfen sich glücklich schätzen, wenn ihnen ein kleiner Winkel zum Rückzug bleibt. Das muss so nicht sein, wenn Eltern einen ganz zentralen Gedanken zulassen und entsprechend handeln: Elternjahre sind nur ein Abschnitt im Leben eines Erwachsenen. Kinder kommen, Kinder gehen, Eltern bleiben.

Elternwohl

Irrtümer und Übertreibungen der Erziehungsratgeberliteratur verleiten Eltern, überzogen optimistische Erwartungen zu hegen und dadurch die Elternjahre in eine *Zeit des Ungenügens* zu verwandeln. Von Genießen keine Spur. Im Kontrast dazu gehe ich von folgender Erfahrung aus: Wir machen als Eltern nur dann viel falsch, wenn wir zu viel richtig machen wollen. Deshalb ist eine Erziehung vorzuziehen, die sich auf *wenige Aufgaben* beschränkt und dabei das *Schädliche vermeidet*. Sie will nicht »Gutes« erreichen, sondern nimmt Abstand von der heute vorherrschenden Steigerungsmentalität. Weil ein Kind später umso erfolgreicher wird, je nebensächlicher es aufwächst. Und weil so die Chance besteht, dass Eltern die Elternjahre auch als Paar überstehen. Ich will daher offen aussprechen, worauf diese Überlegungen zielen: Eltern zu entlasten, die Sorge zu entsorgen – jedenfalls ihren überschießenden Teil. Ich werbe dafür, dass wir uns entspannen, weil eine *zurückhaltende Erziehung* das Richtige ist. Für das Kind. Vor allem aber für uns Eltern.

Dieser letzte Punkt wiegt schwer. Denn das öffentliche Gespräch über Erziehungsfragen diskutiert Eltern nur in ihrer funktionellen Bedeutung *für das Kind*, nicht aber in den existenziellen Anliegen *für die Eltern*. Deshalb blicken die meisten Erziehungsratgeber starr auf das Kind. Die Eltern fallen gleichsam aus der Optik. Vor lauter Kindeswohl wird vergessen, dass es auch ein Elternwohl gibt. Das scheint mir ein Grund dafür zu sein, dass die Konzepte oft zu kurz greifen.

Dieses Buch schaut daher auf die Eltern. Und *dadurch* auf das Kind. Ich stelle hier eine *Haltung* vor, die die Selbstachtung der Eltern priorisiert. Diese Haltung werden viele nicht widerspruchslos akzeptieren. Gut so. Wir sollten nicht lesen, um zu erfahren, was wir ohnehin schon denken.

Erziehung von Kindern kann man meiner Erfahrung nach mit einem Fußballtraining vergleichen: individuell üben lassen, taktisch einstellen, durchhalten lernen – und dann als Trainer von der Seitenlinie dem Spiel zuschauen; die Halbzeitpause zum Trösten und Wiederaufrichten nutzen. Mir gefällt dieses Bild. Menschen brauchen bisweilen Trost. Das gilt besonders für ein Kind. Immer wieder ist es auf tröstende Eltern angewiesen. Wer aber tröstet die Eltern? Wer beruhigt Eltern, die von Zweifeln geplagt sind, ob sie es »richtig« machen mit der Erziehung ihres Kindes? Vielleicht kann dieses Buch das leisten: Sorgen mindern, Zweifel zerstreuen und ein wenig Trost spenden in dieser angespannten, einzigartigen, wunderbaren Zeit der Elternjahre. Denn ein Kind braucht Eltern – keine Erziehungsexperten. Es braucht Eltern, die sich als Paar nicht verlieren. Die für das Kind das Beste tun, indem sie *für sich* das Beste tun. Jedes Kind hat ein Recht auf glückliche Eltern!

1 Warum werden wir Eltern?

Es gibt Menschen, die Eltern werden. Und es gibt Menschen, die keine Eltern werden – weil sie kein Kind bekommen wollen oder können. Blenden wir das Nichtkönnen einmal aus und anerkennen wir, dass es heute sehr weitgehend unsere Entscheidung ist, ob wir Eltern werden. Dann sagt diese Entscheidung viel über unseren Lebensentwurf aus. Wir können unsere Lebenszeit ja wahrlich mit anderem füllen als mit »Kinderkram«. Legen wir also los mit dem Fundamentalen – mit Natur, Sex, Beziehungen und der Aufgabe der Eltern.

Am Anfang ist der Sex

Das Leben will weitermachen. Darf man so salopp formulieren? Kann das Leben überhaupt etwas wollen? Und wären nicht »Natur«, »Gott« oder »Mensch« geeignetere Kandidaten, die wir verantwortlich machen können? Für unsere Zwecke reicht das Weitermachen. Das Leben soll nicht zu Ende sein, es strebt nach Selbsterhalt, es will Zukunft haben.

Dafür hat es sich eine Menge Tricks ausgedacht. Einer davon ist die Polarität Mann/Frau. Daran ändert auch keine unvollständige Geschlechtsidentität etwas, auch nicht die Ablehnung einer binären Zuordnung, auch nicht die moderne Fortpflanzungsmedizin. Und obwohl wir rein wissenschaftlich anerkennen müssen, dass die Bandbreite des Geschlechtlichen größer ist als das duale weiblich/männlich, ist es nicht zu bestreiten, dass Männer Kinder zeugen und Frauen Kinder gebären. Das ist Fakt.

Damit aber Mann und Frau beim Weitermachen auch mitspielen, hat das Leben den Sex erfunden. Sex macht die Zeugung neuen Lebens freudvoll. Meistens jedenfalls.

»Sex« – schon allein das Wort klingt für mache Ohren provokativ. »Liebe« würden wahrscheinlich einige bevorzugen. Aber Sex steht hier für Fortpflanzung, für das *Weitergeben des Lebens.* Und das ist grundsätzlich bedroht. Der Mensch muss ständig dafür sorgen, dass er als Gattungswesen in einer feindlichen Umwelt überlebt. Sein Gegner in diesem Spiel ist der Tod. Und der wartet an jeder Ecke. Grundsätzlich immer schon, früher wartete er früher. Deshalb müssen wir uns fortpflanzen, was das Zeug hält. Zusammengefasst kann man das an Häuserwänden und auf T-Shirts lesen: »Leben ist eine Krankheit, die sexuell übertragen wird und mit dem Tod endet.«

Diese Erkenntnis reicht weit über die Elternjahre hinaus: Alles, was angesichts des Todes passiert, ist wichtig. Alles, was nicht angesichts des Todes passiert, ist unwichtig. Oder, um es milder zu formulieren: Es ist weniger wichtig. Denn nur das Ende unseres eigenen Lebens nötigt uns zu Entscheidungen. Und im Gegensatz zu allen anderen Lebewesen können wir als Menschen gedanklich »vorlaufen« zu unserem Ende – wir wissen, dass es uns erwartet. Von da aus, gleichsam rückblickend, wählen wir unsere Lebenswege. Dann kommen auch nichtbiologische Aspekte ins Spiel: Qualitäten, Gefühle, Bezauberungen. Wenn wir schwärmerisch veranlagt sind, können wir also beruhigt sein: Raum für Romantisches ist immer noch da. Aber wir konzentrieren hier unseren Blick auf das Wesentliche. Nur das Ende schärft den Blick für die Essenz.

Nun, was ist die Essenz in Beziehungen?

Liebe erfüllt Zwecke

Menschen suchen Beziehungen. Wir sind soziale Wesen, brauchen einander, mögen nicht allein sein – oder jedenfalls nicht immer. Dafür haben wir unterschiedliche Gründe; wir wollen in und durch Beziehungen unterschiedliche *Zwecke* erfüllen. Auch Beziehungen zwischen Mann und Frau haben einen Zweck. Das mag poesielos klingen, ist aber unbestreitbar. Der Zweck kann vielerlei sein: Manche wollen schlicht der Tradition genügen – also das tun, was (fast) alle tun. Manche wollen im Freundeskreis gut dastehen, gefallen sich in der Gegenwart des anderen, suchen sich also einen Trophäen-Partner. Manche haben ein gemeinsames Interesse, ein Ziel, ein Projekt, eine Leidenschaft, unterstützen sich wechselseitig. Wieder andere suchen Sicherheit. Und da wären ja auch noch finanzielle Vorteile, sexuelle Erfüllung oder eben: eine Familie. Die meisten Menschen haben vielerlei Bedürfnisse gleichzeitig. Aber in der Regel dominiert ein Hauptzweck.

Dem französischen Psychoanalytiker Jacques Lacan zufolge entsteht alles aus einem *Mangel*. Etwas fehlt – und das ist der Zweck, der uns weitermachen lässt. Das Fehlende ist der tiefere Grund unseres Handelns, das Begehren, der Motor, der uns vorantreibt. Wenn wir also einen anderen Menschen sehen, dann sehen wir ihn nicht in seiner Fülle, nicht für sich stehend als Individuum, sondern primär in seiner Funktion als Zweckerfüllung. Kann er/sie unsere Lücke schließen? Der Beleg dafür findet sich stets – er konkretisiert sich an der mangelnden Bereitschaft zum Kompromiss. Keine halben Sachen! Alles oder nichts!

Für denjenigen, der vorrangig eine Familie will, ist der Partner Mittel zum Zweck des Kinderwunsches. Und wenn wir in einen ernsthaften Konflikt mit unserem Partner geraten, dann vor allem deshalb, weil wir unseren Zweck bedroht sehen, den wir in Beziehungen suchen. Und wenn langfristig unser Partner den Zweck nicht erfüllt, dann verlassen wir ihn. Entweder offen oder heimlich. Offen, indem wir weggehen. Heimlich, indem wir körperlich anwesend bleiben, aber seelisch getrennt sind. Das ist so, weil der Zweck sich immer durchsetzt. Er ist wichtiger als jeder konkrete Partner; das wird im Rückblick auf Trennungen oft überdeutlich. Wenn aber unser Partner den Zweck erfüllt, bleiben wir zusammen. So banal es klingt: Wir bleiben zusammen, weil der Zweck uns nicht trennt. Eine Beziehung dauert daher so lange, wie sich die Partner wechselseitig ihren Zweck erfüllen. Das kann man Liebe nennen.

Manchen nehmen den Kinderwunsch bzw. den Nichtwunsch des Partners in Kauf, um die Beziehung zu retten. Das ist ein hoher Preis. Und er wird letztlich vergeblich gezahlt. Der Groll darüber wird sich nicht legen. Im Gegenteil wird er als alter Ärger noch Jahrzehnte später präsentiert. Auch wenn wir kein Recht dazu haben, werden wir ihn ausspielen wie ein lange gehütetes Trumpf-Ass. Solche Beziehungen sind unrettbar.

Das Kind als Zweck in Beziehungen

Es gibt viele Gründe, warum Mann und Frau Beziehungen eingehen. Keiner davon ist höher oder niedriger zu bewerten. Wenn wir aber nüchtern der Stimme der Biologie lauschen, dann haben Mann und Frau nur den *einen* Zweck: ein Kind zu zeugen. Das ist ihr »Grund«. So lautet jedenfalls die Botschaft des Lebens. Ein Kind verkörpert das Leben auf neue und frische Weise. Und die Natur braucht Mann und Frau *nur* für das Kind. Alle anderen Zwecke kann man auch in anderen Beziehungen erfüllen. Wen das nicht überzeugt, dem sei Alfonso Cuaróns Film *Children of Men* oder Margaret Atwoods Roman *Der Report der Magd* empfohlen: Keine Kinder, keine Zukunft, keine Hoffnung.

Damit das Leben weitermacht, dafür braucht es also Mann und Frau. Das sind aber nicht notwendigerweise »Eltern« – also Erwachsene, die nach der Geburt das neue Leben behüten und *erziehen*. Wer genau sich um den Zweck des Erziehens versammelt, ist von dieser Warte aus unerheblich. Wenn eine Familie aus Liebe gegründet wird, ist es egal, mit wem. Es muss auch nicht die Liebe von Eltern *zueinander* sein. Die ausschließliche Liebe zum Kind reicht – siehe Co-Parenting und Alleinerziehende. Immer mehr Menschen können sich vorstellen, ohne feste Paarbeziehung zu leben, keinesfalls aber ohne ein Kind.

Der Kinderwunsch ist daher die Grundlage vielfältiger Lebensmodelle. Das Modell »Vater-Mutter-Kind« ist aus historischer Perspektive ohnehin nur eine Modeerscheinung (wir vertiefen das später). Sein Vorrang vor anderen Modellen ist jedenfalls kaum zu rechtfertigen; das Leben geht auch in anderen Konstellationen weiter. Gegenwärtig löst sich dieses Modell zwar nicht auf, wird aber ergänzt durch eine Fülle von Alternativen. Zu beobachten ist eine Rückkehr zu vormodernen, vielfältigen Formen der Erziehung. Mehr noch: Die nichtleibliche Pflegeelternschaft hat nicht nur eine lange Tradition, sie hat überdies den Vorteil, das Kind nicht übermäßig in den Mittelpunkt zu stellen.

Wie schon eingangs hervorgehoben: Elternjahre sind tatsächlich nur ein Abschnitt im Leben eines Erwachsenen, für den man den Lebensabschnittspartner braucht – den zu Unrecht viel geschmähten. Schauen wir uns nun an, *wie lange* wir ihn wirklich brauchen.

Die Aufgabe der Eltern

Wie heißt das Problem, für das Eltern die Lösung sind? Einfacher formuliert: Was ist der Job von Eltern? Die Moderne hat dazu etliche Antworten parat. Einige davon klingen sympathisch, einige moralisierend, einige so kompliziert, dass man zweifelt, ob Elternsein auch ohne Eltern-Führerschein funktioniert. Wie war es eigentlich vor tausend Jahren möglich, Vater und Mutter zu sein ohne entsprechende Tutorien?

Fragen wir die Anthropologie. Diese Wissenschaft vereint biologische Tatsachen und soziologische Befunde zu einer nüchternen Sicht auf den Menschen. Sie schert sich nicht darum, was gerade chic ist. Vielmehr sagt sie uns, welche Botschaft uns einige Millionen Jahre Menschheitsgeschichte senden. Was der Kern des Elternseins ist. Diese Botschaft lautet: Aufgabe der Eltern ist es, *das Überleben des Kindes zu sichern.*

Das klingt sehr prinzipiell, sehr sachlich und frei von Emotionen – und das ist es auch. Es ist der Natur abgeschaut. Sie vermeidet kulturelle Überformungen. Und sie besagt nichts über »gute« Erziehung, nichts über Wünschbares, nichts über modische Aufgeregtheiten. Aber sie kommt nicht ohne eine wichtige Ergänzung aus: … *bis zu einem Zeitpunkt, an dem das Kind selbst überleben kann.* Diese Begrenzung hat Immanuel Kant später prominent aufgegriffen. Elternjahre enden nach Kant früh, nämlich dann, wenn das Kind in der Lage ist, »sich selbst zu erhalten«.

Mehr nicht? Man meint schon den Chor jener zu hören, denen das zu bescheiden ist und auch zu roh. Sie wollen mehr: eine positive, attraktive Vision für die Zukunft ihres Kindes. Diese Einwände sind ernst zu nehmen. Aber sie verdanken sich dem Zeitgeist, dem »eiligen Meinen«, wie der Philosoph Martin Heidegger sagen würde. Und deshalb gehen sie am Kern dessen vorbei, worum es hier geht.

Denn das Wesentliche ist: Die *primäre* Aufgabe von Eltern ist die Gefahrenabwehr. Das begründet ihre Autorität. Es geht darum, das Kind »durchzubringen«. Deshalb sind wir Eltern Agenten der Evolution. Unsere Aufgabe ist es, den Menschen als Gattungswesen weiter im Spiel zu halten. Mit einem Kind sind wir also auf *Unendliches* bezogen.

Wem das zu archaisch klingt, den bitte ich um einen Augenblick Geduld. Zu den ambitionierteren Erziehungszielen kommen wir später. Aber die Konzentration auf das Wesentliche kann uns helfen, einigen Schnickschnack beiseitezuräumen. Lassen wir uns also einen Moment auf dieses Grundsätzliche ein, selbst wenn es etwas gefühllos scheint.

Als Teilelement der Elternaufgabe ist da zunächst: »Das Überleben sichern«. Was ist das Überleben? Das ist schlicht der Nicht-Tod. Aufgabe von Eltern ist es, den Tod des Kindes zu verhindern. Und das ist im Falle eines Menschenkindes besonders prekär. Denn ein Menschenkind wird vollkommen hilflos geboren. Die meisten Primatenarten können schon sehr früh aus eigener Kraft überleben. Ein neugeborener Mensch bleibt hingegen derart lange schutzbedürftig, dass Biologen diese Tatsache für die biologische Sonderstellung des Menschen überhaupt halten. Die Bedürftigkeit ist wiederum eine Folge unserer Intelligenz. Diese hat ein größeres Gehirn hervorgebracht, das einen größeren Schädel braucht. Der Geburtskanal aber begrenzt das Größenwachstum. Zu große Köpfe bedrohen die Überlebenschance des Kindes (und der Mutter) während der Geburt. Die evolutionäre Lösung lautet: früher gebären, dann ist der Kopf noch klein. Je früher freilich das Kind zu Welt kommt, umso hilfloser ist es. Desto mehr Pflege braucht es.

Das gilt für den Säugling, aber auch für das Kleinkind. Gefahrenabwehr heißt dann konkret Verkehrserziehung, schwimmen lernen, Furcht vor dem Abgrund, Vorsicht bei Feuer und Eis. Fundamentale Dinge also. Wir können uns vor Augen führen, wie viele Kleinkinder in früheren Jahrhunderten keine Chance hatten, das Erwachsenenalter zu erreichen, dahingerafft von Hunger, Krankheit, Krieg. Und nach wie vor ist es in vielen Teilen der Welt eine herkulische Aufgabe von Eltern, das Überleben des Kindes zu verteidigen. Dabei ist dieses biologische Soll mitunter nicht einmal kulturell anerkannt. Wenn indische Eltern ihre weiblichen Föten abtreiben, neugeborene Mädchen töten oder so schlecht versorgen, dass sie sterben, weil für sie Mädchen minderwertig und materiell belastend sind, dann siegt die Kultur über die Natur. Dann schweigt offenbar die Stimme der Elternliebe. Das mag die Grenzen unseres Vorstellungsvermögens sprengen, findet aber jährlich noch immer erschreckende zwei Millionen Mal statt.

Meine hier zugespitzte Orientierung an biologischen Grundtatsachen basiert auf dem Preis, den eine Vergötterung des Kindes und ein wohlmeinend ersticktes Leben für Kind und Eltern fordert. Beides ist nicht gleichbedeutend mit dem Appell, eine verantwortungsvolle Erziehung dem bloßen Überleben des Kindes zu opfern. Aber das Überleben ist das Notwendige; alles Weitere ist das Mögliche. Ersteres ist Pflicht, das Zweite ist Kür – etwa Persönlichkeitsentwicklung oder Talententfaltung. Was ich zeigen will: Die heutige Verabsolutierung des Möglichen sollten wir relativieren durch die Wiederbewusstmachung des Notwendigen. Wir sollten das Augenmerk auf das Wesentliche richten, indem wir die Herrschaft des Optimierens lockern. Denn nur wenig prägt das Erziehungshandeln der Gegenwart mehr als das Geringschätzen des Horizontalen und dessen Ablösen vom Vertikalen. Man will nicht mehr »Strecke machen«, sondern »Höhe gewinnen«. Das Maßvolle und Nuancenreiche des Flachlandes wird von der Gipfelstürmerei verdrängt, die unbeleuchtete Üblichkeit wird von der grellen Sonderleistung überstrahlt.

Das alles sagt aber zunächst noch nichts aus über den Unterschied zwischen Kinder *haben* und Kinder *erziehen*. Ob jemand auch Ja zur Rolle des »Erziehers« sagt, ist keine Automatik, sondern eine Entscheidung. Aus dieser Perspektive kann dann die nächste Frage nicht überraschen: Wer sind die Eltern?

Wer sind die Eltern?

Die landläufige Meinung ist: Eltern sind jene Personen, die ein Kind gezeugt beziehungsweise ausgetragen haben. Wir sollten skeptisch sein. Das war in früheren Zeiten schon nicht immer eindeutig. Und das ist es heute noch viel weniger.

In matrilinearen Gesellschaften war nur die Mutterschaft unbestritten. Die Vaterschaft wurde von Müttern verschwiegen, um sich den Schutz aller Männer der Gruppe zu sichern. Jeder Mann konnte eben der Vater eines Kindes sein. Das war der Fall in kleinen Gruppen von Jägern und Sammlern. Aus demselben Grund verbannte Platon später die Monogamie aus seinem idealen Staat. Diese Praxis änderte erst die Erfindung des Ackerbaus in der Jungsteinzeit, die daraus resultierende Sesshaftigkeit und das Patriarchat als Kontrollinstanz der weiblichen Sexualität. Erst nach der neolithischen Revolution setzte sich die erbrechtlich wichtige Frage nach der Vaterschaft durch. So konnte man gewiss sein, dass das Erbe von den Vätern auf die Söhne übertragen wurde. Väter wollten ihrer Vaterschaft sicher sein – und das konnten sie nur, wenn sie die Frauen zur Monogamie verpflichteten. Und wenn die Staatsgewalt dies durchsetzte.

Falls es durchzusetzen war. Wie viele Bäuerinnen haben sich mit dem Stallburschen eingelassen, um den Druck von ihrer kinderlosen Ehe zu nehmen? Eine historische Wellenbewegung: Heute scheint die eheliche Vaterschaftsvermutung kaum noch zeitgemäß, da die Zahl der Kinder wieder steigt, die außerhalb der Ehe oder einer festen Partnerschaft geboren werden. Es gibt Spenderkinder, Mit-Väter bei gleichgeschlechtlichen Paaren, Mit-Mütter, sogar zivilisationsbrechende *Miet*-Mütter bei im Ausland geborenen Kindern. Da fällt die Zuordnung schwer, von »Abstammung« will schon niemand mehr reden.

Aber das sind rechtliche Erwägungen. Den Lebensweg bestimmen andere Mechanismen. Die Frage nach der Mutter beantwortet sich in der obigen Logik so: Eine Mutter ist jene Frau, *die unser Überleben gesichert hat.* Das ist nicht unbedingt die Frau, die uns geboren hat. Das *kann* unsere leibliche Mutter sein, das *muss* sie nicht sein. Es können wildfremde Frauen sein – manches Buch und mancher Film haben sich dieser Tatsache gewidmet. Schon Bertolt Brecht hat uns in seinem *Kaukasischen Kreidekreis* gelehrt, dass ein Kind nicht unter allen Bedingungen zur Gebärerin gehört. Sondern zur mütterlichen Frau. Ein Vater ist entsprechend nicht zwingend der Mann, der uns gezeugt hat. Ein Vater ist jener Mann, *der unser Überleben gesichert hat.*

Diese beiden Überlebenssicherer sind also die Eltern eines Kindes. Bis zu dem Zeitpunkt, an dem es das selbst tun kann. Wann ist dieser Zeitpunkt gekommen?

Das verflixte siebte Jahr

Der Mensch ist immer Der-zu-früh-Geborene. Aber wann kann ein Kind aus eigener Kraft überleben? Wir wissen es nicht genau. Die Natur gibt uns mindestens einen Hinweis: das Hormon *Oxytocin*.

Dass heute alles Biologische in den Giftschrank wandert, weil es zu sehr nach Determinismus riecht, können wir hier souverän zur Seite schieben. Denn Hormone spielen eine unbestreitbare Rolle für das Verhalten von Menschen, zumal für unser Bindungsverhalten. So haben Evolutionsbiologen seit Langem die bedeutende Wirkung von Oxytocin beobachtet. Dieses »Kuschelhormon« hat ausgesprochen positive Wirkungen auf das soziale Miteinander. Es macht freundlich und angstfrei, es schafft Vertrauen. Vor allem aber stärkt es die Zweierbindung und – zumindest kurzzeitig – monogames Verhalten; andere Partner scheinen dadurch weniger attraktiv. Gerade zu Beginn einer Partnerschaft lassen sich hohe Oxytocin-Ausschüttungen messen.

Nun müssen wir uns zurückversetzen in eine Zeit, in der Sex zwischen Partnern unmittelbar mit der Zeugung eines Kindes verbunden war. Schwangerschaftsverhütung gab es nicht. Und weil in der Natur nichts ohne Grund ist, liegt es nahe, die Ursache der Hormonausschüttung in der *Bindung der Partner aneinander* zu sehen. Die Eltern blieben auch nach der Zeugung eine Zeit lang zusammen und sorgten dafür, dass das Kind die gefährlichen ersten Jahre überlebt.

Wie lange sorgt das Hormon für diese Paarbindung? Interessant ist die wissenschaftlich gut gestützte Beobachtung, dass die Oxytocin-Ausschüttung im Laufe einer Partnerschaft nachlässt. Viele Jahre galt als Forschungsstand, dass ein erhöhter Hormonpegel nach dem siebten Jahr der Partnerschaft nicht mehr nachweisbar ist. Offenbar sieht die Natur keinen Grund, das Paar über diese Zeit hinaus aneinander zu binden – weshalb man ja auch heute noch sprichwörtlich vom »verflixten siebten Jahr« spricht. Und in der Tat zeigen die statistischen Bundesämter: Die meisten Ehescheidungen fallen in Deutschland in das sechste und siebte Jahr, in der Schweiz in das siebte und achte. Diese Daten stehen in einer gewissen Spannung zu Studien, die das Oxytocin schon nach dem vierten Jahr nicht mehr nachweisen können. Die Forschung nach den Gründen steckt noch in den Kinderschuhen.

Das Verschwinden des Bindungshormons ist »naturgemäß« nicht zufällig. Es ist funktional, eine Botschaft der Biologie; es konserviert die menschliche Anpassung an Umweltbedingungen. Nimmt man diesen Hinweis ernst, dann geht die Natur offenbar davon aus, dass ein Kind etwa ab dem siebten Lebensjahr aus eigener Kraft überleben kann. Was die Experimentalökonomie bestätigt: Kinder dieses Alters können strategisch denken und handeln. Sie können sogar ihr Gegenüber bewusst täuschen.

Steuern wir dem Expertenwissen ein wenig *Erfahrungswissen* bei und lauschen Esther Wojcicki, die als Lehrerin die Tech-Stars des Silicon Valley großzog und in deren Garage Google gegründet wurde: »Bis zum siebten Lebensjahr muss jemand da sein, der ein Kind vor Verletzungen schützt. Aber danach können Kinder viele Dinge allein tun.«

Kaum eine Mutter oder ein Vater wird die Überlebenssicherung des Kindes zu diesem Zeitpunkt einstellen. Dennoch gilt ab dem siebten Lebensjahr: *Der* Job ist gemacht! Kann es sein, dass viele Eltern übersehen, dass ihr Kind älter wird? Dass sie ihre Zuständigkeit zeitlich überdehnen? Dass sie im Übermaß behüten und beschützen – altersunangemessen und über das Notwendige hinaus?

Schon an dieser Stelle lässt sich festhalten: Zum Wachsen der Kinder gehört das Schrumpfen der Eltern. Der Erfolg von Eltern lässt sich daran ablesen, wann sie in ihrer Funktion als Eltern überflüssig werden.

Was wollen wir für uns Eltern erreichen?

Warum wollen wir ein Kind?

Warum die Natur Kinder will, haben wir gesagt – das Leben soll weitergehen. Aber Menschen – warum wollen die ein Kind? Die Frage mag kurios anmuten, denn früher war die Antwort darauf ganz klar: Die Natur hatte es so vorgesehen. Heute, da wir mehr oder weniger problemlos eine Schwangerschaft verhüten können, wird die Frage *entschieden*. Oft geschieht das im Wettlauf mit der Zeit: Das Thema drückt Männer weniger als Frauen, deren biologische Uhr schneller abläuft. Und es ist nicht irgendeine Frage im Leben, die da zu beantworten ist. Kind ja oder nein – diese Entscheidung ist heute zentral geworden für Erwachsene.

Der Hauptgrund dafür: In der Moderne steht Elternwerden im Wettbewerb mit anderen Lebensformen. Gibt es nicht lohnendere Projekte? Sollte man sich nicht interessanteren Aufgaben widmen als ausgerechnet der Bändigung wonneproppiger Nervensägen? Wollen wir nicht doch lieber freier leben? Häufiger ins Konzert gehen? Abenteuerlich reisen? Uns der Karriere widmen? Grundsätzlicher noch fragen klimabewegte Antinatalisten, die sich in der *Birthstrike*-Bewegung organisieren: Es gibt doch schon so viele Menschen auf der Welt – brauchen wir da noch mehr? Tatsache ist, dass ein Kind mit Abstand die größte Umweltbelastung ist, die ein Mensch auslösen kann.

Diese Erkenntnis wird nur wenige Eltern daran hindern, ein Kind zu zeugen (auch Ökosensible nicht). Eine gute Freundin sagte einmal zu mir: »Kinder sind kein Rechenergebnis. Wenn man rechnet, bekommt man nie welche.« Denn wenn es etwas gibt, auf das sich alle erfahrenen Eltern einigen können, dann dieses: Niemand weiß vorher, wie es ist, ein Kind zu haben. Mutter oder Vater sein – es ist einfach unmöglich, sich prognostisch in diese Rolle hineinzuversetzen. Und kein Mensch kann hellsehen, ob er nach der Geburt eines Kindes noch derselbe ist. Vielleicht ist er ein ganz anderer, der beispielsweise nach ursprünglicher Skepsis plötzlich seine Liebe zum Kind entdeckt. Oder aber, trotz Vorfreude, mit einem Kind überhaupt nichts anfangen kann. Und wer weiß schon vorausahnend, ob er jahrelangem Schlafentzug gewachsen ist? Ob die Nerven stark genug sind? Auch im Rückblick: Niemand kann wissen, wie das Leben ohne Kind verlaufen wäre – besser? schlechter? –, es gibt keine Simulation, in der wir es ausprobieren könnten. Wir wissen also nicht, was wir wählen – wir können nur *entscheiden*. Und dann das Beste hoffen.

Trotz dieser Unvorhersehbarkeit: Im Gegensatz zu früher suchen heute Männer und Frauen um die 30 nach »guten Gründen« für diese Entscheidung. Und auch wenn manchem eine Nutzen-Kosten-Analyse zu nüchtern erscheinen mag – insgeheim macht sie jeder. Was habe ich davon, ein Kind zu haben? Warum tue ich mir das eigentlich an?

Spielen wir einige Antworten durch. Etwa: Weil man die eigene Fruchtbarkeit erleben will. Weil man sich als Frau das größte Mysterium des Lebens nicht entgehen lassen will. Weil man im Alter nicht allein sein will. Weil man durch ein Kind etwas nachholen will, was man vielleicht selbst nicht erreicht hat. Weil ein Kind dem Leben klare Prioritäten setzt. Weil es eine stockende Berufskarriere relativiert. Weil Eltern im Kind ein romantisches Herzenszeichen sehen – »sichtbar gewordene Liebe«, wie Novalis schrieb. Wieder andere wollen ein Symbol des Erwachsenseins aufrichten, sich selbst in der Rolle als Vater und Mutter erleben – wohl auch gegen die eigenen Eltern, die einen oft für immer auf die Kinderrolle festlegen. Fromme Menschen wünschen sich vielleicht ein Kind aus Ehrfurcht vor dem gottesebenbildlichen Schöpfungsakt. Nicht wenige wollen mit einem

Kind ihre Beziehung flicken, die, leergelaufen oder krisengeschüttelt, einen neuen Anfang braucht; das Kind soll neuen Schwung und neuen Lebenssinn spenden. Letztlich gibt es auch solche, die nicht nur eine Krise mit dem Partner durchleben, sondern eine Krise mit sich selbst: mit Sinnlosigkeit, Langeweile, Perspektivlosigkeit. Davor wollen sie fliehen – und projizieren Sinn und Perspektive in das Kind hinein. Sie haben dann ein Ziel gefunden, das sie rational begründen können und das klingt, als bewegten sie sich auf etwas zu – anstatt von sich weg. Der große Menschenkenner Friedrich Nietzsche (»Jeder flüchtet vor irgendetwas.«) in seinem Gesang »Von Kind und Ehe« (*Also sprach Zarathustra*, 1883): »Redet aus deinem Wunsch das Thier oder die Not …? Oder Vereinsamung? Oder Unfriede mit dir?«

Und noch ein Gedanke sei an dieser Stelle zulässig. Als Forscher 2013 im Auftrag des Familienministeriums ungewollt Kinderlose befragten, ob Kinderlosigkeit ein Makel sei, bejahten das 20 Prozent; sieben Jahre später hatte sich diese Zahl verdoppelt! Zeigt sich im intensivierten Kinderwunsch ein Bedürfnis nach Sicherheit in unsicherer Zeit? In einer Moderne, in der der Beruf zum Job geworden ist, es immer seltener stabile Lebensverhältnisse gibt, die Gesellschaft in vereinzelnde Identitäten zerbröselt? Der Soziologe Heinz Bude schreibt: »Die einzig unkündbaren Beziehungen, die es heute noch gibt, sind die Beziehungen zwischen Eltern und Kindern.«

Höher noch zielen jene Menschen, für die die eigene Existenz zu wenig hergibt. Sie ist ihnen zu krümelhaft, die eigene Lebenszeit zu winzig angesichts der unermesslichen Weltzeit. Sie wollen sich ausdehnen, durch ihr Kind zeitlich überdauern. Sie wollen, dass jemand nach ihrem Tode an sie denkt. Für die Zeit *davor* hat Harald Martenstein das Wesentliche gesagt: »Der Sinn des Kinderkriegens besteht heute darin, dass am Heiligen Abend jemand anruft.«

Damit kommen wir dem Kern näher. Kinder lenken uns ab, hindern uns daran, permanent um uns selbst zu kreisen. Die Beschäftigung mit uns selbst macht uns ja nicht glücklich, sondern oft eher unglücklich. Wer viel Zeit hat, sich zu fragen »Bin ich glücklich?«, der wird früher oder später unglücklich. Mit Kindern hingegen kommen wir vor lauter Hinbringen, Abholen, Kümmern, Kochen, Sorgen und Gutenachtgeschichtevorlesen gar nicht auf die Idee, um uns selbst zu kreisen. Wir fragen nicht: »Was ist der Sinn des Lebens?«, denn der Sinn des Lebens steht direkt vor unserer Nase, er beschäftigt uns von morgens bis abends, auch nachts, wenn getröstet werden muss oder uns der Krupphusten aus der Wärme unseres Bettes holt.

Wenn wir also den Strauß der moralisch mehr oder weniger hochstehenden Erklärungen für den Kinderwunsch bündeln, dann bekommen wir ein Kind nur aus einem Grund: weil ein Kind uns *unterhält*! Ein Kind bringt Abwechslung in den Alltag, macht ihn farbig, bereichert das Leben mit *action*. Das können wir sogar noch niedriger hängen: Letztlich wollen wir ein Kind, weil wir uns das Leben ohne Kind langweiliger vorstellen. Für »langweilig« können wir auch andere Worte wählen, etwa unvollständig, bedeutungslos, einförmig, belanglos, gleichförmig, oberflächlich, unbelebt, freudlos. Letzten Endes läuft es alles auf dasselbe hinaus: Es zählt der *Unterhaltungswert*.

Ich kann aus eigener Erfahrung sagen: Der Unterhaltungswert von Kindern ist hoch. Sehr hoch sogar. Aber nicht immer nur als Grund zur Freude. Sondern, oft ganz im Gegenteil, unterhaltend im Sinne von stressig und nervig. In der ersten Zeit, ja, da sind sie niedlich – aber mit etwa anderthalb Jahren ist das meistens vorbei. Dann haben Kinder auf einmal ihren eigenen Willen. Sie werfen sich auf den Boden, brüllen herum, wollen alles, jetzt, hier, sofort. Dann ist Elternschaft das, was Eltern schafft. Man tauscht also die Langeweile der Kinderlosigkeit gegen die Unruhe des

Kinderhabens. In dem kleinen spanischen Indie-Film *Lullaby* von 2020 wird das ungeschönt vor Augen geführt: die Schmerzen beim Anlegen des Neugeborenen, weil die Brustwarzen zu empfindlich sind; die Erschöpfung, wenn das Kind nächtelang durch die Wohnung getragen wird, weil es sonst schreit und schreit und schreit; die Dünnhäutigkeit durch Schlafentzug; die nie gekannte Panik, wenn man einen Augenblick nicht aufgepasst hat und das Kind vom Sofa rollt. Mit dieser Unruhe wird kaum ehrlich umgegangen. Schon gar nicht in den sozialen Medien, die perfekte Mamis mit perfekten Kindern zur Schau stellen.

Und selbst Wunschkinder kann man sich zwar wünschen, aber dann doch nicht aussuchen. Es ist zudem ein Unterschied, ob man sich ein Kind wünscht und dann *dieses* Kind bekommt. Es ist weiterhin ein Unterschied, ob man ein Kind *will*, dann aber ein Kind *hat*. Oft entwickelt es sich ja auch alles andere als wunschkindhaft. Das geht bis zur Reue. *Regretting parenthood* heißt das im Jargon. Dieses Gefühl des Bedauerns ist einer mir bekannten Mutter nicht fremd: »Wenn ich noch mal entscheiden könnte, hätte ich keine Kinder gekriegt.«

Ich fasse diesen Motivstrauß zusammen und möchte ihm noch einen gesellschaftspolitischen Gedanken hinzufügen. Paare bekommen Kinder, weil sie erwarten, dass sich dadurch ihr Leben bereichert. Manche hoffen sogar auf Lebenssinn, zumindest aber auf Erfahrungen, die sie ohne Kinder vermissen würden: Kinder geben einem Leben Richtung – jedenfalls die Gelegenheit, sich noch einmal emotional an das Ganze der Welt zu binden. Deshalb eine Botschaft an das Familienministerium: Kein Mensch kommt auf die Idee, Kinder zu bekommen, um der Gesellschaft etwas Gutes zu tun. Beispielsweise die Rentenkassen zu füllen oder das Vaterland zu verteidigen. Aus solchen Begründungen schlagen nur Politiker ihren Schaum. Insofern ist es fraglich, inwieweit wir zur Erfüllung unseres persönlichen

Unterhaltungswunsches die finanzielle Unterstützung der Allgemeinheit beanspruchen dürfen. Mein Kind – deine Steuern? Wir können ja Eltern nicht steuerlich *ent*lasten ohne dadurch jene zu *be*lasten, die keine Kinder haben – wollen oder können. Wenn wir uns also die Eingangsfrage »Warum wollen wir ein Kind?« noch einmal stellen, dann sollten wir uns die Antwort nicht von wohlfahrtsstaatlichen Wucherungen vernebeln lassen. Und die lautet: weil wir uns *selbst* damit einen Gefallen tun. Der Staat mag ein Interesse daran haben, dass aus wilden Hosenmätzen brave Bürger werden. Aber unser Interesse als Eltern ist der Unterhaltungswert des Kindes. Das ist und bleibt Selbstverantwortung.

Versorgt werden

Früher bekam man Kinder, um im Alter versorgt zu werden. Heute ist es oft umgekehrt: Eltern versorgen Kinder noch bis ins Erwachsenenalter. Aus durchaus egoistischen Gründen: Viele Eltern wollen nicht, dass ihre Kinder flügge werden; sie wollen, dass sie zu Hause gebunden bleiben. Aber auch der archaische Wunsch nach Altersversorgung hat sich im Kern bis heute erhalten. Nur dass es weniger um eine *materielle* Versorgung geht, sondern um eine *soziale* und *emotionale*. Die meisten Eltern wollen später besucht werden, also in gewissem Sinne weiterhin »unterhalten« werden. Der berühmte Familientherapeut Jesper Juul schrieb dazu: »Die Frage, die sich alle Mütter und Väter stellen sollten, lautet: Möchte ich, dass mich mein Kind in 30 Jahren deshalb besucht, weil es … meint, sich um mich kümmern zu müssen? Oder soll es kommen, weil es sich gut mit mir fühlt?« Das klingt überzeugend und verweist auf den klassischen Konflikt zwischen Pflicht und Neigung. Bei genauerem Hinsehen handelt es sich um eine Schein-Alternative, die Fundamentales verdeckt. Und das Fundamentale ist: Wir *dürfen* gar nicht damit rechnen, dass das Kind im Alter zu uns kommt! Nicht, dass wir es uns nicht wünschen dürften. Aber es darf *nicht handlungsleitend* sein. Der Wunsch »für morgen« darf sich nicht schon in den Elternjahren wie ein Filter vor unser Handeln schieben. Etwa nach dem Motto: Tue nichts, wofür dich dein Kind später mit Abwesenheit strafen könnte. Das wäre eine Haltung, die jede Klarheit opfert zugunsten der Belohnungshoffnung.

Konkretes Beispiel: Wenn wir uns gegenüber dem Kind das Anmelden eigener Bedürfnisse verkneifen, dann buchen wir diese Unterlassung auf ein imaginäres Beziehungskonto. Wir »sparen« dort an und haben das Gefühl, das Kind schulde uns etwas. Wie ein alternder Fußballstar, der in Erinnerung früherer Leistungen noch immer eine Stammplatzgarantie in der Mannschaft erwartet. Aber ein Kind schuldet seinen Eltern nichts. Es gibt keine Kindespflicht zur Versorgung der Eltern. Weder ist die Tochter verpflichtet, den Vater zu besuchen, noch ist der Sohn verpflichtet, sich um die Mutter zu kümmern. Sie *können* es tun, aber sie müssen es nicht. Auch wenn man es bedauern mag: Wir leben nicht mehr in Zeiten, wo die Familie zwangsläufig eine Gemeinschaft zur wechselseitigen Unterstützung war. Für uns Eltern geht es vielmehr darum, auch gegenüber dem Kind unsere Bedürfnisse zu artikulieren. Ja sagen, wenn wir Ja meinen. Und Nein sagen, wenn wir Nein meinen.

In unserem Erziehungshandeln dürfen wir also nicht die Spätfolgen *für uns* kalkulieren. Erziehen ist *à fonds perdu*. Wir dürfen nicht auf Gegenleistung hoffen, keine Rückerstattung des Aufwands erwarten, nicht einmal einen heimlichen Vertrag auf ein Weiterleben in den Kindern anstreben. Die einzigen Spätfolgen, die wir abschätzen sollten (wenn dies überhaupt möglich ist), sind jene für die Kinder. Für uns bleibt nur die hoffentlich schöne

Erinnerung an intensiv gelebte Elternjahre. Dass wir mit mehrheitlich guten Gefühlen auf sie zurückblicken, auf eine Zeit *well wasted* – als wir das Geben von Unterstützung gegen das Nehmen von Unterhaltung tauschten. Danach sind wir quitt.

Das Kind als Ego-Prothese

Alles, was wir als Menschen tun, tun wir eigennützlich. Auch erziehen. Ein Kind oder die Gesellschaft mögen einen Vorteil davon haben. Aber es ist *unsere* Entscheidung, die wir so oder anders treffen können. Unsere Entscheidung ist also nicht selbstlos: Wir haben ein Kind, weil uns dies für unser Leben sinnvoll erscheint – weil wir *Vorteile* davon haben.

Aus einem Kind Vorteile zu ziehen, ist traditionelles Kalkül. Bis heute gibt es die Mithilfe der Kinder in Haus und Hof. Andere Formen sind hierzulande verschwunden, etwa Sicherung des materiellen Lebensabends bis hin zu Kinderarbeit in Bergwerk und Fabrik. Aber es gibt auch *immaterielle* Gewinne, die wir mit »Unterhaltung« während und nach den Elternjahren umschrieben haben. Diesen Gewinnen möchte ich einen weiteren hinzufügen: Das Kind dient oft der elterlichen *Selbstdarstellung.* Es dient dem sozialen Status.

Fragen wir uns selbst: Wollen wir als Eltern in unserem sozialen Umfeld glänzen? Können wir nur schamvoll zugeben, dass unsere Tochter in der Schule nicht mithalten kann? Tun wir uns schwer, im Freundeskreis zu sagen, dass unser Sohn eine Lehre als Ofensetzer macht – wo doch die Kinder unserer Freunde alle studieren –, oder wie soll man es sonst verstehen, wenn Eltern ihr Kind auf Teufel-komm-raus ins Gymnasium zwingen? Für wen inszenieren wir das Theater um das Kind? Für das Kind? Oder vor allem für uns selbst?

Ein Kind, wohlerzogen und schulisch brillant, ist für viele Eltern eine Trophäe auf der gesellschaftlichen Jagd nach Besonderem – ähnlich anderer individualisierter Produkte, mit denen man sich von »der Masse« abheben will. Abheben vor allem von Kollegen, Nachbarn und Freunden. Nur mühsam verbrämt prahlt man mit den Erfolgen des Kindes, aber legt doch Wert auf sichtbare Groß- und Kleintriumphe. Oder lässt durchblicken, das Kind wachse ohne »Teufelszeug« auf wie etwa Minecraft, Plastikspielzeug oder Kuhmilch. Das geht bis hin zum offenen Angebertum, das in einer auf Selbstdarstellung fixierten Welt an Sandkästen, bei Elternabenden und auf Partys ganz unverhohlen protzt: »Wir sind so was von toll!« So wertet das Kind den eigenen Genpool auf, wird zu einem Unterscheidungsmerkmal, zur Ego-Prothese.

Dürfen wir womöglich sagen, dass Eltern ihr Kind *ausbeuten*? Die aber behaupten, sie täten das Beste für das Kind? Auch wenn wir kühler analysieren: Was »das Beste« ist, bestimmt das Ego der Eltern. Wie gesagt, wir handeln als Eltern immer eigennützlich. Es ist jedoch ein Unterschied, ob Eltern *egoistisch* handeln. Egoistisch im Sinne von selbstsüchtig und rücksichtslos. Egoistisch auch in der Anmaßung, die »wahren« Interessen des Kindes zu vertreten. Wir gehen nicht zu weit, wenn wir sagen: Diese Eltern lieben das Kind nicht, sie *brauchen* es. Von dort ist es nicht weit zum Gebrauchen. Von dort nicht weit zum Verbrauchen.

Die meisten Eltern werden das zurückweisen. Und je empörter sie das tun, umso mehr ist ein Nerv getroffen. Dieser Nerv wird fortwährend sensibilisiert durch das omnipräsente *Vergleichen*. Es reicht nicht mehr, »nur« eine Karriere zu machen oder eine glückliche Familie zu haben – nein, man muss eine kaum unterbrochene Folge von demonstrierbaren Lebenssiegen einfahren, vor allem aber beim Vergleich *mit anderen* besser abschneiden.

Deshalb kalkuliert man bei den Aktivitäten die *Präsentationsleistung* des Kindes. Manchen Eltern ist es überhaupt nicht peinlich, fortwährend Bilder ihrer Kleinen auf Facebook oder Instagram zu posten. Subtext: »Sind sie nicht süß?« Sind sie. Meistens jedenfalls. Falls nicht, würden wir uns ohnehin eine Antwort verkneifen. *Ein* Bild wäre ja auch noch ok. Aber vier, fünf Bilder, ganze Galerien? Die Wahl des Objekts verweist auf das Subjekt zurück. Das will es offenbaren: Das Kind ist das Zentrum unserer Welt! Was wir sind, das sind wir *durch* unser Kind. Bis hin zur Kommerzialisierung des Kindeserfolgs, namentlich durch Influencer – zu 90 Prozent Frauen. Ihr Lebensmotto: Präsentiere dich so, dass du gemocht wirst! Ein uraltes Muster. Das hat man Töchtern schon immer eingeflüstert. Tatsache ist, dass Säuglinge ohne die Aufmerksamkeit der Umwelt sterben – weshalb sie mit der Fähigkeit ausgestattet wurden, diese Aufmerksamkeit auf sich zu ziehen. Manche Erwachsene haben das nie verlernt.

Nun haben Menschen seit jeher gerne gezeigt, was sie haben und was sie können. Dass aber das *ganze* Leben präsentiert wird, dass unser gesamtes Handeln das Zur-Schau-gestellt-Werden berechnet, das ist neu, verstärkt von den sozialen Medien. Das Leben wird nicht mehr gelebt, sondern »aufgeführt«. Was wir essen, trinken, ganz allgemein konsumieren, wie wir reisen, mit wem wir verkehren – alles weist auf uns selbst zurück: So will ich gesehen werden! Entsprechend wird auch das Kind zum Kapital im sozialen Statuswettbewerb. Es zahlt ein auf »Wer bin ich?« Ein Lifestyle-Produkt, mit dem man sich positioniert. Dafür werden keine Kosten gescheut. Man verzichtet zwar umweltbewusst auf den Sportwagen, signalisiert aber den sozialen Unterschied mit dem Kinderwagen.

Wir, die wir nach dem Gesetz erziehungsberechtigt sind, sollten uns nicht aufführen wie Kindsköpfe. Wir sollten uns beschränken. Wir mögen Erwartungen an unser Kind haben, etwa dass es eine bestimmte Ausbildung macht, gesellschaftlich anerkannt ist, fröhlich lebt. Ein Kind darf jedoch nicht unser »Projekt« sein. Es ist nicht auf der Welt, um unser Leben zu veredeln. Wir dürfen uns nicht unzulässig in das Leben unseres Kindes ausdehnen. Und wir sollten nicht darunter leiden, wenn unser Kind uns keinen Orden anheftet. Sondern, ganz im Gegenteil, diese Tatsache als Ausbruch in die Freiheit gutheißen. Es ist ja aufreibend, die Elternjahre einem permanenten Schaulaufen zu unterwerfen. Ironisch nur, wie oft wir uns sorgen, was andere über uns denken – obwohl sie es doch so selten tun.

2 Wer erzieht unser Kind?

Was wir im vorangegangene Teil 1 gesehen haben: Eltern, die das Überleben ihres Kindes sichern, erfüllen ihre zentrale Rolle. Erziehung geht aber darüber hinaus. Und neben den Eltern gibt es noch andere Einflüsse, die diesen Prozess mitgestalten, ein ganzes Erziehungsgeflecht. Etliche Teile dieses Geflechts können von uns Eltern nicht kontrolliert werden. Wir werden sehen, dass Erziehung deshalb nicht funktioniert – jedenfalls nicht in einem starken Sinne von Ursache und Wirkung. Und warum wir darüber glücklich sein dürfen.

Teile des Erziehungsgeflechts

Die Eltern

»Wer erzieht ein Kind?« Reflexhaft kommt die Antwort: »Na, die Eltern natürlich!« Unbestritten. Aber viele Eltern wundern sich trotzdem: »Woher hat unser Kind das bloß?« Diese Beobachtung unterstellt unausgesprochen, Eltern seien die *einzigen* Erziehenden. Und sie seien *vollständig* verantwortlich dafür, ob ihr Kind eine glückliche Kindheit erlebt, wie gut es in der Schule ist, ob es später erfolgreich wird. Das ist zu hinterfragen.

Klar, als Eltern haben wir Wirkung auf das Kind. Sogar eine sehr große. Allerdings nicht immer in der Weise, die von uns beabsichtigt ist. Wenn wir nämlich die Eingangsfrage ergänzen mit »Was *beeinflusst* ein Kind?«, erweitert sich die Optik. Sofort fallen uns Kindergarten und Schule ein. Öffnen wir die Linse weiter, dann kommen Großeltern hinzu, Geschwister (vor allem ältere), neue Erwachsene in Patchworkfamilien. In der Jugend dann Sporttrainer, Musiklehrer, manchmal Pfarrer, der erste Ausbildungsleiter. Hillary Clinton popularisierte einst ein afrikanisches Sprichwort, wonach es ein Dorf brauche, um ein Kind großzuziehen. Im Unterschied zu uns Eltern haben etliche dieser miterziehenden Einflüsse gar nicht die *Absicht*, das Kind zu erziehen. Sie prägen es dennoch. Insofern ist die Wirkung der Eltern gewichtig – aber eine unter vielen.

Das gilt auch für die spätere Entwicklung eines Erwachsenen. Dass die ersten Lebensjahre die folgenschwersten seien – so die von Sigmund Freud popularisierte Idee –, gilt als überholt. Die späteren Lebensjahre sind ebenso wichtig, selbst Einflüsse, wenn wir längst erwachsen sind. Die fünf wichtigsten Menschen, denen wir begegnet sind, die fünf prägenden Bücher, die wir gelesen haben, Lebenspartner, Kollegen, besondere Ereignisse, ein längerer Auslandsaufenthalt, der Tod eines geliebten Menschen. Auf all diese Einflüsse reagieren wir; sie verändern uns. Sieht man von extremen Beeinträchtigungen wie Verwahrlosung oder schwerem Kindesmissbrauch ab, dann hängt der Mensch als Erwachsener mehr von der jüngeren Vergangenheit ab als von dem, was Jahre zuvor in der Kindheit passierte.

Doch zurück zum Kind. Es gibt außer den genannten Einflüssen einen weiteren, den wir nicht kontrollieren können: dass das Kind uns *beobachtet*. Dass es uns manchmal imitiert, manchmal aber eben auch nicht. Mein jüngster Sohn war etwa fünf Jahre alt, als ich ihn das erste Mal mit Rasierschaum und Rasierer vor dem Badezimmerspiegel sah. Meine anderen Söhne taten das nie. Ein Kind beobachtet also nach *eigenen* Kriterien. Allein die Unterscheidung »fällt mir auf/fällt mir nicht auf« ist ausschließlich die *des Kindes*, nicht der Eltern. So nimmt das Kind auf seine ureigene Weise wahr, wie wir miteinander und mit anderen umgehen – mit Freunden, Nachbarn, Verkäufern im Warenhaus, der Bedienung im Restaurant –, wie wir reden, streiten, essen, Ordnung halten. Diese Beobachtungen und Interpretationen des Kindes haben wir nicht im Griff. Deshalb können wir sagen: Erziehung findet zu großen Teilen *jenseits* unserer bewussten Einwirkung statt. *Erziehung passiert.* Und das auch *gegen* unsere Absichten und Pläne. Insofern geschieht Erziehung nicht nur intentional durch uns, sondern auch – erstens – durch die weitere Umgebung des Kindes und – zweitens – durch dessen selektive Beobachtung der Umwelt.

Mit Blick auf den Erziehungseinfluss dürfen wir folgern: Eltern werden in ihrer absichtsvollen Wirkung überschätzt. Ist das bedauerlich? Nicht unbedingt. Wenn viele miterziehen, gleicht das ja mögliche Übertreibungen oder Defizite aus. Diese Erkenntnis sollte etwas Schwere aus unseren Elternjahren nehmen. Denn selbst wenn ein Kind sich von uns abwendet, dann nicht zwingend, weil etwas an unserer Erziehung falsch läuft, sondern weil wir nicht zu ihm oder seiner Lebensphase passen. Deshalb müssen wir nicht gleich glauben, wir wären schlechte Eltern und hätten versagt. Eltern können sich auch nicht in die Liebe eines Kindes hineinarbeiten. Sie sind dann abgewählt worden und sollten es gelassen nehmen. Es ist eine Phase, und die geht auch wieder vorbei.

Die Straße

Ab einem gewissen Alter wird in der Regel ein weiterer heimlicher Erzieher unterschätzt: die Straße. Auch wenn heute kaum mehr tatsächlich auf der Straße gespielt wird, sind damit Spielkameraden in der Nachbarschaft gemeint, Schulfreunde (vor allem solche, bei denen man übernachten kann), Ferienbekanntschaften. Mit ihnen spielt das Kind (auch Spiele, die wir nie erlauben würden), holt sich Vergleiche, Referenzen, Wünsche. Hier passt sich das Kind an, hier erlebt es Auf- und Abwertungen. Hier imitiert, ja kopiert es Einstellungen und Verhalten. Ein Einfluss, der nicht von pädagogischen Absichten gesteuert ist.

Nach Meinung vieler Forscher ist der Einfluss von Gleichaltrigen langfristig sogar bedeutsamer als jener der Eltern – je älter ein Kind wird, desto mehr werden die Freunde der wichtigste Grund, etwas zu tun oder zu lassen. Das gilt im Plus: Kinder, die enge Freunde haben, verfügen über ein höheres Selbstwertgefühl; außerdem sind sie resilienter, wenn Schwierigkeiten auftreten. Leider gilt das auch im Minus: Infolge des sozialen Drucks von Gleichaltrigen schwanken Kinder stark in dem, was ihnen wichtig ist. Vor allem ist bei risikoreichem Verhalten – etwa Alkohol- und Drogenkonsum – ein starker Einfluss des Gruppenverhaltens nachgewiesen.

Insofern ist die Wahl der sozialen Umgebung wichtig. Wir können den Freundeskreis auch behutsam steuern. Der Pool von

Gleichaltrigen, aus dem unser Kind auswählt, hängt nämlich ab von unserer Entscheidung, in welcher Gegend wir leben, welche Schule unser Kind besucht, welche Freizeitaktivitäten wir ihm offerieren. Wenn wir also möchten, dass ein bestimmtes Verhalten unseres Kindes wahrscheinlicher wird, sollten wir für ein Umfeld sorgen, in dem dieses Verhalten als normal gilt. In besonders schwierigen Fällen können wir den Freundespool auch weniger behutsam steuern – etwa durch einen Wohnortswechsel. Keinesfalls aber sollten wir unserem Kind den Umgang mit bestimmten Gleichaltrigen verbieten; ein solches Verbot macht das Verbotene unnötig interessant und lässt sich ohnehin kaum kontrollieren.

Halten wir fest, dass wir unmöglich die Karte der sozialen Strömungen lesen können, die in einem Kind zusammenfließen. Was aus einem Kind wird, ist weniger die Folge eines geplanten Erziehungsprogramms, sondern vor allem die Summe nicht planbarer Umwelteinflüsse.

Die Gene

Um die Frage »Wer oder was beeinflusst das Kind?« zu beantworten, haben wir bislang nach *außen* geschaut, auf die Umwelt des Kindes. Besonders prominent kehrte Immanuel Kant seinerzeit die Blickrichtung um. Er war überzeugt, dass die Weichen schon gestellt sind, wenn das Kind geboren wird: »Aus so krummem Holze, als woraus der Mensch gemacht ist, kann nichts ganz Gerades gezimmert werden.« Kant schaute mithin nach *innen*, auf das Kind selbst – und das machen wir jetzt auch.

Die heutigen Antworten auf die Frage nach der Gestaltbarkeit eines Kindes sind weniger bildhaft als Kants Krummholzvergleich. Dafür aber variationsreicher. Sie schwanken je nach Zeitgeist und Interesse. Klassisch ist der Streit zwischen denen, die das Gewicht äußerer Beeinflussung betonen, und jenen, die auf das genetische Erbe verweisen. Beide unterstellen irgendwelche Prozentsätze: Etwa 60 Prozent des Verhaltensspektrums seien vererbt, heißt es, 40 Prozent sozialisiert. Oder umgekehrt, dann dominiert die Sozialisation im Vergleich zur Erbmasse.

Hilft uns das weiter? Fakt ist: Ein Kind bringt viel mit auf die Welt. Schon sehr bald nach seiner Geburt kann es Zusammenhänge erkennen. Es kann Gegenstände und Menschen auseinanderhalten. Es verfügt über ein Fundament angeborener Fähigkeiten – wie eine Blaupause, auf der die konkreten Kenntnisse und Vorstellungen aufbauen. Das ist das Allgemeine. Das Spezifische, was Kinder mit auf die Welt bringen, sind die *Gene*. Deren Mischung ist der vorläufige Endpunkt der Evolutionsprozesse, die von Vater und Mutter bereitgestellt werden. Und diese Mischung ist mit jedem Kind einmalig auf der Welt. Sie ist – außer bei eineiigen Zwillingen – mit keinem anderen Menschen identisch.

Die Rolle der Gene für die menschliche Entwicklung schien schon immer sinnfällig zu sein. Das lehrt die reine Anschauung: Hat man zum Beispiel mehrere Kinder *mit demselben Partner* – derselbe Genpool, das identische Umfeld – kann man trotzdem völlig unterschiedliche Charaktere beobachten. Neuerdings schieben vielfach abgesicherte Langzeitforschungen (Robert Plomin, *Blueprint* (2018); Kathryn Paige Harden, *The Genetic Lottery* (2021)) die Macht der Gene stark in den Vordergrund. Fortschritte in der Gen-Sequenzierung und der Datenverarbeitung machen es möglich, dass Tausende von Zwillingspaaren untersucht wurden. Das Ergebnis ihrer Studien: Der genetische Einfluss auf Persönlichkeitsmerkmale wie Intelligenz, Sprachbeginn, Musikalität oder Kreativität wurde bislang enorm unterschätzt. Auch Offenheit für neue Erfahrungen und das Streben nach einem hohen Berufsstatus sind zum größten Teil genetisch erklärbar. »Zum größten Teil« heißt, der Einfluss der Gene ist signifikant größer als die soziale Herkunft oder das Geschlecht. Noch deutlicher: Dasselbe Kind wäre im Wesentlichen die gleiche Person, wenn es bei der Geburt adoptiert und in einer anderen Familie aufgewachsen wäre oder eine unterschiedliche Schule besucht und andere Freunde hätte.

Auch zur *Lebenszufriedenheit* des Kindes können Eltern und Umwelt nur wenig beitragen. Zu diesem Ergebnis kommt jedenfalls die wissenschaftlich wohlgerüstete Studie »Genes, Economics and Happiness« von 2013, die über 20 000 Zwillinge untersuchte. Das Resultat in einem Satz: Die Gene sind der einflussreichste Faktor für Lebenszufriedenheit. Eltern können auf die genetisch bedingte Neigung ihres Kindes reagieren, sie verstärken oder schwächen, aber an der Tendenz können sie grundsätzlich nichts ändern. Auch Schicksalsschläge können die von den Eltern vererbte Grundausstattung zwar vorübergehend überdecken, aber danach kehrt das Kind meist auf seine genetische Flugbahn zurück. Das sprichwörtliche »sonnige Gemüt« lässt sich also nur flüchtig eintrüben. Offenbar ist uns Menschen eine gewisse Gestimmtheit angeboren.

Nehmen wir diese Befunde zusammen, dann können wir Eltern unseren Wunschnachwuchs nicht »produzieren« – weder pädagogisch noch therapeutisch noch gentechnologisch (hoffentlich auch in Zukunft nicht!). Ein Kind ist vielmehr sehr resistent gegen absichtsvolle und richtungsgebende Erziehung. Das konnte man schon in der DDR notieren, in katholischen Internaten, und es wird sich auch bei uns innerfamiliär bestätigen. Weil Erziehung ein komplexer Prozess ist, anarchisch, individuell, mit zahlreichen unkontrollierbaren Einflussnahmen. Eröffnet sich dadurch nicht die Chance, unsere Erwartungen zu dämpfen, uns bescheidener zu machen? Es kann uns vielleicht auch ein wenig trösten, wenn das Kind sich nun so gar nicht nach unseren Wünschen formt. Also, in diesem Licht besehen, eine gute Nachricht.

Auf welcher Seite wir auch immer stehen bei der Debatte um den Anteil von Anlage und Umwelt, es darf uns nicht daran hindern, unserer Erziehungspflicht nachzukommen. Also das zu tun, was möglich ist. Im klaren Bewusstsein der begrenzten Reichweite. Denn selbstverständlich kommt dem Familiensystem eine wichtige Rolle für die kindliche Entwicklung zu. Aber Eltern sind *nicht für alles* verantwortlich. Nicht alles können wir uns selbst vor die Füße werfen, nicht bei allem »Mea culpa!« rufen. Es gibt auch bei Kindern charakterliche Unterschiede, die ein Kind mitbringt, Schlechtes und Gutes. Und diese genetische Unvorhersehbarkeit des Kindes ist, so viel Pathos sei erlaubt, die Bedingung menschlicher Freiheit. Jedes Kind ist ein neuer Anfang; jedes Kind unterscheidet sich in nicht vorhersehbarer Weise von allen anderen Kindern. Das sollten wir nicht nur demütig anerkennen – das sollten wir feiern.

Der Zufall

Es ist spät. Eine kleine Runde befreundeter Paare sitzt beim Wein und segelt geschlossen Richtung Selbstehrlichkeit. »Ich schäme mich«, sagt die Mutter einer 23-jährigen Tochter mit Drogenproblem und abgebrochenem Studium. »Ich habe als Mutter versagt. All die vergebliche Liebesmüh!« Nun, hat sie das? Natürlich hatte sie Einfluss auf ihre Tochter, selbstverständlich prägte sie ihre Entwicklung. Aber muss sie wegen des »Ergebnisses« (das vielleicht auch nur vorläufig ist) in Sack und Asche gehen? Das Schild am Bauzaun »Eltern haften für ihre Kinder« – gilt das wirklich lebenslänglich?

Fragen wir Sigmund Freud. Erziehen, so sagte er, sei einer jener »unmöglichen« Dienste, in denen man sich »des ungenügenden Erfolgs von vorneherein sicher sein kann«. Warum das so sei, verriet Freud nicht. Vielleicht war sein Schweigen weise. Wir müssten uns sonst darüber einigen, was »Erfolg« eigentlich ist. Oder wann er »ungenügend« ist. Und um wessen Erfolg es geht – den des Kindes? Den der Eltern?

Versuchen wir zunächst, »Erfolg« näher zu bestimmen. Erfolg kann sozial anerkannte Leistung sein – zum Beispiel im Arbeitsleben. Er kann aber auch eine selbst definierte Leistung sein – etwa beim Erreichen eines persönlichen Entwicklungsziels. Erfolg kann aber auch schlicht das sein, *was folgt*. Er ist dann nicht etwas, was wir mit unserem Kind *direkt* anstreben können. Die Grundbedingungen dafür sind zwar bekannt: Talent, Fleiß, familiärer Hintergrund; auch die Wahl des richtigen Spielfeldes ist wichtig, wo das Kind später als »beachtenswert« wahrgenommen wird. Aber selbst wenn all dies zusammenkäme – Erfolg ist damit noch lange nicht garantiert. Denn nicht alle Ingredienzien dafür haben wir in der Hand: Wo wir geboren sind, in welchem Land, in welcher Klimazone, zu welcher Weltzeit. Wer zum Beispiel kurz nach 1945 in Deutschland geboren wurde, hat in der Glückslotterie des Lebens das große Los gezogen: Ihm boten sich ununterbrochene Jahrzehnte des Friedens und der wirtschaftlichen Aufwärtsentwicklung.

Deshalb dürfen wir einen weiteren Aspekt erfolgreicher Lebensführung nicht verschweigen – den *Zufall*. Theo Albrecht, der in meiner Heimatstadt Essen die ersten Aldi-Märkte gründete, antwortete auf die Frage nach seinem Erfolgsrezept: »Ich habe in meinem Leben einfach viel Glück gehabt.« Ist das nur Bescheidenheit? Oder tiefere Einsicht? Albrecht zeigt auf den blinden Fleck allen Erfolgsdenkens – auf *Ursache-Wirkungs-Vermutungen*, also Kausalitäten. Rückblickend ordnen wir einer Wirkung eine Ursache zu, bilden Erklärungsketten. Das eine habe zum anderen geführt. Mit diesen Geschichten schaffen wir Zusammenhang, stiften Sinn und beantworten die ewig bohrende Frage nach dem »Warum?«.

Dieses Wenn-dann ist auch Kulturkonsens unseres Erziehungsdenkens. Lauscht man Eltern beim Gespräch, so werden oft mit gespielter Bescheidenheit die Erfolge des Kindes herausgestrichen. Man deutet an, was es geleistet hat und wie man als Eltern dies gefördert habe. Unterschwellig präsentiert man bestimmte Ursachen für den Erfolg: »*Weil* wir das so unterstützt haben, *deshalb* ist unser Kind jetzt erfolgreich!« Im Psycho-Jargon heißt das »deterministisches Denken«. Das Kind wird als triviale Maschine unterstellt, eine Mechanik, die man mit Knopfdruck steuert. Vergröbert: »Ich drücke hier die grüne Taste und hinten heraus kommt ein strebsames Kind, ergo ein erfolgreicher Mensch.« Man wird sofort zum Spielverderber, wenn man fragte: »Hat nicht auch der Zufall eine Rolle gespielt?« Mechanisches Denken dominiert aber auch bei Misserfolg. »Du hast mir früher zu *viel* Druck gemacht, deshalb …!«, wirft die Tochter der Mutter vor. Genauso könnte es heißen: »Du hast mir früher zu *wenig* Druck gemacht!« Im ersten Fall glaubt sich die Tochter vielleicht um ihre Kindheit gebracht, im zweiten Fall um ihre Berufschancen. Retrospektiv zehren wir von einer *nachträglichen* Ursachenunterstellung.

Damit haben wir ein Schlüsselelement des gängigen Erziehungsdenkens identifiziert – die Lizenz zur Nachträglichkeit. Vorhersehbarkeiten werden nachträglich behauptet und »zwangsläufige« Mechaniken bloßgelegt. Man »verursacht« gleichsam die Vergangenheit. Vor solchem Hochmut sei gewarnt. Es sind nur »Geschichten«, die wir rückblickend über unsere Elternjahre, und so auch über unsere Kinder, erzählen. Erziehung ist ein retroaktiver Mythos.

Dieses Erklärungsmuster findet sich nicht nur retrospektiv, sondern auch *prospektiv*, also dann, wenn wir eine kindliche Entwicklung voraussagen. Einer heutigen Ursache wird eine bestimmte morgige Wirkung zugeordnet, die dann die Erwartung bildet: »Wenn wir so oder so erziehen, dann …« Wir konstruieren uns – meist unbewusst – eine lineare Erziehungswelt, in der wir die Konsequenzen bestimmter Maßnahmen schlussfolgern. Was nicht in die kausale Folgerichtigkeit unserer Planungen passt, blenden wir aus. Die dazu bis ins Unwesentlichste abgezählte Erziehungspraxis belegt die Weltsicht: »Erfolg ist planbar!« Dass ein winziger Parameter eine ausgefeilte Großprognose über den Haufen werfen kann (wie in der Covid-Pandemie vielfach beobachtbar) – nicht vorgesehen! So laufen wir in unsere eigene Denkfalle.

Um das an einem Beispiel zu illustrieren: Alle Eltern machen wahrscheinlich manchmal die irritierende Erfahrung, dass andere Mütter und Väter, die keine besonderen Ansprüche an ihr Erziehungsverhalten haben, ausgesprochen erfolgreich scheinen: Die Kinder sind ausgeglichen, die Schulnoten geben keinen Anlass zur Sorge, die Atmosphäre in der Familie stimmt. Weit erstaunlicher noch: Eltern, die sich in hohem Maß um das Wohl ihrer Kinder kümmern, *verfehlen* ihre Erziehungsziele unter sonst optimalen Bedingungen. Es gibt Geschichten zuhauf über völlig missratene Kinder aus »guten« Elternhäusern und über gelungene Werdegänge von Kindern aus »schlechten« Elternhäusern. Und wie unterschiedlich entwickeln sich oft Geschwister, obwohl sie derselben Erziehung ausgesetzt waren! Wer immer das zu erklären versucht, spekuliert nur. Denn er unterstellt, dass ein bestimmtes Erziehungsverhalten *ursächlich* für den späteren Lebenserfolg des Kindes ist.

Nun hat das deterministische Denken erhebliche Konsequenzen für unsere Eigenwahrnehmung als Eltern. Die Ursache-Wirkungs-Ketten für kindlichen Lebenserfolg verlaufen ja nicht im Sand, sondern haben eine feste Adresse: Sie landen bei *uns selbst*! Wir schreiben sowohl Erfolge als auch Misserfolge der Kinder uns selbst zu. Leistung des Kindes ist dann Leistung der Eltern. Es gibt nur wenige Eltern, die souverän genug sind zu sagen: »Ich habe mit dem Erfolg meines Kindes nichts zu tun.« Leider gibt es auch nur wenige Eltern, die es nicht als ihr persönliches Versagen ansehen, wenn ein Kind gewissen Erwartungen *nicht* entspricht. Die nicht glauben, sie hätten es irgendwie »falsch« gemacht oder sich nicht genug angestrengt. Was bleibt dann für uns Eltern? Uns Eltern bleibt ein scharfer Vorwurf, ein ständig nagender Zweifel an der eigenen Erziehungskompetenz – befeuert von nicht unerheblichen Teilen der Erziehungsindustrie.

Diesen Schuh müssen wir uns nicht anziehen. Denn dieses Denken ist maßlos. Sowohl im Plus als Erfolgsanmaßung als auch im Minus als Misserfolgsanmaßung. Es ufert aus, weil es den Zufall ausblendet. Martin Seligman, der ehemalige Präsident des amerikanischen Psychologenverbands, hat Hunderte von Studien dazu ausgewertet. Seine Ergebnisse lassen sich so zusammenfassen: Es ist schwierig bis unmöglich, bei der erwachsenen Persönlichkeit eine direkte und nachvollziehbare Linie zu Ereignissen der Kindheit zu ziehen. Es gibt nur sehr schwache Hinweise auf große, alles bestimmende Ursachen. Kinder sind offenbar keine trivialen Maschinen, wo der Input den Output mechanisch bestimmt – egal, ob der Input bewusst herbeigeführt oder unbeabsichtigt war. Viel zu komplex sind die Voraussetzungen kindlicher Entwicklung, zu kompliziert die Wechselwirkungen unendlich vieler Elemente, zu blindlings die Fügung. Zufall, Glück, Pech, Schicksal? Es wäre naiv, das alles auszublenden. Das Modell »Säen-Ernten«, so verheißungsvoll es uns vor Augen steht, ist in sozialen Zusammenhängen allzu linear gedacht.

Es gibt überdies gute Gründe für die Annahme, dass der Zufall eine umso größere Rolle spielt, je erfolgreicher ein Mensch ist. Wie viele durchschnittlich begabte Menschen waren zufällig zur rechten Zeit am richtigen Ort, waren zur Stelle, als jemand gebraucht wurde, haben im Urlaub die »richtigen« Leute getroffen? Selbstverständlich: Wer es in irgendeinem gesellschaftlichen Segment zur Viertelberühmtheit schafft, der hat Talent, Fleiß und

Biss investiert. Aber wie viele talentierte und fleißige Menschen gibt es, die es nicht geschafft haben? Und auf jeden, der glaubte, er habe den Stein der Erfolgsweisen gefunden, kommen Tausende, die dasselbe taten und dabei scheiterten. Wer da die elterngetriebenen Erfolgsgeschichten von Sportlern ins Feld führt, etwa weiblicher Tennisstars (Steffi Graf, Martina Hingis, die Williams-Schwestern), dem sei entgegengehalten: Die Geschichten von Erfolgshelden präsentieren simple Kausalitätsmutmaßungen, die bei jedermann ein »Aha!« erzeugen, aber hochgradig hypothetisch sind. Wie viele ehrgeizgebeutelte Eltern blieben mit ihren Kindern erfolglos? Deren Geschichte erzählt allerdings niemand. Jedenfalls habe ich noch kein Buch gesehen mit dem Titel »In zwölf Schritten zum Verlierer«.

Das alles heißt nicht, dass wir Eltern unser Kind nicht vorbereiten können auf die Situation, wenn Fortuna ihm zulächelt. Wir können die Bedingungen der Möglichkeit glücklicher Umstände verbessern, unwahrscheinliche Ereignisse etwas wahrscheinlicher machen – mehr nicht. Aber immerhin das können wir für unser Kind tun.

Dieser Erkenntnis müssen wir aber einen wesentlichen Aspekt anfügen. Denn wenn wir zeigen konnten, dass Erfolg in hohem Maße zufallsabhängig ist, so gilt das *nicht* für dessen Voraussetzung – die *Leistung*. Jede Leistung hat mindestens drei Voraussetzungen: Erstens braucht es die Leistungsbereitschaft, nämlich das Wollen, die Motivation. Zweitens die Leistungsfähigkeit, das Können, das Talent. Drittens die Leistungsmöglichkeit, das Dürfen und Chancenhaben, also Umfeld und Rahmenbedingung.

Grundsätzlich beeinflussbar ist die *Leistungsbereitschaft*, der Fleiß. Deshalb ist es für ein Kind so wichtig zu lernen, bei einer Sache zu bleiben und sich nicht ablenken zu lassen. Genauer noch: auf Attraktiveres zu verzichten. Das heißt *jetzt* zu verzichten, in diesem Moment, um sich auf die vor ihm liegende Anforderung zu konzentrieren. Später kann es sich wieder anderem widmen – Freunden, Spaß, Spielen, Unterhaltung. Die *Leistungsfähigkeit* eines Kindes ist teilweise genetisch bedingt, aber unter normalen Bedingungen durchaus entwicklungsfähig. Talent ist eine gute Startbedingung. Talent kann wie eine Sonne leuchten, aber auch verglimmen, wenn man es nicht nutzt und übt. Vor Augen stehen kann uns das biblische Sinnbild vom Herrn, der seinen drei Knechten Talente (damals ein Geldbetrag) anvertraute, wovon der eine sie vergrub, die beiden anderen sie aber mehrten. Die *Leistungsmöglichkeit* des Kindes wird weitgehend durch die Eltern und das Umfeld bestimmt. So wenn ein Kind wahrgenommen wird von aufmerksamen Eltern, etwa als Kleinkind mit seiner spezifischen Begabung, später dann als Schulkind von sensiblen Lehrern, als Erwachsener von zugewandten Führungskräften, die einen Blick haben für die Eignung eines Menschen. All das ist wiederum großes Glück.

Damit kehren wir zurück zu dem, was wir nicht in der Hand haben – zum Zufall. Seit Friedrich Dürrenmatts *Physikern* wissen wir, dass der Zufall den planvoll Handelnden am härtesten trifft. Das gilt umso mehr für eine elterliche Überbestimmung des Kindes, die von Unbeabsichtigtem unterlaufen wird. Mit Blick auf das Kind heißt das für uns zweierlei. Erstens: Langfristig sollten wir unser Kind nicht verplanen. Schon gar nicht sollten wir es mit Entscheidungen mit Lebenszeiterwartungen befrachten. Zweitens: Zukunftsfähig ist vorrangig nicht der Entwurf des kindlichen Entwicklungsweges, sondern das Umgehen mit unvorhergesehenen Sachlagen – wenn mal wieder Planung oder Gewissheit über den Haufen geworfen wird. Hier können wir Situationen schaffen, die das Kind auf den Einbruch des Unerwarteten vorbereiten.

Denn das Unwägbare lässt sich trainieren. Früher haben das

die Pfadfinder übernommen, und auch heute gibt es Kurse mit Überlebensstrategien in der Wildnis, Sommercamps, Sportcamps und vieles andere mehr. Sportvereine lehren immerhin, mit der Niederlage klarzukommen und auch, wie es ist, vom Trainer wie vom Gegner angeschrien zu werden. Überlebensstrategien können ganz unterschiedliche Formen annehmen – und es schadet nicht, einem Kind bewusst zu machen, dass das Leben eben nicht der sprichwörtliche Ponyhof ist. Auch so können wir als Eltern dem Umgang mit dem Zufall auf die Sprünge helfen.

Es bleibt dabei: Wir haben als Menschen nicht alles im Griff. Auch nicht das Glück. Glücklicherweise. Im Jargon der Soziologen ist das Erziehungsgeschehen »kontingent« – übersetzt etwa: möglich, aber nicht sicher; nicht letztlich erklärbar, oben habe ich das Wort »unwägbar« verwendet. Was wir vielleicht sagen können: Wessen Kind später im Erwachsenenalter ein gelingendes Leben führt, hat als Mutter oder Vater nicht alles falsch gemacht. Wir kommen aber um die Erkenntnis nicht herum, dass Fleiß und Fertigkeiten planbar sind, Erfolg ist es nicht. Er ist weder vollkommen vorhersehbar, noch vollkommen zufällig. Erfolge sind und bleiben deshalb Singularitäten. Was wiederum ein anderer bedeutender Essener bezeugt: der 2013 verstorbene Berthold Beitz. Sein Lebenswerk hing letztlich von einer zufälligen Begegnung ab – mit Alfred Krupp, dessen Erbe er viele Jahrzehnte segensreich verwaltete.

Manche werden sagen: Das sei sein persönliches Glücksmoment gewesen. Widmen wir uns daher einen Moment lang dem Erziehungsfaktor Glück.

Das Glück

»Warum bin ich bloß so, wie ich bin?« Steil ragt die Frage vor uns auf. Wir kennen das Warum-Spiel von True-Crime-Fällen, wenn der Strafverteidiger behauptet, der Täter habe die Taten fast begehen *müssen* angesichts der langen Kette unguter Umstände in seinem Leben. Der Grund ist dann ein Abgrund. Umgekehrt werden einige von uns sagen, sie hätten einfach Glück gehabt. Sie seien eben nicht schon in früher Kindheit traumatisiert worden – oder seien immerhin von Liebe aufgefangen worden.

Doch so ein »Warum« unterstellt, dass es für eine Situation oder ein Verhalten einen *ganz bestimmten* Grund gibt. Wir haben im Voranstehenden schon gesehen, dass sich dieser kaum dingfest machen lässt. Doch wenn wir zurückschauen auf unsere Kindheit, dann färben wir diese »gründlich« ein, damit alles in ein Wenn-dann-Gefüge passt. Und so beleuchten wir denn – je nach Blickwinkel – mal das eine Ereignis ein bisschen greller, das andere weniger. Einmal fällt uns die Tatsache ein, dass unser Vater nie zu Hause war, ein anderes Mal erinnern wir uns, dass wir unsere Gefühle unserer Mutter gegenüber immer unterdrücken mussten. Und da war ja auch noch der Stiefbruder … Wir filtern eine Gegebenheit heraus, betonen andere oder erklären sie für unbedeutend. Das, was wir für unsere Lebensgeschichte halten, ist daher von unsichtbaren Auslassungen durchzogen, den kleinen Löchern des Unerinnerten, aber nicht Ungeschehenen. Bestimmte Abschnitt unseres Lebens werden im Nachhinein immer düsterer, andere immer heller, und manchmal gibt es sie, die Glücksmomente.

Die Erinnerungen eines älteren Menschen sind zudem anders als die eines jungen. Was mit 30 lebenswichtig erschien, kann mit 50 belanglos sein. Wir fabrizieren aus den flüchtigen Sinneswahrnehmungen, von denen wir augenblicklich ergriffen sind, eine bruchstückhafte Reihe von Bildern, Gesprächen, Ereignissen, Gerüchen und der Berührung von Dingen und Menschen. Die meisten löschen wir, weil wir eine Ordnung brauchen, um in einem Anschein von logischer Folge und nachvollziehbarem Muster zu leben. Das Umgruppieren der Erinnerung kommt nie zu einem Ende. Es ist also tatsächlich nie zu spät für eine glückliche Kindheit.

Kindheit ist folglich eine Fiktion, eine Fata Morgana, sie ist selektive Erinnerung und situationsgebundene Bewertung. Neuere Forschungen sagen: Nicht die vergangene Erfahrung prägt das gegenwärtige Befinden, sondern das gegenwärtige Befinden prägt, was wir als vergangene Erfahrung erinnern.

Die Antwort auf die Frage »Warum?« veranlasst daher eine Konstruktion, die dem aktuellen Interesse folgt. Wer sich beispielsweise derzeit als »depressiv« einschätzt, hat ein trübes Bild von seiner Kindheit. Auch das aktuelle Verhältnis zur Familie prägt den Blick zurück: Ist es augenblicklich schlecht, sucht man in der Vergangenheit nach Ereignissen, die das erklären; ist es gut, macht man es mit positiven Vorzeichen ebenso. Ob die Ereignisse wirklich prägend waren, ist dabei spekulativ. Diese Sichtweise findet sich auch bei Menschen, die auf ihre Elternjahre zurückblicken. Waren die erfolgreich, haben glückliche Momente das Familienleben bestimmt. Umgekehrt funktioniert das leider auch.

Erziehung ist sehr oft geprägt vom großen Heimweh nach einer idealen Kindheit. Das hat Folgen. Vor allem für das Kind. Es ist das Einfallstor für das, was wir heute »Wohlstandsverwahrlosung« nennen (wir werden das später vertiefen). Wer etwa glaubt, eine schwere Kindheit gehabt zu haben, will oft seinem Kind alles geben, was ihm selbst gefehlt hat. Oder er bemüht sich, für das Kind wunderbare Augenblicke mit Ewigkeitswert zu schaffen. Viele Eltern tragen auch Schuldgefühle mit sich herum, weil sie sich an schlimme Situationen erinnern, von denen sie glauben, dass diese ihr Kind geprägt haben. Da kann ich entwarnen. Mein ältester Sohn sagte in einem Gespräch über sein schlimmstes Kindheitserlebnis mit mir, ich hätte ihm damals in Gegenwart seiner Freundin verboten, ein zweites Video zu gucken ...

Wir sehen, eine glückliche Kindheit ist vor allem eins: eine subjektive Zuschreibung. Sie lässt sich nicht herbeierziehen.

Wirkungen des Erziehungsgeflechts

Wechselwirkungen

Luca will beim Abendessen nicht am Tisch sitzen bleiben. Er isst nur, wenn er mit dem Brot in der Hand durchs Haus laufen kann. Deshalb gibt es jeden Abend Streit. Bitten, Gespräche, Verbote – nichts hilft. Interessanterweise verhält sich Luca bei den Großeltern nicht so. Die Eltern müssen sich anhören, sie hätten ihr Kind nicht im Griff: »Es kann doch nicht sein, dass euch euer Kind auf der Nase herumtanzt!« Machen die Eltern etwas falsch?

Wie bereits gesagt, wird Erziehung zumeist direkt linear gedacht. Mütter und Väter (hier stellvertretend für Erwachsene) sind nach diesem Konzept die *Geber* von Erziehung, das Kind ist der *Nehmer*. Eltern kommt entsprechend die aktiv-treibende Rolle zu, dem Kind die passiv-angetriebene. Wenn Erziehung gelingt, dann verfügen wir Eltern in dieser Logik über stabile *Eigenschaften*, die entweder angeboren oder angelernt sind.

Das ist das Spielfeld der Psychologie. Sie schaut auf unsere Charaktereigenschaften und Fähigkeiten. Erziehung ist danach ein »Von-innen-nach-außen-Handeln«, mobilisiert von unserer Psychodynamik.

Das Problem dieser Sichtweise ist, dass Erziehung *personalisiert* wird – als einseitige, von den Eltern ausgehende Einflussnahme. Fokussiert wird unser elterliches und persönliches Einwirken auf das Kind. Entsprechend wird das, was sich dann als Effekt von Erziehung zeigt, den Eltern zugerechnet.

In der populären Erziehungsliteratur hat sich dieses *personenzentrische* Konzept im Wesentlichen bis heute gehalten: Wer von Erziehung spricht, spricht im Regelfall von Eltern, die mit ihrem Verhalten die Sache entweder gut oder schlecht machen. Das macht Erziehung heldenhaft, legt uns eine mächtige Verantwortung auf die Schultern.

Doch dieses Bild von Elternschaft ist unterkomplex. Es greift zu kurz. Wir haben gesehen, dass nicht nur Eltern erziehen, sondern auch die Straße, die Gene, der Zufall und das Glück. Aber der Prozess der Erziehung ist noch verschlungener. Was viele unterschätzen: Erziehung ist *wechselwirksam*, die Interaktionen sind zirkulär. Wir Eltern beeinflussen unser Kind, aber das Kind beeinflusst auch uns Eltern. Wir *reagieren* aufeinander. Und zwar oft so sehr, dass wir als Eltern in vielen Fällen nicht behaupten können, autonom und kontrolliert zu handeln. Jedenfalls sind wir nicht immerzu die souveränen Lenker. Sondern oft selbst Gelenkte. Ein Kind kann unsere besten und die schlechtesten Eigenschaften und Verhaltensweisen antriggern. In der Nähe mancher Kinder blühen wir auf, bei anderen verkümmern wir förmlich. Deshalb sind wir auch für Geschwisterkinder nicht dieselben Eltern. Das Netz der Wechselwirkungen ist grenzenlos – daher rühren die zuvor genannten Unwägbarkeiten.

Und das ist nicht alles. Hinzurechnen müssen wir noch das *Umfeld* der Familie – oben erwähnt als die »anderen Einflüsse«, die immer miterziehen, etwa in Kindergarten oder Schule, Großeltern, Babysitter, Au-pairs. Aber auch der erweiterte soziale Rahmen spielt hinein: Gesellschaft, Zeitgeist, Erziehungsmoden der Elternjahre. All diese Elemente bilden den Raum, in dem Erziehung stattfindet. Erziehung ist mithin ein *Zwischen-Phänomen*. Sie findet im Raum »zwischen« Eltern, Kind und Gesellschaft statt. Und dieser Raum prägt das Verhalten von *beiden* – Eltern *und* Kind – weit mehr, als die meisten Erziehungskonzepte anerkennen.

Wechselwirksamkeiten erkennen und anerkennen – allein schon diese Sichtweise kühlt die Diskussion über »richtige« Erziehung merklich ab. Denn es ist fraglich, ob wir uns mit dem psychologisch-heroischen Denken ein so überschweres Verantwortungspaket zustellen sollten. Jedenfalls macht die »systemische« Sicht uns das Leben mit Kindern sowohl leichter als auch wirklichkeitsnäher.

Veranschaulichen wir diesen Perspektivwechsel am Beispiel des »ultimativen« Schulerfolgs – immerhin eines der meisterklärten Erziehungsziele von Eltern.

Gesellschaftliche Passung – die Schule

Wir alle haben zumindest davon gehört: Ein zwölfjähriger Junge wird wegen anhaltender Aggressionen von der Schule verwiesen. Jetzt sitzt er in der Klasse einer benachbarten Schule … und ist motiviert, konzentriert und engagiert. Das aggressive Verhalten ist verschwunden. Wie kann das sein? Geht es dabei um psychoindividuell erklärbares Verhalten? Oder hängt das Verhalten eines Schülers ab von der Gruppendynamik, der Identifikation mit der Klasse, vom Schulwechsel? Oder kann auch ein Lehrerwechsel ursächlich sein: Bei der einen Lehrperson benimmt sich ein Schüler unmöglich, bei einer anderen ist er brav wie ein Lamm.

Der *eigenschaftstheoretische* Ansatz der psychologischen Forschung beleuchtet Charakter und Fähigkeit des Kindes, sein Verhalten und seine innere Einstellung. Und auch wenn die moderne Theorie vom Gedanken der »Transition« ausgeht, man also weitere Einflüsse mitberücksichtigt – in der Praxis lautet der Appell meist »Streng dich an! Du musst an dir arbeiten, dir noch mehr Mühe geben!« Auf Elternsprechtagen sind die Scheinwerfer deshalb auf das Kind gerichtet. Nicht auf den Lehrplan. Nicht auf den Lehrer. Nicht auf die Schule. Nicht auf die Mitschüler, die ebenfalls lenken und ablenken.

Die allein auf das Kind gerichtete, personenzentrische Beleuchtung ist im Unwesentlichen richtig, im Wesentlichen falsch. Weil sie viele Einflussfaktoren des Schülerverhaltens ausblendet. Integrieren wir aber den *Kontext* des schulischen Erfolges in unsere Betrachtung, dann lautet die Frage: Bekommt das Kind für das, was es am besten kann, in diesem Umfeld ein Lächeln? Wird in dieser Schule seine Hauptbegabung gesehen? Wird es wohlwollend betrachtet? Die Antwort hat viel mit dem Lehrer zu tun, mit dessen Wahrnehmen und Bewerten. Es ist ja ein Mythos, dass stets Leistung belohnt und befördert wird. Belohnt wird vor allem soziale Ähnlichkeit. Je ähnlicher sich Wahrnehmungs- und Bewertungsmuster sind, desto positiver erlebt man sich gegenseitig. Umgangssprachlich heißt das: »Die Chemie stimmt.« Denn wann ist ein guter Schüler ein guter Schüler? Wenn der Lehrer sagt: »Das ist ein guter Schüler!« Auch wenn man sich ernsthaft um Objektivität und Gerechtigkeit bemüht – selbstverständlich wird niemand sie je erreichen: weder wir Eltern noch die Lehrer.

Deshalb gibt es im strengen Sinne keine *Stärke* des Kindes, die ausschließlich eine Stärke ist, und auch keine *Schwäche,* die immer nur eine Schwäche ist. Jede Stärke enthält unentrinnbar ein Defizit, ist begleitet von einer Zwillingsschwäche – und umgekehrt.

Zu abstrakt? An einem Leistungssportschwerpunkt wird ein Kind, das gerne still in der Bibliothek liest, als Fremdkörper empfunden werden. Es könnte hingegen an einer Schule aufblühen, wo der Fokus auf klassischer Bildung liegt. Wie ein Verhalten oder eine Eigenschaft bewertet wird, hängt davon ab 1) in welcher Situation ein Kind sich befindet, 2) in welcher Lebensphase es sich bewegt und 3) wer es bewertet.

Nehmen wir an, unser Kind ist »meinungsfreudig«. Zweifellos etwas Vorteilhaftes in vielen Situationen. Zum Beispiel freuen wir uns, wenn das Kind sich am Tisch engagiert zu gesellschaftlichen Themen äußert. In der Schule sind unaufgeforderte Unterrichtsbeiträge aber nicht jedermanns Sache. Und ist nicht »unvoreingenommen« genauso wichtig? Wenn unser Kind die Argumente der Gegenseite ernsthaft prüft? Oder die Eigenschaft »durchsetzungsstark« mit dem Gegenbegriff »kompromissfähig«. Wer wollte gegen eine der beiden Seiten seine Stimme erheben? Aber beide zusammen sind in einer Person nicht zu haben: Kein Mensch ist in gleichem Maß durchsetzungsstark und kompromissorientiert; er ist entweder mehr das eine oder mehr das andere. Wird die eine Seite betont, ist die zugehörige Zwillingseigenschaft geringer entwickelt.

Die Betonung der einen Seite kann so stark sein, dass die positive Wirkung einer Eigenschaft ins Negative kippt und damit zum Handicap wird. Aus »prinzipienfest« wird dann »stur«, aus »fürsorglich« wird »bevormundend«. So wie ja viele vermeintlich gute Anliegen in ihr schlechtes Gegenteil umschlagen, wenn sie eskalieren. Das Kind kann dann die »Gegen«-Energie nicht aufbringen, wenn es sie braucht.

Ob und was hier wirklich der Fall ist, das ist wiederum abhängig vom Beurteilenden! Schwierig wird es, wenn dieser selbst radikal auf einer Seite steht. Dann erlebt er das gegenpolare Verhalten des Kindes als Schwäche. Er übersieht die Nützlichkeit der Zwillingseigenschaft. »Meinungsfreudig« ist für ihn »vorlaut«; oder umgekehrt: »unvoreingenommen« ist »wischiwaschi«. Das Kind wird dann, wie man richtigerweise sagt, einseitig beurteilt.

Deshalb hat ein Kind auch keine Schwäche, die nicht in anderen Kontexten eine Stärke wäre. Und umgekehrt: Ein Kind hat keine Stärke, die nicht in anderen Kontexten eine Schwäche wäre. Leistungsbezogen ist ein Kind ein Bündel aus Charakter und Fähigkeiten – ob diese Kombination positiv oder negativ bewertet wird, hängt ab von der sozialen Umgebung. Also von der Gesellschaft und dem System, in dem es sich gerade befindet. Leider gibt es auch Kinder, die völlig den Anschluss verpasst haben – durch Krankheit, Schwänzen und fehlende häusliche Unterstützung. Bisweilen sind die Verhaltens- und Leistungsunterschiede enorm. Das nimmt nichts von der Erkenntnis, dass im Regelfall ein *Passungsproblem* zu lösen ist.

Den Code eines sozialen Systems erkennen – das ist eine der wichtigsten Fähigkeiten, zunächst für uns Eltern, später dann auch für das Kind. Wie läuft das Spiel hier? Was sind die Regeln? Was wird wo, von wem und wie bewertet? Was muss ich tun, um »mitspielen« zu dürfen? Das Sich-anpassen-Können ist für ein Leben im sozialen Raum unersetzlich. Wem das nicht gelingt, der koppelt nicht an die Ordnung und wird letztlich vom System ausgeworfen. Genau für diesen Zusammenhang sollten Eltern ihr Kind sensibilisieren.

Für den individuellen Schulerfolg ist also die Wahl des richtigen Spielfeldes/der richtigen Schule/des richtigen Lehrers entscheidend. Wichtiger noch als das Persönlichkeitsprofil des Kindes! Aber so passt das Kind eben nicht in jedes System. Und damit sind auch etliche gutgemeinte Inklusionsinitiativen überdehnt. Deshalb lautet die Erfolgsformel für unser Kind: Wählen wir das richtige Spielfeld, also jenes, auf dem dessen Unterschiedlichkeit wahrgenommen und wertgeschätzt wird. Wenn wir uns da verwählt haben, lohnen Blut, Schweiß und Tränen nicht. Dann müssen wir das Spielfeld wechseln. Nur dann wird das Kind den Reichtum des kinder-leichten Weltumgangs erfahren.

Karl verschweigt seinen Eltern zwei schlechte Schulnoten – obwohl ihm klar ist, dass sie später ja doch rauskommen. Warum tut er das? Karl weiß aus Erfahrung, dass es Ärger gibt. Aber er möchte am Tag drauf mit seinen Freunden ins Kino gehen, und das will er nicht gefährden. Für ihn ist es daher zweckmäßig, die Note erst am übernächsten Tag zur Unterschrift vorzulegen. So ähnlich hat er sich schon oft verhalten. Es gab zwar immer Krach, aber Konsequenzen trafen ihn eben später.

Karls Verhalten ist beeinflusst von seinen Interessen, von seiner Erfahrung, von seiner Beziehung zu seinen Eltern und zu seinen Freunden. Karl handelt in dem schon oben erwähnten Beziehungsgeflecht aus Kind, Eltern und gesellschaftlicher Umwelt »sinnvoll«. Er tut etwas sehr Sinnvolles – aus seiner Sicht.

Das tun wir als Erwachsene auch. Wenn wir in Resonanz mit anderen Menschen treten, flechten wir Beziehungen. In einem strengen Sinne sind wir dann nicht mehr dieselben. Wir realisieren, was andere erwarten oder hören wollen. Wir berücksichtigen den sozialen Kontext, die aktuelle Situation. Und passen unbewusst unsere Aussagen denen der anderen an. Selbst bei konfliktbeladenen Themen wie Klimawandel oder Genderfragen mildern wir unsere Meinung, wenn wir Ärger vermeiden wollen. Innerhalb einer Familie können sich diese Beziehungsgeflechte zu stabilen Mustern verfestigen, die unser Handeln beeinflussen.

Beispielhaft in folgender Situation: Vater, Mutter, die Tochter acht Jahre alt, der Sohn zehn. Es haben sich eindeutige Rollen ausdifferenziert. Der Vater ist der *bad guy*; er steht für Prinzipien, für Ordnung. Die Mutter ist der *good guy*; sie steht für das Situative, für das Elastische, für die Ausnahme und die Nachsicht. Selbst wenn der Vater im Raum ist, beziehen sich die Kinder fast ausschließlich auf die Mutter. Ansprechpartner ist »Mama«. Ihr erzählen sie ihre Erlebnisse, organisieren mit ihr die Alltäglichkeit. Der Vater wird fast vollständig ignoriert. Nicht ängstlich ignoriert, einfach nur beiseitegelassen. Die Mutter fühlt sich überzuständig, spielt jedoch – resigniert – ihre Rolle im System. Der Vater fühlt sich unterzuständig – ebenfalls resigniert. Typisch für Symbiosen.

Die Situation eskaliert in den Ferien. Die Mutter beklagt sich bei ihrem Mann, sie sei überlastet. Der Vater solle »sich ändern«, solle sich mehr auf die Kinder »einstellen«, weniger »Prinzipienreiter« sein.

Der Vorschlag der Mutter folgt einer personenzentrischen Logik. Diese Logik schaut auf den Einzelnen, in diesem Fall auf den Vater, auf seine Psychodynamik. Und es kann auch nicht schaden, wenn der so angesprochene Vater seine Einstellung zu den Kindern überdenkt. Aber diese Sichtweise unterscheidet Gewinner und Verlierer, benennt »richtiges« Verhalten (der Mutter) und »falsches« (des Vaters). Wenn man hingegen die Familie *als System* begreift, in dem einzelne Menschen wie »Systemteile« aufeinander reagieren und sich wechselseitig beeinflussen, dann trägt auch die Mutter dazu bei, dass die Situation so ist, wie sie ist. Die Mutter nimmt nämlich das Beziehungsangebot der Kinder an, reagiert auf sie, fühlt sich in allen Belangen zuständig. Sie verstärkt also *indirekt* das Verhalten ihrer Kinder. Damit ist das Problem ein systemisches.

Ein alternativer – eben systemischer – Entspannungsvorschlag würde die »Schuld« nicht auf den Vater fokussieren. Auch die Mutter könnte ihre Rolle im Familiensystem reflektieren. Sie könnte sich fragen: »Was trage ich dazu bei, dass die Kinder sich so verhalten, wie sie sich verhalten?« Denn unbestreitbar hat sie einen Anteil. Wir können noch grundsätzlicher fragen: »Warum wenden sich die Kinder an die Mutter?« Die elementarste Antwort lautet: Weil sie da ist! Weil sie häufiger anwesend ist und daher ansprechbar. Wäre sie weg, müssten sich die Kinder an den Vater wenden.

Was folgt daraus? Auszeiten der Mutter könnten das System in ein neues Gleichgewicht bringen. Wenn die Eltern hier zum Beispiel »Mutterpausen« vereinbaren und klar abgrenzen. Wann es Zeiten gibt, in denen die Mutter schlicht nicht reagiert. Oder für ein paar Stunden verschwindet. Oder gar ein paar Tage verreist. Das Geringste, was die Mutter tun kann: die Kinder an den Vater weiterleiten mit einfachen, nicht wertenden Formeln: »Sprecht darüber mit eurem Vater!« – »Ich bin dafür grade nicht zuständig!« Solche Sätze können die eingefahrene Reiz-Reaktions-Mechanik auflösen und das Gesamtgefüge zu aller Gunsten verändern. Das erfordert Disziplin und Willensstärke seitens der Mutter. Sie muss über eine gewisse Zeit die Kinder abweisen, bis der Vater sich wieder integriert und seine Rolle von den Kindern akzeptiert wird. Das wiederum erfordert die Verfügbarkeit des Vaters. Hier sind beide gefordert. Sie beide, Mutter und Vater, müssen den Willen haben, das Muster zu brechen. Das ist vermutlich nicht gerade leicht, wenn andere gesellschaftliche Normen an ihnen zerren oder sich Gelerntes aus der eigenen Kindheit einmischt. Aber auch gelerntes Verhalten können wir ändern. Ausrufezeichen.

Fragen wir noch abschließend, warum das systemische Denken große Vorteile gegenüber dem personenzentrischen hat. Unter anderem den: weil es das Leben in der Familie erleichtert! Das systemische Denken hat das Potenzial, uns Eltern von Schuldgefühlen und Schuldzuweisungen zu entlasten. Es sucht die Schuld nicht bei einem der Beteiligten, sondern schaut auf Dynamiken und Wechselwirkungen. Es pathologisiert nicht Einzelne, ist nicht zudringlich, hält Distanz, versachlicht. Und es bringt in Bewegung, wo vorher Stillstand und Schmerz war. Bleiben wir dynamisch!

3 Wie erziehen wir souverän und gelassen?

Erziehung »Als ob«

Eltern erziehen in der Überzeugung, dass Erziehungserfolg »machbar« und ihr eigener Einfluss darauf groß ist. Wir können das nicht vollständig von der Hand weisen. Aber es gibt wie bemerkt vielerlei Gründe zu bezweifeln, ob wir die Entwicklung eines Kindes in einem wirklich starken Sinne »steuern« können. Als Faustformel können wir vielmehr formulieren: Erziehung ist im hohen Maße *fiktional*. Zwar ist sie kein Glücksspiel, da rollt keine Kugel. Aber nichts kann eindeutig vorausberechnet, nichts kann detailliert geplant werden, zu viele Unwägbarkeiten sind zu berücksichtigen. Das zu leugnen wäre, um Friedrich von Hayek zu zitieren, ein »Anmaßen von Wissen«. Wir können allenfalls von Hypothesen ausgehen, wenn wir erziehen. Damit ist Erziehung ein pragmatisches Modelldenken, das in der Realität aber weder vorhersehbar gelingt noch versagt.

Also alles egal? Nein, genau das Fiktionale ist der Startpunkt unserer *Verantwortung*. Es ist gerade die Unsicherheit, die Kontingenz, die uns in die Pflicht nimmt, nach bestem Wissen zu handeln. Wäre Erziehungserfolg kausal und planbar, müssten wir ja nur dem sicheren Weg folgen, den andere vorgebahnt haben. Wir müssen jedoch pendeln zwischen Mehrdeutigkeiten, zwischen Anpassung und Abweichung, zwischen Regel und Ausnahme, zwischen kindlichem Wollen und elterlichem Vermögen.

Deshalb können wir auf Erziehung nicht verzichten. Wir dürfen nicht abdanken, nicht den Dingen ihren Lauf lassen. Wir sollten auch unsere optimistischen Erwartungen nicht opfern. Wir müssen vielmehr etwas wagen, wenn wir die Waage (!) der Gründe und Gegengründe verlassen. Zu unserer Rolle als Eltern gehört, dass wir uns *trauen* und dem Kind etwas *zutrauen* – uns sozusagen gemeinsam »aufs Spiel setzen«. Und wenn wir dafür kritisiert werden – sei's drum! Wir können korrigieren, überarbeiten, reparieren, können morgen anders sein als gestern. Darauf will ich hinaus: Wir sollten als Eltern so handeln, »als ob« Erziehung funktioniert.

Dieses »Als ob« – erstmals von dem Philosophen Hans Vaihinger ausformuliert – ist kein Blenden, Betrügen oder Vorgaukeln. In den Elternjahren ist es ein *Geben* von Erziehung, als ob es nützen könnte. Das überbrückt die Kluft zwischen Erfahrung und Erwartung. Wir müssen entscheiden – und so tun, als ob wir wissen, was wir da entscheiden. Obwohl wir es letztlich nicht wissen *können*.

Erziehung gehört daher zu jenen Phänomenen, die auf ein »Als ob« angewiesen sind. Es gesellt sich zu den Phantomerzählungen wie »Wahrheit«, »Gott«, »Liebe«, »Erfolg«, »Gerechtigkeit« oder »Objektivität« – alles Begriffe, denen wir keine gegenständliche Existenz zusprechen, auf die wir gleichwohl nicht verzichten können. Es reicht völlig aus, wenn wir wissen, dass die Sinnstiftung von Erziehung immer *nachträglich* erfolgt. Das werden wir später noch vertiefen.

Dieser Gedanke sollte uns nicht um unsere Nachtruhe bringen. Im Gegenteil: Wir können uns entschieden zum »Als ob« der Erziehung bekennen, das Fiktionale begrüßen, es als entlastend erleben. Vor allem, wenn das eigentliche Problem ein anderes ist: unsere überhöhten Erwartungen. An das Kind und an uns selbst.

Müssen Eltern Vorbilder sein?

Übliche Missverständnisse

»Man kann seine Kinder noch so gut erziehen, sie machen einem ja doch alles nach.« Der Satz wird dem Komiker Karl Valentin zugeschrieben. Die Idee dahinter: Ein Kind sei unser Spiegel; in der Kindererziehung räche es sich schnell, Wasser zu predigen und Wein zu trinken. Wir seien Vorbild, ob wir wollten oder nicht. Wer also bei seinem Kind etwas fände, das sich zu ändern lohne, fange bei sich selber an.

Diese Argumentationslinie ist nicht ganz falsch, aber ergänzungsbedürftig. Sicher wissen wir, dass ein Kind weniger durch Appelle lernt als vielmehr durch Abschauen. Stichwort: Imitationslernen. Wir wissen aber nicht, *was* es sich abschaut und *von wem*. Ein Vater erzählt: »Ich lasse mein Kind ausreden – in der Hoffnung, dass es das ebenso tut. Erfolglos. Ich lese permanent – in der Erwartung, lesende Kinder zu haben. Sie lesen nie. Ich bemühe mich, freundlich gegenüber jedermann zu sein, damit mein Kind mich nachahmt. Alles umsonst.« Sollte der Vater seine Bemühungen aufgeben? Nein, aber das Verhalten des Kindes ist ein Hinweis auf seine *Autonomie.*

Eltern wollen mit gutem Beispiel vorangehen. Diese Absicht ist ehrenwert. Aber sie funktioniert nicht. Wir können uns nicht selbst zum Vorbild machen. Wir haben aktiv keinen Einfluss darauf. Zum Vorbild werden wir höchstens *gewählt.* Vorbildsein ist eine *passive* Eigenschaft. Das Kind entscheidet selbst, was es beobachtet, wem es nacheifert, ob es nach neuen Vorbildern sucht.

Vor allem sehr reflektierte Eltern neigen dazu, den eigenen Einfluss zu überschätzen. Denn auch Internetstars können zu Vorbildern erkoren werden, Sporttrainer, Kindergartenbetreuer, Lehrer, Verwandte, Freunde der Eltern. Insofern ist Karl Valentins Satz nur eingeschränkt richtig, wenn er Erziehung als Scheinhandlung ironisiert, die vom Kind durchschaut wird.

Wer seinem Kind ein Vorbild sein will, unterschlägt mithin die komplexen Bedingungen pädagogischer Wirksamkeit. Natürlich ist es nicht egal, ob Eltern sich ständig in den Haaren liegen, bei jeder Gelegenheit aus der Haut fahren, gar aufeinander losgehen. Aber das hat nicht zwingend eine Persönlichkeitsdeformation des Kindes zur Folge. Wenn wir uns die Biographien bedeutender Menschen anschauen, dann hatten sie häufig ein problematisches Elternhaus. Aus ihnen wurde trotzdem etwas. Oder ragten sie vielleicht gerade deshalb heraus? Aus Bockigkeit, aus Trotz, aus dem Bedürfnis nach Abgrenzung? Weil sie kämpfen mussten? In gleicher Weise können wir nur mutmaßen über Menschen, die ebenfalls unter schlimmen Verhältnissen litten, jedoch mit ihrem Leben scheiterten. Über sie werden aber keine Biographien verfasst. Deshalb können wir lediglich sagen: Ein schwieriges Elternhaus verhindert nicht notwendigerweise ein gelingendes Leben.

Wichtiger noch erscheint mir ein weiterer Gedanke: Ist es überhaupt wünschenswert, dass das Kind uns zum Vorbild nimmt? Wie viele Kinder wurden von übergroßen elterlichen Vorbildern schier erdrückt? Nur wenige Berühmtheiten haben auch berühmte Kinder. So manche Unternehmerfamilie gibt davon ein tragisches Zeugnis: Von den Nachfahren wird dort erwartet, ihr Handeln nach Werten auszurichten, die andere für sie gesetzt haben. Sollten wir unser Kind nicht eigene Wege gehen lassen?

Das normative Durcheinander, das wir mit dem Vorbild-Denken anrichten, zeigt sich besonders deutlich an folgender Aufforderung: »Nimm dir mal ein Beispiel an …« – wer hat das nicht in seiner Kindheit gehört? Vorzugsweise dann, wenn unsere Eltern meinten, mit uns sei etwas nicht in Ordnung. Andererseits begründete ich als kleiner Junge meine Wünsche oft mit den Worten: »Die anderen machen das auch!« Darauf antwortete mein Vater regelmäßig: »Wenn die anderen von der Brücke springen, springst du dann auch?« Der Satz fiel freilich nur dann, wenn mein Vater meine Wünsche missbilligte.

Prinzipiell wird gern übersehen: Wenn ein Kind von positiven Vorbildern abhängt, dann hängt es auch ab von *negativen*. Es ist außengesteuert, im Guten – aber eben auch im Schlechten. Denken wir an die vielen »falschen« Vorbilder, etwa bei Ernährung und Körperkult in den sozialen Medien.

Zu zeigen bleibt, welche Rückwirkung die Vorbildidee für uns Eltern hat. Wenn wir als Eltern vorbildlich sein wollen, dann *präsentieren* wir uns als tugendhaft, ohne Laster, ohne Ambivalenz – kurz: realitätsfern. Müssen wir dann unsere Sahnetorte heimlich im Keller essen? Dürfen wir nicht mehr das Live-Fußballspiel sehen, weil das Kind nicht fernsehen soll, wir es aber nicht ständig in ein anderes Zimmer verbannen wollen? Ist es nicht auch mal in Ordnung, das Kind ein paar Minuten vor dem Fernseher zu

»parken«, wenn etwas Dringendes zu tun ist? Selbstverhärtungen sollten wir uns nicht antun. Die Wirkung auf das Kind ist ohnehin ungewiss, und die inszenierte Makellosigkeit wirkt hohl, wenn spätestens ab dem zwölften Lebensjahr das Kind die pädagogischen Hintergedanken durchschaut. So gesehen kann mancher von uns nur hoffen, eben *kein* Vorbild zu sein.

Deshalb: Wir sind keine Darsteller für höhere Lebensführung! Wir sollten nicht mit unserem ganzen Handeln den möglichen Eindruck auf unser Kind kalkulieren. Außerdem gilt es, zwischen einem Kind und einem Erwachsenen zu *unterscheiden.* Ein Gleichheitspostulat wäre von vorneherein unangemessen. Das Kind muss vielmehr lernen, diese Differenz zu respektieren. Wir können zum Beispiel als Erwachsene ein Risiko kalkulieren. Ein Kind kann das noch nicht. Wenn also Gefahr droht, ist ein Rangunterschied nützlich. Aber auch schon bei Banalerem. Wir sollten uns beispielsweise das Recht herausnehmen, auch nach 20 Uhr auf unser Smartphone zu schauen, obwohl wir es unserem Kind verboten haben. Insofern ist es in Ordnung, Wasser zu predigen und Wein zu trinken. Zugleich ist es sinnvoll, den Unterschied zu erklären, auch wenn das Kind ihn nicht anerkennt.

Ich bestreite nicht, dass wir uns unserer möglichen Außenwirkung bewusst sein sollten. Wir können uns selbst daran erinnern, dass wir beobachtet werden. Es tut auch allen Beteiligten gut, wenn das Kind stolz auf seine Eltern ist und sich vor Gleichaltrigen nicht für sie schämt. Aber die Inszenierung für die Kindertribüne darf nicht dazu führen, ein Leben aufzugeben, dass *wir selbst* für lebenswert halten.

Früher, zu Aristoteles Zeiten, war *Tugend* der Maßstab für Erziehung. Dann, bei Immanuel Kant, galt das *Gesetz*. Das hat sich heute zu *Werten* verdünnt. Eltern-O-Ton: »Wir wollen unser Kind nicht verbiegen, aber wir müssen ihm doch Werte mitgeben.« Die Auswahl ist groß: Ehrlichkeit, Hilfsbereitschaft, Anstand, Nachhaltigkeit, Toleranz, Respekt, Gerechtigkeit. Nun sind die Absichten hinter dem Streben, dem Kind Werte vorzuleben, durchaus achtbar. Aber kann das gelingen? Wir sollten skeptisch sein. Denn Werteerziehung ist ein Mythos.

Werte stehen immer in Spannung zu anderen Werten, die ebenso gültig sind. Es gibt keine Offenheit ohne Verschwiegenheit, keine Gleichheit ohne Unterschiede, keine Durchsetzung ohne Einfühlung. Wertekonflikte sind daher unvermeidbar, ihre Auslegung ist umstritten, und der Weg, sie zu erreichen, ist ungewiss. Welcher Wert situativ vorzuziehen ist, muss immer wieder neu entschieden und verantwortet werden. Oft müssen Eltern sich darüber erst einmal verständigen, denn die Vater-Familie und die Mutter-Familie können sich an sehr verschiedenen Werten orientiert haben. Man kann es daher immer auch *anders machen*. Und damit falsch – aus Sicht derjenigen, die einen anderen Wert vorgezogen hätten. Wer sich an Werten orientiert, handelt also nicht automatisch richtig.

Das begründet noch keine Absage gegenüber der Werteerziehung. Klarer wird es, wenn wir die voranstehenden Überlegungen zum »Vorbild« aufgreifen. Denn Ähnliches gilt hier: Man glaubt an simple *Ursache-Wirkungs-Ketten*: »Wenn ich mit meinem Kind über anständiges Handeln spreche und es ihm vorlebe, wird es das übernehmen.« Das ist ehrenwert, aber naiv. Diese Erwartung wird sich kaum erfüllen. Kinder sind nicht so einfach gestrickt. Da geht keine Wertelampe an, wenn wir entsprechend reden oder handeln. Ein konkretes Beispiel: Wenn wir im Supermarkt immer unsere Rechnung bezahlen, also niemals etwas stehlen, hilft das ebenso wenig, als wenn wir bereits mit dem Kind über den Wert des Eigentums sprechen konnten. Es wird dennoch auf dem nächsten Spielplatz nach dem Spielzeug eines anderen Kindes greifen, wenn es verführerisch aussieht.

Das heißt: Werte können nicht absichtsvoll anerzogen werden, es gibt *keine direkte* Wertevermittlung. Werte werden allenfalls *indirekt* vermittelt – und keineswegs immer von uns Eltern. Kinder beobachten ihre Umwelt und gucken sich das ab, was sie brauchen. Das ist jedoch oft *nicht* das, was wir als Eltern meinen, was das Kind braucht. Vor allem später, wenn aus dem Kind bereits ein Teenager geworden ist, scheint es oft so, als würde das Kind die Nachahmung von Eltern geradezu verweigern: Was wir auch tun – unser Kind macht das Gegenteil. Das nennt man wohl Erwachsenwerden. Frustpotenzial gibt es dann auf beiden Seiten. Doch nur die Eltern werden sich fragen, was aus ihren Werten geworden ist.

Wer unterstellt, es gebe Werte *an sich*, muss sich auf massive innerfamiliäre Konflikte einstellen. Denn es gibt sie nicht in der empirischen Wirklichkeit; Werte sind nicht wie Blumen, Bäume, Berge. Sie sind *perspektivisch*, sie werden von Menschen für Menschen formuliert und immer wieder neu definiert. Sie *gelten* für etwas und für jemanden. Und diese Geltung muss fortwährend aktualisiert und »geltend« gemacht werden. Ein Wert wie »Toleranz« zum Beispiel bedeutete vor 30 Jahren etwas völlig anderes als heute: beim Rauchen dies, bei der Homosexualität das, bei der Impfskepsis jenes. Und jeder entscheidet für sich selbst, was für ihn gilt und wie er einen Wert auslegt.

Insofern gibt es keine verbindlichen Werte, die für jedes Kind und unter allen Umständen zutreffen. Wir sollten uns daher auf das Wagnis der Wertepluralität einlassen. Es gibt viele Wege, ein wert-volles Leben zu leben. Und mehr noch: Wir sollten als Eltern anerkennen, dass wir manche Formen des gelingenden Lebens noch gar nicht kennen. Und schon gar nicht müssen wir sie ausprobiert haben. Insofern lohnt es sich, das Paket der eigenen Wertüberzeugungen nicht allzu fest zu schnüren. Wir können uns entspannen. Auch als Eltern müssen wir nicht als Tugendbolde daherkommen. Ist das nicht erleichternd?

Alleinerziehend

Ein-Eltern-Familien gibt es in Deutschland etwa 2,5 Millionen, davon mehr als 2 Millionen Mutter-Kind-Familien und knapp 0,5 Millionen mit alleinerziehenden Vätern. Wir haben es also vorrangig mit einem weiblichen Phänomen zu tun: Alleinerziehend sind vor allem Mütter. Auch dann, wenn ein Parallelerzieher zu Hause sitzt.

Für Mütter stellt sich oft die Frage: Kind oder Karriere? Die häufigste Antwort, selbst wenn das Alleinerziehen nicht frei gewählt wurde: Kind *und* Karriere. Was für Alleinerziehende so viel heißt wie: Gib alles! Allein schaffen, was andere zu zweit kaum stemmen, das bedeutet Bring- und Holzeiten einhalten, Pausenbrote schmieren, trösten, kontrollieren, chauffieren, vorlesen und zusätzlich Geld verdienen. Das kann einen zerreißen – und nicht erst seit den besonderen Härten der Corona-Pandemie.

Mutter sein und Karriere machen, das ist zwar unter einen Hut zu bringen, aber es ist nicht gratis. Es fallen mentale und finanzielle Kosten an. Die Frau, die nach dem Mutterschutz direkt wieder arbeiten geht, wird sich den Vorwurf der »Rabenmutter« anhören müssen. Dauernd macht sie Kompromisse, ihr Kind auch. »Mama, warum kommst du immer erst, wenn es dunkel ist?« Solche Fragen schmerzen. Oft sehen diese Mütter das Kind nur täglich eine Stunde morgens und eine am Abend. Den Rest bestreiten Kita und/oder Kinderfrau, dazu der Schulhort. Mütter schminken sich im Rückspiegel auf dem Weg ins Büro; alleinerziehende Väter nutzen das tägliche Fahrradfahren zum Job als Workout. Es ist ein dauerndes »Dazwischen«.

Und es ist immer wackelig. Wenn man nur mit zwei Händen jongliert (statt mit vier), fällt immer mal wieder was runter, mal der Job, mal die Freundin, mal das Kind, mal ein aussichtsreicher Partner, mal man selbst. Kaum scheint die Lage stabil, wirft ein Ereignis alles wieder um. Sorge und Freude teilt man mit keinem. Nie ist mal eingekauft oder schon gekocht. Und subjektiv bleibt der Eindruck, man habe kaum Zeit für die eigenen Bedürfnisse: »Wenn ich um Mitternacht fünf Minuten für mich habe, ist das viel.« Abends eben schnell eine Runde joggen? Oder eine Freundin treffen? Oder sich vielleicht mit dem Partner in der Nacht abwechseln, um ein paar Stunden am Stück schlafen zu können? Geht nicht. Deshalb sind diese Mütter müde. Dauermüde.

Warum wir hier nur über Elterngefühle beim Alleinerziehen sprechen? Nicht aber über Nachteile für das Kind? Weil sich in Studien zu Kindern von Solo-Müttern keine Nachteile finden lassen. Eine Erklärung dafür ist: SMC – Single Mother by Choice, freiwillig alleinerziehend. Denn Frauen, die sich für dieses Modell entscheiden, bereiten sich meist bewusst auf die Situation vor. Sie sind im Regelfall gebildet und finanziell abgesichert.

Die Gefahren liegen woanders. Wenn zum Beispiel das Kind als Partnerersatz herhalten muss, entsteht eine ungute Symbiose mit dem Kind. Auch wer von »Wir als Team« spricht, überlastet das Kind. Und Alleinerziehende fühlen sich oft schuldig, weil sie ihrem Kind keine »vollständige« Familie bieten. Das kompensieren sie durch überzogene Zuwendung – sowohl materieller wie immaterieller Art. Dies erzeugt wiederum bei vielen Kindern erhöhte Ansprüche. Sie lernen, an das schlechte Gewissen ihres Elternteils zu appellieren, fordern mehr »Entschädigung«, werden dadurch noch unzufriedener – ein Teufelskreis.

Das Problem der emotionalen wie materiellen Erpressbarkeit verschärft sich, wenn das Kind zwischen getrennt lebenden Elternteilen pendelt. Viele Eltern veranstalten dann einen Wettbewerb um die Position des *good guy*. Sie fürchten, dass das Kind sie aus der Liebe fallen lässt, wenn sie disziplinieren und strafen. Beide wollen als Sieger aus diesem Wettbewerb hervorgehen, stets getrieben von der Furcht, dass sie später niemanden mehr haben, der nach ihnen schaut oder wenigstens ab und zu mal anruft. Sie sind deshalb nachgiebiger.

Doch das ist nicht die einzige Gefahr. Weitere lauern auf der Jobseite. Alleinerziehend und alleinverdienend – das ist nicht nur herausfordernd, sondern oft überfordernd. Zunächst einmal für die Betroffenen: Alleinerziehende dürfen nie krank sein, *melden* sich aber häufiger krank – weil das Kind krank ist. Was auch die Unternehmen wissen. Bei Teilzeitarbeit kommt hinzu: Man arbeitet immer mehr, als wofür man bezahlt wird. Überstunden werden selten oder nie abgegolten. In Managementpositionen ist ein quantitativ begrenzter Arbeitsbegriff ohnehin kaum durchzuhalten. Zudem ist es nicht leicht, einen entsprechend flexiblen Betreuungsplatz und verständnisvollen Arbeitgeber zu finden. Und auch die Kollegen sind nicht immer begeistert – sie müssen nämlich oft einspringen.

Was tun? Wichtig ist, im Arbeitsleben für die persönlichen Bedürfnisse als Mutter (oder Vater) einzustehen. Sie offen zu benennen. Niemand denkt bei der Planung eines Meetings an die Nöte und Wünsche einer Alleinerziehenden. Die muss man ganz aktiv adressieren. Wenn man pünktlich den Arbeitsplatz verlassen will, weil ein Kind abgeholt werden muss. Oder wenn man bittet, Termine vorher abzusprechen, weil man die Theateraufführung des

Kindes nicht verpassen will. Oder wenn die Kita anruft und fordert, dass das fiebernde Kind sofort abgeholt werden muss. Ist man alleinerziehend, kann man nicht mehr verhandeln, welcher Partner das übernimmt. Man ist es immer selbst. Damit sind wichtige Schwerpunkte gesetzt. Wer auch gegenüber dem Kind die eigene Müdigkeit zugeben kann, ist in Sachen Selbstehrlichkeit auf einem guten Weg.

Aber auch in einer Partnerschaft gibt es immer wieder Situationen, in denen man sich alleinerziehend fühlt, vor allem wenn der andere beruflich stark gefordert oder viel unterwegs ist. Oder einfach nicht sieht, was zu tun ist. Gerade mit Kind im Arbeitsleben heißt es: Erwartungen deutlich artikulieren! Kinderzeit zwischen 17 und 21 Uhr heiligsprechen und einfordern – kein Termin darf dazwischenkommen! Unterstützung durch den Partner, andere Mütter, externe Kinderbetreuung organisieren. Die Aufgabenteilung im Haus muss klar definiert werden. Ältere Kinder müssen mit anpacken, auch der oben genannte »Parallelerzieher«. Einkaufen, kochen, Tisch decken, abwaschen, Müll wegbringen, Wäsche, Garten, saugen und putzen. Aber was tun im Krankheitsfall der Mutter? Wer einen Notstand ausruft im Freundeskreis, findet Gehör! Keine Sorge: Auch Paare müssen sich ihre Abhängigkeit vom jeweils anderen ständig eingestehen, auch sie werden krank, fordern den anderen schon einmal über die Maßen. Alleinerziehende sollten das nicht übertrieben problematisieren, sondern getrost andere zur Hilfe anfordern. Das funktioniert in der Regel sehr gut – solange es Freunde gibt, die freiberuflich, in Teilzeit oder gar nicht arbeiten. Oder Oma und Opa heißen.

Ein alleinerziehendes Leben mag nicht ideal sein. Aber in welcher Familie ist es schon ideal? Wo *war* es überhaupt jemals ideal? Träumen wir vielleicht erinnerungsselig von einem idyllischen Familienleben, das in unserer Kindheit erfüllt war vom gemeinsamen Spielen und Backen? Wo uns von Bullerbü, Jim Knopf und Pippi Langstrumpf vorgelesen wurde? Wo mit Vater, Mutter, Oma, Opa, Geschwistern vereint und harmonisch in trauter Runde immer Frieden herrschte? Wo man draußen herumtollte, Höhlen und Baumhäuser baute, mit Murmeln spielte, auf offener Straße mit Stelzen lief, auf Brachen sich als Räuber und Gendarm gegenseitig jagte, dreckverschmiert von einer liebenden, allzeit anwesenden Mutter zu Hause empfangen wurde und auf das abendliche Heimkommen des Vaters wartete? *Times gone by.* Vergessen wir nicht, dass Erinnerung trügt. Wer die Vergangenheit verklärt, hat meist ein schlechtes Gedächtnis. Und wer eine paradiesische Kindheit heute mit moderner Unabhängigkeit und hohem Gehalt verbinden will, wandelt im Irrealis.

Dramatisch wird die Frage der Vereinbarkeit von Beruf und Elternsein also nur vor dem Hintergrund verklärter Kindheitserinnerungen oder idealisierter Vorstellungen dessen, was Kindheit sein *sollte.* Wir romantisieren diese Zeit, obwohl sie wahrscheinlich *so* nie stattfand. Die Kindheit jedes einzelnen Menschen ist ein Ort, an dem noch nie jemand war.

Großeltern als Weiterführer

Großeltern – knittrig, vergreist, ausgedient? Das war einmal. Heute sind Oma und Opa vital und lebenszugewandt. Millionenfach retten Muttermütter und Vaterväter ihre erwachsenen Kinder (und Jetzt-Eltern). Wie sie das tun? Durch die *Zeit*, die sie ihnen schenken. Sie erlauben ihren Kindern regelmäßig, das Enkelkind bei ihnen »abzuladen« und dadurch ein paar Stunden für sich zu haben. Mal durchatmen oder durchschlafen zu können. Mal mit Freunden abzuhängen. Oder zu zweit ein paar Tage allein zu sein. Damit Eltern sich an weit zurückliegende Gründe für ihr

Zusammensein erinnern – und nicht nur als Kindermanager funktionieren.

Anthropologisch ist es kein Zufall, dass der Mensch sich so entwickelt hat, dass viele Individuen weit über ihre Reproduktionsfähigkeit hinaus leben. Diese zusätzlichen Jahre haben einige evolutionäre Vorteile. Denn Großeltern sind Menschen, die *wählen* können, die wissen, was wichtig ist und was nicht. Weil ihre Erfahrung wertvolle Hinweise für ein gelingendes Leben bereithält. Weil sie ihr Leben nicht mehr besinnungslos nach vorne werfen, sondern gelassen zurückblicken. Weil ihre Aufmerksamkeit nicht mehr auf ungeduldige Fortsetzung gerichtet ist, sondern sich geduldig niederlässt. Und weil sie die Gegenwart nicht mehr als Punkt des verschwindenden Augenblicks erleben, sondern als verbleibende Restzeit – als Zeitraum zwischen dem Jetzt des Moments und dem Später des Todes, der nicht mehr nur »irgendwann« eine theoretisch gewusste Unumgänglichkeit ist, sondern eine zeitlich konkrete Näherrückung. So nehmen Großeltern in ihren Enkeln das Leben wieder auf. Sie wiederholen es nicht, sondern vergegenwärtigen aus der Distanz neu, was ihnen in ihrem eigenen Leben vielleicht entgangen ist. Sie können dem Kind vermitteln, was Menschen verbindet, was sie trennt. Verdeutlichen, dass wir uns eher glücklichen Umständen verdanken als strategischem Kalkül. Und wie es ist, jenseits des alltäglichen Gerangels ein alternatives Leben zu entwerfen.

So dachten schon die Griechen. Platon wies in seinen »Gesetzen« den Älteren die Funktion zu, durch Mythen und Geschichten die Weisheit des Herkommens zu vermitteln. Sie sollen »zeigen« – damit das Kind sieht und einsieht. Das stiftet Gemeinschaft, Teilhabe an Üblichkeiten als einigendes Band, Weitergabe der Tradition an die Enkelgeneration. Aus dieser Perspektive: Wohl dem, dessen Großeltern für Innovationen unzugänglich bleiben! Denn in noch höherem Maß als Eltern sind Großeltern *Weiter-*

führer. Sie nehmen von den Vorangelaufenen und geben den Nachfolgenden. Darf man von Überlieferungspflichten sprechen? Etwa mit dem Vergangenen in Kontakt zu treten, das Gewordene anzusprechen, das Überbrückende der Zeiten, der Worte, der Sprache, so wie man an die Worte des Vorredners anknüpft, wenn man verstehen will? Wenn man Verständigung will? Wir sind auch den Ahnen etwas schuldig, nicht nur den Kindern; wir tragen auch für die Vergangenheit Verantwortung, nicht nur für die Zukunft.

Großeltern bilden nicht nur eine allgemeine Brücke in die Vergangenheit. Sie repräsentieren auch das Herkommen *der Familie*. Sie stärken die Wurzeln des Kindes, indem sie die Familienchronik erzählen. Geschichten, die das eigene Werden und den Weg der Familie schildern. Geschichten aus der Kindheit der Eltern. Dabei ist es nicht wichtig, ob es genau so geschehen ist. Es geht nur darum, das historische Gewordensein der Familie zu bebildern.

Und noch ein weiterer Vorteil für das Kind: Großeltern ermöglichen Kindern einen Perspektivwechsel – einen anderen Blick auf Mama und Papa. In den Erzählungen der Großeltern sind Mama und Papa ja Kinder, die sich auch wie Kinder verhalten haben. Nicht wie allwissende und achtunggebietende Erwachsene. Es sind junge Menschen, die herumalbern, Quatsch machen, schlechte Zeugnisse bekommen, unglücklich verliebt sind und im entscheidenden Moment das Tor nicht treffen. Kinder hören gebannt zu, wenn Großeltern solche Geschichten erzählen.

Was haben die Großeltern davon? Nicht viel, sagen einige und wollen die Freiheit der Pensionierung nicht opfern für den Blick zum lichten Firmament des Enkelglücks. Andere genießen die Abwechslung, das Gebrauchtwerden. Aber auch die wunderbare Ruhe, wenn die Kinder wieder weg sind. Bisweilen Hilfe in Haus und Garten: Das Enkelkind kann auch kleine Aufgaben übernehmen – und nicht nur solche, die für die Großeltern beschwerlich sind. Eine Möglichkeit für das Kind, stolz zu sein.

Das klingt alles glatt. Großeltern sind ja im Umgang mit einem Kind auch meist entspannter als die Eltern. Insbesondere Jugendlichen fällt es oft leichter, Geheimnisse mit Opa und Oma zu teilen. Liebeskummer zum Beispiel. Aber es drohen auch Loyalitätskonflikte. Denn die oft starken Bindungen können in Konkurrenz stehen zu den Eltern. Deshalb dürfen sich Großeltern nicht mit Enkelkindern gegen die Eltern verbünden. Auch nicht gegen andere Großeltern. Auch nicht als Überbietungswettbewerb bei weihnachtlichen Geschenkeschlachten.

Nicht selten neigen Eltern dazu, einige Verhaltensweisen der Großeltern als gut, andere als schlecht zu bewerten. Das ist der Hochmut der Nachgeborenen. Großeltern sind unabhängig vom Zeitgeist. Sie bilden durch ihr »anderes« Verhalten einen Kontrast zur elterlichen Üblichkeit. Dennoch knallt es oft zwischen den Generationen: Familienbett oder Stubenwagen? Noch stillen oder schon die Folgemilch? Wenn Eltern heute oft das Gegenteil machen, was sie selbst als Kind erlebt haben, kann das von den Großeltern als stillschweigender Vorwurf erlebt werden. Und umgekehrt kann das Beharren der Großeltern auf ihren herkömmlichen Erziehungsprinzipien als Kritik an den Eltern verstanden werden. Das ist wechselseitig unnötig. Da es kein universal und eindeutig »richtiges« Verhalten gibt, ist auch kein gemeinsames Erziehungsverständnis notwendig. Im Gegenteil: Ein unterschiedliches Erziehungsverhalten von Eltern und Großeltern trainiert die Fähigkeiten der Unterscheidung und der Anpassung des Kindes. Es ist in Ordnung, wenn bei Oma und Opa etwas erlaubt ist, was bei Mutter und Vater verboten ist. Zum Beispiel mit Süßigkeiten verwöhnt zu werden. Kein Problem – solange das Kind nicht übergewichtig ist. Wir sollten auch nicht eingreifen, wenn Oma und Opa in unseren Augen zu nachsichtig sind. Oder zu vorsichtig oder zu streng. Wenn wir Großeltern beanspruchen, können wir sie nur als »Gesamtpaket« nehmen. Wer verantwortlich und zu Hause ist, dessen Regeln gelten.

Etwas anderes ist es, wenn die Großeltern versuchen, sich übergriffig in die Erziehung des Enkelkindes einzumischen. Manchmal wollen sie grundsätzlich beeinflussen, was das Kind essen soll, in welche Spielgruppe es darf und welche Sportart die beste ist. Diesen Konflikt müssen wir annehmen. Klar muss sein: Großeltern ergänzen, bereichern, betreuen. Sie dürfen auch nach anderen Kriterien erziehen, vor allem, wenn sie einen beträchtlichen Betreuungsdienst übernehmen. Aber in das Erziehungsverhalten der Eltern dürfen sie nicht eingreifen. Wir Eltern entscheiden, wie wir handeln. Das müssen wir nicht rechtfertigen.

Diese Freiheit ist bedroht, wenn es einem Elternteil schwerfällt, sich gegenüber den Großeltern zu behaupten. Wenn ein Elternteil sich mehr Rückendeckung vom Partner wünscht, während dieser sich gegenüber den Großeltern nicht abgrenzt. Das ist schwierig vor allem dann, wenn die eigene Mutter quasi die beste Freundin ist, im Umgang mit den Enkelkindern jedoch Dinge macht, die wir selber oder unser Partner nicht billigen. Es hilft nichts: Dann dürfen wir nicht Sohn oder Schwiegertochter sein. Dann müssen wir zusammenhalten, die Generationengrenze schärfer ziehen. Vielleicht müssen wir sogar den Ablösungsprozess nachholen, den uns die eigenen Kinder eröffnen. Das ist wichtig für eigenständige Elternschaft! Und den Großeltern kann man diese Klarheit in den allermeisten Fällen zumuten.

Der Schatten der eigenen Eltern

Jeder Anfang ist eine Fortsetzung. So schreibe ich diesen Text als Vater, aber auch als Sohn meiner Eltern. Jeder Satz, den ich hier schreibe, bezieht sich auf einen vorherigen, der ungeschrieben blieb. Denn niemand kommt voraussetzungslos in die Welt: Kinder werden von Eltern erzogen, die von Eltern erzogen wurden, die von Eltern erzogen wurden. In unserer Gegenwart sind wir als Mütter und Väter lediglich der vorläufige Endpunkt eines Erziehungsstroms, den wir einerseits fortsetzen, andererseits hinter uns lassen. »Das Vergangene ist niemals tot«, schrieb William Faulkner, »es ist noch nicht einmal vergangen.« Es lebt in uns fort, als oft wiederholte oder auch verschwiegene Erzählung: Verhaltensweisen, Sprach- und Denkfiguren, auch Gefühle, die wir von den Gesichtern unserer Eltern abgelesen haben. Das alles führt ein geheimes Eigenleben in uns, beeinflusst unsere Überzeugungen und Handlungen. Im Grunde gibt es so etwas wie »Eltern« nicht allein und für sich. Man kann Eltern ohne die Großeltern und die Urgroßeltern nicht angemessen beschreiben.

Unsere eigenen Eltern prägen auch unser Verhalten gegenüber dem Kind. Sie erziehen mit, selbst wenn sie schon gestorben sind. Insofern ist die Welt unserer Kindheit etwas, was uns später in den Elternjahren im Grundsätzlichen ausmacht. Wenn wir also fragen »Wie erziehen wir sinnvoll und wirksam?«, dann sind unsere eigenen Eltern immer Teil der Antwort. Und da kann man Pech oder Glück haben. Manche müssen sich ein Leben lang davon erholen, einmal Kind gewesen zu sein.

Andererseits dürfen wir diese Antwort nicht überdehnen. Wir sind keine Sklaven unserer Vergangenheit. Wir können uns neu beeltern, wie die Psychotherapie sagt, uns neue Leitfiguren suchen. Etwa nach Nietzsche: »Wenn dir deine Eltern nicht passen, such dir neue.« Aber auch das Neu-Beeltern hat seine Grenzen.

Mein jüngster Sohn sagte eines Tages zu mir: »Ich hätte gerne einen anderen Vater.« – »Wen hättest du denn gern?« – »Roger Federer.«

Genauso wie die Eltern

Elternschaft ist eine Lebensform, auf die wir insofern vorbereitet wurden, als dass wir (meistens) unsere eigenen Eltern erlebt haben. Diese Kindheitserfahrungen – oder besser: das, was wir davon erinnern – prägen uns in unserer Rolle als Eltern. *Grosso modo* in zwei Richtungen. Entweder: »Ich will meine Kinder *genau so* erziehen, wie meine Eltern mich erzogen haben.« Oder: »Um Gottes willen – so gerade *nicht*.« Anpassung oder Gegenanpassung. Die Letztere ist häufiger. Die Wahl ist abhängig davon, ob wir uns entschieden haben, unsere Kindheit als glücklich oder als unglücklich zu bewerten. In jedem Fall bleiben wir jedoch gebunden an das Erlebte. Erziehung ist somit vergleichbar mit einer Autofahrt, bei der man oft in den Rückspiegel blickt. Meistens unbewusst, in kritischer Rückschau bisweilen aber sehr bewusst. Vor allem unter Stress kippen Eltern oft in Erziehungsmuster zurück, unter denen sie selbst als Kind gelitten haben.

Das Rückschauen ist in den Elternjahren nicht ungefährlich: Wir schauen dann eben nicht nach vorne, nicht auf unser Kind, nicht auf die moderne Welt, in die wir es leiten müssen und die eine andere sein wird als die Welt unserer Eltern. Sondern in die Vergangenheit. Im Grunde bleiben wir unfrei – nicht frei in der Wahl des Handelns. Weil wir gefesselt bleiben an die Auseinandersetzung mit unseren Eltern.

Nicht nur für die Kinder, auch für uns selbst als Eltern hat dieser Nachhall paradoxe Folgen. Ohne dass wir es merken, nähert sich unser Erziehungsverhalten oft dem unserer Eltern an. Die

Orientierung an den eigenen Eltern verähnlicht uns, einerlei, ob bewusst oder unbewusst, ob positiv eingefärbt oder negativ. Oft merken wir das daran, dass wir als Erwachsene jene Eigenschaften aufweisen, die wir schon bei unseren Eltern beobachteten. O-Ton: »Jetzt klinge ich schon wie meine eigene Mutter.« Oder beim flüchtigen Blick in den morgendlichen Spiegel; leichtes Erschrecken: »Oh, hallo, bist du es, Papa?« Sowohl mein jüngerer Bruder also auch ich merkten bald, dass wir in vieler Hinsicht unserem Vater folgten. Nicht nur körperlich, sondern auch in unserer inneren Haltung als Väter unserer Kinder.

Wie aber kommt es, dass wir unseren Eltern ähnlich werden?

Dazu müssen wir uns zunächst fragen: *Was ist eine Mutter?* Eine in diesem Zusammenhang nützliche Antwort ist: Eine Mutter ist ein *Skript*. Eine Mutter ist ein Katalog von Eigenschaften, die wir bei unserer eigenen Mutter wahrgenommen haben. Das mögen bestimmte Verhaltensweisen sein, die Art zu gehen, zu sprechen, die Stimme, ihr Geruch. Alles das signalisiert uns: So ist eine Mutter! Es ist wie ein Film voller modellhafter Szenen, der einem Befehlsmenü gleicht. Dasselbe gilt für den anderen Elternteil. *Was ist ein Vater?* Ebenso: ein Skript. Ein Verzeichnis von Eigenschaften und Verhaltensweisen, die wir bei unserem Vater wahrgenommen haben. Auch das wird verallgemeinert: So ist ein Vater! Diese Skripte sind Drehbücher, die tief in uns eingelagert sind. Es ist mitunter hilfreich, sich ihrer bewusst zu werden. Sonst feiern wir Kopiererfolge – statt uns Freiräume zu eröffnen.

Nicht so wie die Eltern

Einige von uns haben sich entschieden, diese Skripte nicht zu mögen. In unserer Gesamtbewertung zählt dann nicht, *was* unsere Eltern alles getan haben, um uns überleben zu lassen. Sondern *wie* sie das gemacht haben. Die Art und Weise gefällt uns nicht. Deshalb grenzen wir uns ab, wollen *nicht* so sein wie dieses Skript. Wollen ein »anderer« Vater sein, eine »andere« Mutter. Auch wenn wir selten die Eltern vollständig ablehnen, sondern meistens nur Teilaspekte, fokussieren wir sie ständig, schauen auf sie. Irgendwann wundern wir uns, dass wir eine nur unwesentlich veränderte Zweitausgabe unserer Eltern wurden.

Dieser Zusammenhang ist wichtig für unsere Selbstsicherheit in den Elternjahren. Wir beteuern zwar rhetorisch, dass jeder Mensch besonders sei, mit niemandem auf der Welt vergleichbar. Aber mögen wir auch unsere Besonderheiten? Mögen wir uns als Mutter bzw. Vater? Die Antworten darauf hängen nicht zuletzt davon ab, ob wir rückblickend auch das Besondere unserer Eltern mögen. Anerkennen wir ihre *damaligen* Möglichkeiten? Oder messen wir sie an heutigen Maßstäben, Idealen, Werten? Nach heutigem Maß hätte man früher nahezu allen Eltern das Sorgerecht entziehen müssen. Aber ihr Sosein war eingebettet in die Zeitumstände – und damit unabhängig von der heute herrschenden Moral. Von ihren Kämpfen – damals! – haben wir keinen Schimmer. Versöhnlicher stimmt hingegen ein Blick, der das Besondere ihrer Elternschaft ehrt, die ja gleichzeitig unsere Kindheit war. Dadurch öffnen wir uns, werden größer und freier. Und bleiben verbunden. Denn es fügt uns größeren Schaden zu, unsere Eltern abzulehnen. Ein Andersmachen hätte dann kaum eine Chance; das Eigene wäre das Abgelehnte.

Gehen wir noch einen Schritt weiter: Dürfen wir Heutigen unsere Eltern *überhaupt* beurteilen? Dürfen wir sie vor den Richterstuhl der Gegenwart zerren? Nein, es wäre anmaßend. Wir stehen nicht »über« unseren Eltern. Sieht man von extremem Fehlverhalten ab, so leben wir nur in einer anderen Zeit, mit anderen Bedingungen. Vielmehr sollten wir uns fragen, ob unsere heutigen Erziehungsnormen wirklich in jedem Fall die »richtigen« sind.

Persönlichkeitswettbewerb gewinnen?

Wer diesen Text hier gerade lesen kann, dessen Eltern haben den Hauptjob erledigt: das *Überleben* ihres Kindes zu sichern. Sie haben offenbar alles Notwendige getan – unter den Voraussetzungen, die sie damals vorfanden, und mit den Ideen, die die Vergangenheit prägten. Als Kinder *ihrer* Zeit.

Wir werden dennoch immer Vorstellungen von »besseren« Eltern haben, die zu einem bestimmten Zeitpunkt anders hätten handeln sollen. Eltern, die vielleicht schönere Lebensumstände zur Verfügung gestellt hätten. Unser inneres Leben wird dann von der Sehnsucht nach einer Kindheit bestimmt, die *nicht* stattgefunden hat. Es kann sogar sein, dass uns das »Ergebnis« nicht gefällt – so, wie wir jetzt sind. Aber das ist unerheblich. Unsere Eltern haben schlicht das geleistet, was sie leisten mussten: Wir können am Spiel des Lebens weiter teilnehmen.

Man kann das »Liebe« nennen. Auch wenn wir uns als Kind mitunter eine andere Form der Liebe gewünscht hätten. Aber unsere Eltern waren nicht auf der Welt, um bei uns einen *Persönlichkeitswettbewerb* zu gewinnen. Sie lebten genau die Liebe, zu der sie damals fähig waren. Wir können innerlich damit Frieden machen, indem wir anerkennen, dass wir oft schon da sind, wo wir sein wollen. Wir sollten daher unsere Eltern *ehren* – dafür, dass sie im Dienst des Lebens gestanden haben. Des Lebens, das nichts anderes will als weitermachen. So wie wir heute weitermachen. Deshalb sind auch wir als Vater oder Mutter nicht auf der Welt, um unserem Kind zu gefallen! Sondern um unseren Job zu machen. So gut wir es unter den gegebenen Umständen eben können.

Manchmal jedoch müssen wir die Fesseln unserer Herkunft lösen, gar abwerfen, wenn wir uns selbst als Eltern zu verlieren drohen. Dann müssen wir so handeln, als hätte es unsere Eltern nicht gegeben. Was schwierig ist, wenn die Eltern noch leben. Es ist historisch neu, dass Eltern und Kinder oft eine so lange Lebenszeit teilen, die weit bis in die Elternjahre der Kinder hineinragt. Keineswegs immer von Vorteil. Nicht nur erinnern sich viele heutige Erwachsenen an eine Kindheit mit täglichem Elternstreit, Gebrüll, Ohrfeigen, An-den-Haaren-Reißen, Jammern, Heulen und Herziehen über den anderen Elternteil, mit Psychoterror durch Blicke, Worte, Tonlagen und vor allem Schweigen, tagelangem Schweigen – sondern auch die Gegenwart ist heftig belastet mit familiären Zusammenkünften. In einem Brief schreibt ein Sohn, mittlerweile selbst zweifacher Vater, an seine Eltern: »Ich habe immer Angst, bevor ich euch treffe. Was bringt mir das? Neue Verletzungen? Streit über Schuld und Fehler? Trauer angesichts des Scherbenhaufens?«

Wenn nichts mehr hilft, kein klärendes Gespräch, kein Ignorieren, kein Humor – dann kann es an der Zeit sein, sich von den Eltern zu trennen. Den Eltern zu sagen: »Ich danke euch für die Begleitung, die mich zu einem lebensfähigen Menschen werden ließ. Ab jetzt aber gehe ich meinen Weg alleine.« Manche Menschen haben so schwierige Eltern-Kind-Beziehungen, dass die (Los-)Lösung die beste Lösung ist. Wenn dieser Bruch ohne Anklage geschieht, kann das heilen, mitunter auf beiden Seiten. Aber es wird, von welcher Seite auch immer, nicht ohne Gegenwind geschehen: »Aber es sind doch deine Eltern!« Das erzeugt hohen moralischen Druck. Und in einigen familientherapeutischen Ansätzen wird betont, wie wichtig die Versöhnung mit den eigenen Eltern sei. Ja, es sind unsere Eltern. Aber wir müssen bisweilen das Muster durchbrechen, um Frieden zu machen, um unseren eigenen Weg zu gehen, auch als Vater oder Mutter unserer eigenen Kinder.

Erziehungsstile

Was ist gute Erziehung?

Die *primäre* Aufgabe von Eltern ist es, das Überleben des Kindes zu sichern bis zu einem Zeitpunkt, wo es das alleine tun kann. Diese Aufgabe ist klar und eindeutig. Komplizierter wird es, wenn wir *sekundäre* Aufgaben hinzufügen. Etwa: ein *bestimmtes* Ziel erreichen wollen. Nennen wir es vorläufig »Lebenserfolg«. Noch schwieriger wird es, wenn wir nicht nur den Lebenserfolg definieren, sondern auch der *Weg* dahin. Dann geht es darum, *wie* Eltern das bewerkstelligen – es geht um *Erziehungsstile.* Wenn uns die Art und Weise gelungen erscheint, nennen wir das umgangssprachlich »gute« Erziehung. Aber was ist das – »gute« Erziehung?

Wir können uns umschauen auf Facebook-Twitter-Instagram, in den Leserbriefen der Zeitungen oder in den Mamablogs – heute Familienblogs, aber fast ausschließlich von Frauen geschrieben. Dort geht es nicht nur um niedliche Babyfotos, die schönsten Bastelideen oder den ultimativen Geburtstagskuchen. Es geht auch um die Schattenseiten des Elternseins: wie anstrengend und streckenweise überfordernd der Tag sein kann. Und es geht um Grundsätzliches: um Erziehung und Haltung. Ein buntes Spektrum zeigt sich da, kein homogenes Idealbild früherer Jahre. Die Adjektive der Erziehungskonzepte überschlagen sich: Artgerecht! Bedürfnisorientiert! Begleitend! Gewaltfrei! Genderneutral! Die Unsicherheit, die daraus resultiert, intensiviert den Austausch. In jeder Zeile aber ist der Anspruch zu spüren, es als Eltern »gut« zu machen. Oft sogar *besonders* gut. Da ist nichts beiläufig, da ist alles bedacht und überlegt, es vibriert geradezu vor Engagement.

Es ist unwahrscheinlich, dass zwei Menschen dasselbe meinen, wenn sie von »guter Erziehung« sprechen. Dazu sind Menschen zu unterschiedlich. Was ist denn »gut« in einem universalen Sinne? In Bezug worauf? Auf die eigenen Maßstäbe? Erfüllte Erwartungen? Wenn ein Kind als »gut erzogen« gilt, dann hat es Manieren, ist höflich, gibt die »richtige« Hand, lässt anderen Menschen den Vortritt, vermeidet Gossensprache. Ist das gemeint? Oder eine nebulöse Zielidee, die im besten Fall ein »Vorzeigekind« erzeugt – irgendwo zwischen »idealer Schwiegertochter« und »Olympiasieger«. Beim Erziehungsstil gibt es so viele Farben, wie es Eltern gibt. Deshalb fällt es Erwachsenen rückblickend häufig leicht, ihren eigenen Eltern »schlechte Erziehung« vorzuhalten. Eben weil jeder unter »guter« Erziehung etwas anderes versteht, selbst wenn man sich auf einschlägige Formulierungen einigt.

Das hindert etliche nicht, sich weidlich über die Unterscheidung gut/schlecht auszulassen. Aber das Gerangel hilft nicht wirklich weiter. Ob eine Erziehung gut oder schlecht ist, ändert sich alle paar Jahrzehnte. Die Erziehungsideale von 1968 waren deutlich anders als noch zehn Jahre zuvor; und beide Normenkataloge kann man mit den heutigen nicht mehr vergleichen. Zukünftig, davon dürfen wir ausgehen, werden wieder andere Ideale wegweisend sein.

Wir können ohnehin bezweifeln, ob wertbezogene Aussagen sinnvoll sind. Wer etwas »gut« nennt, bringt nicht viel mehr zum Ausdruck als den Wunsch, ein anderer möge sich seiner Meinung anschließen. Das drückt nur wechselhafte Gefühle aus, ist aber keine Erkenntnis. Es ist Mode, Zeitgeist, Geschmack. Alles sehr individuell, unverbindlich und letztlich belanglos. Für unsere Zwecke können wir darauf verzichten. Nicht aber auf das Formulieren einer Qualitätsidee, die uns durch die Elternjahre begleiten kann. Und das tun wir jetzt.

Gut genug ist perfekt

Der Hang zur Perfektion ist ein Zeichen unserer Zeit. Alles muss vollkommen sein. Das Beste oder nichts! Wer das Große nicht kriegen kann, verzichtet auf das Kleine. Weil die Vize-Lösung zu schäbig ist. Das Pareto-Prinzip, die 80/20-Regel, die uns vor Augen führt, dass die letzten 20 Prozent zum Ideal viermal so viel Aufwand benötigen wie die ersten 80 Prozent? Unfug! Das ist zu klein gedacht, zu nahe am Mittelmaß. So gipfeln überzogene Erwartungen in jahrelange Überoptimierung. Die Erschöpfung adelt.

Das hat eine lebensphilosophische Komponente. Wir wünschen immer mehr als stattfindet. Wir produzieren zum Beispiel ständig *idealisierte Erwartungen*, die wir unserer gesamten Umwelt überstülpen: unseren Partnern, unseren Freunden, unseren Kindern, uns selbst. Unsere Aufmerksamkeit kreist dann um die unerfüllte Erwartung. Viele basteln mit immenser Energie an ihrem Überanspruch an die Welt. Denn Ideale haben eine zerstörerische Spitze. Sie verleiten uns dazu, uns aufzureiben in dem Streben, sie zu erreichen. Wir werden blind für das Mögliche, weil wir über Unerreichbares phantasieren. Perfektion ist deshalb kein Ideal, sondern ein schleichendes Gift: Aus der Furcht, das Ideale zu verpassen, vergiften wir das Reale – das, was gerade stattfindet.

Das gilt in den Elternjahren auch für unsere Beziehung zu unserem Kind. Wir haben Mühe mit der Tatsache, wenn das Kind an unsere idealen Erwartungen nicht heranreicht. Ständig schauen wir auf das Defizit. Es fällt uns schwer, angemessen auf schlechte Schulnoten zu reagieren. Alles ist sofort ein Desaster. Das Kind wird ständig verglichen. Wenn das Kind im Mittelfeld landet, ist es für perfektionistische Eltern bereits gescheitert.

Was aber wäre gewonnen, wenn wir tatsächlich dem Ideal nahekämen? Nichts. Im Gegenteil: Perfektion schafft Aggression.

Im sozialen Kontext machen perfekte Kinder aggressiv. Schon immer ließ der kleine Makel die Schönheit erträglich werden. Und gilt das nicht auch für uns Eltern? Die wahren Helden sind – frei nach Dostojewski – diejenigen, die den Alltag einigermaßen anständig bewältigen. Dürfen wir statt »Helden« vielleicht »Eltern« lesen? Daher hängt der Blick auf das Kind zusammen mit dem Blick auf uns selbst. Wer sich selbst liebevoll anschaut, ist auch bereit, das Kind liebevoll anzunehmen. Schauen wir also auf uns selbst.

Gut-genug-Eltern

Eine perfekte Mutter kauft im Bioladen ein und backt Dinkelkekse. Sie ist stets gut gelaunt, ausgeglichen, nie genervt, adrett gekleidet, bastelt gerne mit ihren Kindern, ist abends nicht zu müde, ihrem heimkehrenden Mann ein fröhliches Willkommen sowie ein gesundes Abendbrot für die Familie zu bereiten und liest zum Einschlafen noch Gutenachtgeschichten. Hand aufs Herz: Einer dieser Punkte trifft auf Sie nicht zu? Dann sind Sie wahrscheinlich keine perfekte Mutter. Womöglich – falls mehrere Punkte nicht zutreffen – nicht mal eine gute. Aber doch vielleicht – gut genug?

Die Idee des »gut genug« ist nicht ganz neu. Der englische Kinderarzt und Psychoanalytiker Donald W. Winnicott (1896–1971) prägte schon Mitte des letzten Jahrhunderts den Begriff der »good enough mother« – an Väter hat er noch nicht gedacht. Diese »ausreichend gute Mutter« konzentriert sich auf die *wesentlichen* Bedürfnisse des Kindes. Welche sind das? Das lässt Winnicott weitgehend offen, delegiert es an die Üblichkeit – also an das, was »man« in seiner Epoche dafür hielt. Aber um die Bedürfnisse des Kindes überhaupt zu ermöglichen, muss das Kind erst die schwierigsten Jahre überleben. Das ist dann zunächst einmal »gut genug«. Eine solche Mutter wird also die Bedürfnisse des Neugeborenen befriedigen, sich dann aber im Laufe der Zeit angemessen und überlegt mehr und mehr zurückziehen. Dieses mütterliche »Sich-Versagen« (Winnicott) wird zum Gewinn für das Kind. Denn nur so kann es seine *eigene* Stärke entwickeln.

Was das en détail heißt, dazu später mehr. Notieren wir zunächst: Kinder brauchen Eltern, keine *idealen* Eltern. Wir müssen als Eltern nicht perfekt sein, um unsere Aufgabe zu erfüllen. Wir müssen nicht einmal »gut« sein – es reicht, wenn wir »genügen«. Das ist realistisch, das ist zu schaffen. Das Kind ist auch ohne Daueroptimierung angemessen vorbereitet für die Welt.

Gelebt wird das tendenziell von den Niederländern. Nicht nur die Frauen sind laut einer Unicef-Liste glücklicher als anderswo, sondern auch die Kinder. Nach ihrer Zufriedenheit befragt, führen niederländische Kinder die Liste von 40 Ländern an. Die Autorinnen des Buches *The Happiest Kids in the World* erklären das mit der *Gelassenheit* der Frauen. Sie versuchten erst gar nicht, perfekt zu sein, fühlten sich auch nicht schuldig als Teilzeitkräfte. Sie verstünden sich vielmehr als »hinreichend gute« Mütter, die Muttersein, Berufsleben und Freizeit im Sinne von Sowohl-als-auch balancierten. Das Alles-oder-nichts sei ihnen fremd. Das wiederum ist nur möglich, wenn auch die Männer zu Hause mit anpacken. Was für die ganze Familie vorteilhaft ist: Glücklicherweise sind wir (meistens) zwei Elternteile. Und wir sind an unterschiedlichen Stellen schwach oder stark. Gut genug bedeutet, sich als Vater oder Mutter *ganz* annehmen zu können, mit allen guten und schlechten Anteilen. Gut genug bedeutet auch, dass wir für das Kind einen Hafen bilden, in den es einlaufen kann, wenn es das braucht.

Das heißt ausdrücklich nicht, als Eltern passiv zu bleiben, eine Egal-Haltung zu leben oder uns gar aktiv vom Kind abzuwenden.

Der mühelose Weg ist nicht der faule Weg. Es ist der kluge Weg. Wir erziehen nicht nur müheloser, sondern auch besser. Wir vermeiden »Überqualität«, die von niemandem wertgeschätzt wird, schon gar nicht von unserem Kind. Von der Wirtschaft lernen wir: Erfolgreich sind nicht die perfekten Planer, sondern die entspannten Offenlasser. Weil sie flexibel sind und auf Chancen reagieren können. Gut genug ist klug.

Mehr nicht? Nein, zunächst einmal nicht. Das Mehr, das ist das Zeitbedingte, nicht das Notwendige. Natürlich gibt es die modische Propaganda von der »perfekten Mutter« oder dem »perfekten Vater«. Wenn wir uns vor diesem Hintergrund als ganz normale, mithin unvollkommene Menschen erweisen, wächst bei dem einen oder anderen vielleicht der Missmut, mitunter sogar die Reue, überhaupt Kinder bekommen zu haben. Aber das Paradies sollten wir dort lassen, wo es die Christen schon immer vermutet hatten: im Jenseits. Wir können das, was gerade jetzt ist, zum einzig Richtigen machen. Genau dann, wenn wir etwas tun *können*, aber darauf verzichten, weil das, was ist, eben »gut genug« ist. Jedoch sei das zugegeben: Manchmal müssen wir uns anstrengen, gut genug zu sein.

Rückblickend ist Elternschaft nie, was sie hätte sein müssen. Deshalb muss man nicht gleich erinnerungskrank werden. Lockern wir den krakenhaften Griff, mit dem die Perfektionsidee Eltern und Kinder umklammert. Wer wirklich liebt, befreit sich von überzogenen Erwartungen. An das Kind und an sich selbst. Das haben wir in der Hand. Es ist das innere, nichtrelative Gefühl eigener Wertschätzung. Wem das gelingt, der ist richtig »gut«.

Erziehungsstile als Lebensmodelle

Erziehungsstile sind zu Lebensmodellen geworden. Sie werden auf dem Spielplatz, auf Elternabenden und in den sozialen Medien diskutiert wie Glaubensfragen. Besonders mit Blick auf Mütter. Man spricht von Tiger-Moms, Latte-Macchiato-Müttern und neuerdings sogar Curling-Müttern, die ihren Kindern die Hindernisse aus dem Weg räumen wie beim Eisstockschießen.

Im Grunde aber tobt seit der Frühen Neuzeit ein Streit zwischen zwei Lagern. Das eine Lager sieht im Eigensinn des Kindes eine Bedrohung und will es zurechtbiegen. Das andere sieht im Eigensinn des Kindes etwas Erhaltenswertes, das es gegenüber den Zudringlichkeiten der Welt zu verteidigen gilt. Diskussionen über Erziehungsstile werden dann schnell ideologisch, entsprechend moralisch aufgeladen, proklamiert und verteidigt. Einiges davon ist Wortgeklingel. Für manche ist das Wort »erziehen« schon ein Tabu. Zu streng, zu autoritär. Sie verteelichtern es gerne zu »begleiten«. Was ja irgendwie auch stimmt. Beliebt ist auch das Weichzeichnerverb »unterstützen«. Es signalisiert Fürsorge, sanften Eingriff, nah am »helfen«. Oder das warme »ermutigen«. Schon Platons dialogisches Erziehungsprogramm klang ähnlich: Erziehen heißt »ermöglichen«, nicht eingreifen! Zudem arbeitet man gerne mit Gegensatzpaaren. Etwa: »Beziehung statt Erziehung«. Diese Formel klingt hübsch, ist sofort plausibel. Ist aber intellektuell eher unaufdringlich, weil sie über das Ziel hinausschießt. Durch das »statt«. Es verspricht eine Rigidität, die wir nicht durchhalten können.

Treten wir deshalb heraus aus dem Kampf der zwei Lager. Das Entweder-oder ist weltfremd. Wir brauchen beides: Bindung *plus* Lenkung. Die emotionale Basis des Aufgehoben- und Geborgenseins ist notwendig für die Lenkung, aber sie ersetzt sie nicht. Worüber wir sprechen können, ist das Maß. Über ein Mehr-oderweniger. Auch mit dem alternativen Wort »vor« – also »Beziehung *vor* Erziehung« – können wir eine Tendenz andeuten, die pragmatisch ist. Das lässt die andere Tür immer noch ein wenig offen. Wollen wir aber tatsächlich eine Tür schließen, tatsächlich Erziehung durch Beziehung ersetzen, dann wollen wir uns vor allem gegen eine Tradition abgrenzen, in der »Zucht« und »Züchtigung« die Wortpeitschen waren. Eine Rolle spielt dabei vor allem das Erleben der eigenen Eltern, deren oft strenger, konservativer und prinzipienfester Drill abgelehnt wird. Aber wir sollten den Raum zwischen den Extremen nutzen.

Ein weiterer Trend firmiert unter »intensive Elternschaft«. Man orientiert sich dabei weitgehend an den Bedürfnissen des Kindes, misst das Gute-Eltern-Sein daran, wie viel Zeit und Aufmerksamkeit man dem Kind zuwendet. Das führt im Extremfall zum »Attachment Parenting«, das die körperliche Nähe zum Kind verabsolutiert, das Tragetuch favorisiert und auf Kitas verzichtet. Ebenso im Programm: das Familienbett – alle unter einer Decke, jede Nacht. Was nichts Neues ist. In den beengten räumlichen Verhältnissen der Bauern- und Arbeiterfamilien des 19. Jahrhunderts war das üblich. Heute propagiert die »bedürfnisorientierte« Erziehung (William Sears) wieder das gemeinsame Schlafen als hochwertige Familienzeit. All das bedeutet, dass die Eltern die eigenen Bedürfnisse zurückstellen und die Bedürfnisse des Kindes vorziehen.

Um in der Diskussion zur Kenntnis genommen zu werden, greift man zu noch schärferen Thesen. »Unerzogen« (nicht »ungezogen«) heißt der neueste Trend der Erziehungsstile. Das ist im Grunde die Wiederaufnahme Jean-Jacques Rousseaus, der durch das Unterlassen kultureller Zügelungen die innere Wahrheit des Kindes erhalten wollte. Das Programm: Das Kind bestimmt selbst. Das Kind wisse am besten, was gut für es sei. In der Praxis ist das eine Mischung aus intensivem Stillen, Tragen bis ins vierte

Lebensjahr, gemeinsamem Schlafen, sofortigem Trösten und Nichtannehmen externer Ratschläge. Auch Strafen sind tabu. Will das Kind nicht in die Kita, muss es nicht. Will das Kind auf dem Boden essen – kein Problem. Die Autonomie des Kindes wird höher geschätzt als elterliche Befindlichkeit oder gesellschaftliche Ansprüche. Ruth Abraham, deutsche Bloggerin und Fackelträgerin der neuen Bewegung, erinnert sich an ihren ehemaligen Erziehungsstil: »Meine Kinder mussten gehorchen, damit ich mich besser fühle. Ist das nicht traurig?« Mag sein – aber was ist dagegen einzuwenden, dass Eltern sich besser fühlen? Die Anhänger von »unerzogen« fühlen sich ja auch »besser« mit ihrer Befreiungslyrik.

Wir haben es hier mit einem Beispiel zu tun, dass kein kreatives Adjektiv (»unerzogen«) einen unhaltbaren Inhalt rettet. Das Kind selbst bestimmen lassen, ist nicht von gestern, sondern von vorgestern. Das ist längst abgearbeiteter Naturalismus. Ein Kind weiß nicht schon »von Natur aus«, was für es gut ist, wann es schlafen muss und welches Essen ihm guttut. Wir dürfen kein Kind mit Flip-Flops im Schnee laufen lassen. Ein Kind muss lernen, mit Enttäuschung umzugehen – andernfalls wird der Gesellschaft diese Aufgabe aufgehalst. Ein Kind macht keine Lernfortschritte, wenn es nicht auch frustriert wird. Anders gewendet: Ein Kind braucht Führung. Ein Kind braucht Eltern, die wissen, was notwendig ist und was sie wollen – und was nicht. Andernfalls wird es launisch, undiszipliniert und nicht belastbar.

Klar ist: Die Bedürfnisse von Babys und Kleinkindern sind existenziell und dulden keinen Aufschub. Was aber ist mit Schulkindern oder Teenagern? Soll man deren Bedürfnissen auch bedingungslos folgen? Die haben ja selten das Bedürfnis, zum Beispiel im Haushalt zu helfen. Wenn Eltern ihnen alles abnehmen, lernen sie, dass sie parasitär leben können, dass sie sich selbst nicht anstrengen müssen. Aber für das soziale Leben, in das Eltern ihr Kind hineinleiten müssen, braucht es Regeln, Sich-Einfügen und das kritische Reflektieren der eigenen Rolle. Nur dann ist ein Zusammen-Leben möglich.

Kinder nehmen, wie sie *sind* – das ist, konsequent gedacht, das Ende der *Erziehung*. Kinder nehmen, wie sie *sein sollen* – das ist, konsequent gedacht, das Ende der *Beziehung*. Was also dann?

Die Mehrdeutigkeit des Elternseins

Manche Erziehungsformen verfolgen ein »kind*internes*« Ziel; sie unterstellen einen Wesenskern des Kindes und wünschen sich dessen eigendynamische Entfaltung, etwa eines extrovertierten Charakters. Auf der anderen Seite steht das »Pisa-Denken«, das vor dem Hintergrund internationaler Vergleiche auf »kind-*externe*« Ziele hin lenken will, etwa Rechenleistung. Beide Positionen stehen sich oft unversöhnlich gegenüber. Was tun? Als Eltern dürfen wir nicht auf einem Auge blind sein. Unsere Aufgabe ist es, zunächst *beide* Seiten zu sehen, zu verstehen und im jeweiligen Plus und Minus zu bewerten. Und dann müssen wir entscheiden, was in der jeweiligen Situation für *dieses* Kind gemäß ist.

Als Vater oder Mutter erleben wir täglich die Zwickmühlen des Elternseins. Nie ist unser Verhalten alternativlos: Wir möchten verständnisvoll und langmütig sein, obwohl Klarheit und Konsequenz vermutlich besser wären. Wir wollen jeden Schritt unserer Kinder begleiten, uns aber auf keinen Fall vorwerfen lassen, dass wir als Helikopter-Eltern die Selbstständigkeit unseres Nachwuchses verhindert hätten. Wir sollen achtsam sein, gleichzeitig aber auch disziplinieren, alles verstehen, ohne immer einverstanden zu sein, uns einfühlen, aber auch entscheiden, nahbar sein, aber nicht invasiv, die Charakterstärke des Kindes fördern, aber auch auf ein Leben in der Gemeinschaft vorbereiten. Mal sind wir zu weich, mal sind wir zu hart, mal beugen wir uns zu sehr dem Eigensinn des Kindes, mal den Anforderungen der Umwelt, mal der eigenen Erschöpfung. Wir schwinghangeln zwischen Anerkennen und Lenken, Verändern und Bewahren, Gegenwart und Zukunft, Nichteinmischen und Schützen. Ein permanentes Gratwandern.

Wenn der spanische Moralphilosoph Baltasar Gracián schreibt: »Es gibt nichts, woran nicht etwas Gutes wäre«, dann lässt sich das (leider) auch umkehren: Es gibt nichts, woran nicht etwas Schlechtes wäre. Kluges Erziehen ist mithin fast immer ein Mittelweg. Mütter und Väter sind jeden Tag herausgefordert, diesen situativ zu finden. Und es ist nicht immer leicht. Ständig nagen die Fragen: Handeln wir richtig? Hundert Leute mischen sich ein, wissen alles besser. Vor allem jene, die gerne »über alle Zweifel erhaben sind«. Insbesondere aber die ultimativen Erziehungsexperten: Menschen, die selbst keine Kinder haben. Das kann einen fertigmachen. Zugespitzt gibt es zwei Arten von Eltern: jene, die überfordert sind, und solche, die das nicht merken.

Erziehen ist immer Erziehen im Dilemma. Am besten werden diesen Spagat wohl diejenigen Eltern bewältigen, die sich für *Widersprüche* interessieren. Auch für die eigenen. Und darüber lachen können. Über die eigenen Inkonsequenzen. Über das eigene Sich-wichtig-Nehmen. Ihren besten Ausdruck findet diese Haltung in der leichten Selbstironie, in jener gleichschwebenden Aufmerksamkeit, die Sigmund Freud zum Grundprinzip seiner Heilungsarbeit machte. Das gewollt Unscharfe zur Geltung zu bringen, ohne ins Beliebige abzugleiten – und auf gar keinen Fall zu vereindeutigen.

Das bedeutet ganz praktisch: Wir sollten auf Rezepte verzichten. Denn Rezepte sind geradezu *gegen*pädagogisch. Es gibt keine mechanischen, allzeit wirksamen Lösungen für unterschiedliche

Kinder und Situationen. Deshalb: One-size-fits-all funktioniert für Baseballkappen, nicht für Kinder.

Die vielen Umbrüche, Moden und Kehrtwendungen in der Erziehung zeigen eigentlich nur eines: Wer ins Extreme geht, hat alles falsch. Eine vernünftige Erziehung ist mithin ein Pendel, das hin- und herschwingt und extreme Positionen meidet. Das ist die Lebenstechnik der Gleichgewichtswahrung, die nicht ratlos ist, sondern sich nur vom Absoluten verabschiedet hat.

Wer sich – wie hier vorgeschlagen – dogmatisch für den Antidogmatismus einsetzt, der baut auf dieser Gewissheit: Erziehung ist ungewiss. Wir müssen uns der Unsicherheit stellen, aus ihr eine Kraft machen. Deshalb sind Elternjahre Zeiten des Balancierens. Wir werden niemals jenen Schwebezustand erreichen, in dem alle Interessen im Gleichgewicht sind. Denn Leben ist Leben im Ungleichgewicht. Am Ende läuft es darauf hinaus: Balance ist nichts, Balancieren ist alles.

Schauen wir – nicht zuletzt! – auf unsere Bedürfnisse als Eltern: Auch wir müssen uns in der Kunst der Grauzone üben, wenn wir eine Lösung für die letztlich unlösbare Aufgabe suchen, dem Kind *und* uns als Paar *und* uns als Individuen gerecht zu werden. Weder sind die einen noch die anderen grundsätzlich vorzuziehen. Weil sie sich wechselseitig bedingen.

Woran orientieren?

»Erziehe so, wie du selbst hättest erzogen werden wollen!« – So könnte man ein verbreitetes Wunschdenken formulieren, an Immanuel Kant anschließend. Als normatives Zentrum für das Konstrukt »Erziehungsstil« klingt das zunächst nachvollziehbar. Schaut man genauer hin, dann offenbart sich eine psychopädagogische Fehlkonstruktion, sowohl moralisch wie pragmatisch.

Moralisch: Man macht sich selbst zum Maß aller Dinge und glaubt an ein Konzept, das für jedes Kind und für jede Situation passt. Die Eltern schließen von sich auf das Kind nach dem Motto: »Wir haben einen Schlüssel, der auf alle Schlösser passt: Wir sind es selbst.« Wo bleibt der Respekt vor dem Unverstehbaren? Ist nicht das Kind die größte Unbekannte in unserem Leben als Eltern? Auch ein Kind ist ein »nicht-feststellbares« Wesen, wie Nietzsche gesagt hat – was aber weder alte noch neue Identitätsbesitzer glauben wollen.

Wenn man anerkennt, dass das Kind ein Individuum ist, dann kann ein Erziehender nicht einen Erziehungsstil undifferenziert exekutieren. Er muss seine Erziehung den Besonderheiten des Kindes wenigstens teilweise anpassen. Damit ist Erziehung weniger verbunden mit den Werten und Neigungen der Eltern, sondern mit der Erfordernis des *konkreten* Kindes in einer *bestimmten* Situation. Achtsamkeit ist hier gefordert, Hinschauen, Hinhören, Interesse am Anderssein des Kindes.

Aber auch mit der Individualisierung unseres Erziehungshandelns können wir zu weit gehen. Eine radikale Orientierung an der Besonderheit eines Kindes vernachlässigt viele wichtige Wertdimensionen. Wir als Eltern haben unsere Maßstäbe, und auch die Gesellschaft hat Erwartungen, die wir nicht einfach der Individualität des Kindes opfern können. Wir brauchen daher einen Mittelweg, *der sich der Sachlage anpasst*. Und der kann oszillieren, je nach Kind, Alter, Gesundheitszustand und Umständen.

Wenn die Eltern-Kind-Beziehung gut und stabil ist, brauchen wir über weltanschaulich aufgeschäumte Erziehungsstile nicht mehr zu diskutieren. Das Kind interessiert sich ohnehin kaum für ideologische Festlegungen. Es wird die Standfestigkeit der Eltern täglich testen, wird mit seiner Vitalität alles in Unordnung bringen. Wie flexibel sind wir dann? Wie weit lassen wir uns vom Kind für ein Andersmachen herausfordern? Haben somit selbst

Lernchancen? Mütter, die immer noch diejenigen in der Familie sind, die die meiste Zeit mit dem Kind verbringen, sind tendenziell flexibler, da sie sowieso ständig die stets wechselnden Entwicklungssprünge des Kindes abfedern. Das interpretieren beruflich absorbierte Väter gerne als Prinzipienlosigkeit. Die Realität schrumpft bekanntlich mit der Entfernung.

Eltern sind unterschiedlich, Kinder sind unterschiedlich, Situationen sind unterschiedlich. Das sollten wir zunächst einmal anerkennen. Wie ohnehin alles Glück daraus resultiert, Unterschiede wahrzunehmen. Deshalb kann es nicht *den* idealen Erziehungsstil geben. Eltern sind gut beraten, sich von Immer-richtig-Ideen zu verabschieden. Stattdessen sollten sie elastisch agieren und reagieren. Mal müssen wir eingreifen, mal uns bewusst zurücknehmen, mal unterstützen, mal Grenzen ziehen. Wichtig ist dabei, die *Entwicklung* des Kindes und den Grad seiner Selbstständigkeit zu beobachten. In der Regel bewegt sich unser Einflussverhalten von radikaler Fürsorge, maximalem Schutz und klarem Anleiten über die Stufen des Erklärens und Überzeugens bis zum Ermutigen, Unterstützen und Loslassen. Ab Mitte der Pubertät bleibt noch ein Begleiten des eigenständigen Handelns. Es liegt auf der Hand, was uns als Eltern dabei hilft: genau hinschauen und sich angemessen zurückziehen.

Die Haltung, um die wir uns bemühen sollten, ist vergleichbar mit einer breiten Straße, auf der wir nicht in gerader Linie fahren, sondern durchaus nach links und rechts ausscheren können. Lediglich begrenzt von den Leitplanken, die die Extreme verhüten. Wir könnten diese Haltung *situatives Erziehen* nennen. Wir sehen Unterschiede, berücksichtigen Reifegrade, respektieren Entwicklung. Wir verhüten das Schlimmste, so es in unserer Macht steht, bekennen uns zu Grenzen und zu einer klaren Erziehungspflicht.

Mein eigener Erziehungsstil? Er besteht darin, dass ich das, was ich vielleicht nicht so gut mache, so gut wie möglich mache.

Gemeinsamer Erziehungsstil?

Frühstück im Schlafanzug? Streng geregelte Screen-time? Süßigkeiten vor dem Abendessen? Eltern sind oft uneins bei der Erziehung: »Mama erlaubt mir das aber!« Es gibt etliche Familien, in denen beide Eltern gewissermaßen alleinerziehend sind, weil kaum je beide gleichzeitig zu Hause sind. Und es gibt Elternpaare, die sich ausschließlich über das jeweilige Erziehungsverhalten streiten. Gerade in der Corona-Zeit haben viele Paare den Erziehungsstil des anderen Elternteils erstmals im Alltag erlebt, was Unterschiede zutage treten ließ, die vorher durch wechselseitige Abwesenheit trostvoll umwölkt waren. Konflikte entstehen auch dadurch, dass Väter vermehrt das Kind mitbetreuen wollen. Frauen stehen dem oft skeptisch gegenüber: »Du kannst das ohnehin nicht so gut, also lass mich das machen.« Frauen als Gatekeeper. Traditionelle Männer haben damit kein Problem, die wachsende Zahl egalitärer Männer schon. Das alles ist nicht nebensächlich: Wie die Partner mit dem Kind umgehen, beeinflusst in hohem Maße, wie sich die Partner in den Elternjahren wechselseitig anschauen. Schon so mache Beziehung ist an unterschiedlichen Erziehungsstilen zerbrochen.

Aber brauchen wir als Eltern ein *gemeinsames* Erziehungsverständnis? Sollten wir »mit einer Stimme sprechen«? Gegenfrage: Können wir aushalten, dass es kein gesichertes Wissen gibt über den ursächlichen Zusammenhang von einem gelingenden Leben und einem bestimmten Erziehungsverhalten? Können wir nicht jedem die Freiheit lassen, auf seine Weise mit dem Kind umzugehen? Und können wir es aushalten, dass das Kind sich mehrheitlich *einem* Elternteil zuwendet?

Es braucht kein einheitliches Erziehungsverständnis. Freiheit entsteht durch Gewaltenteilung. Es ist – im Gegenteil – für das Kind besonders förderlich, wenn es mit Stilvielfalt klarkommen muss. Das Kind lernt so, unterschiedliche Erziehungsstile anzuerkennen, sich anzupassen, flexibel zu werden. Unter einer Bedingung: Eltern dürfen sich nicht vom Kind gegeneinander ausspielen lassen. Es ist in Ordnung zu sagen: »Bei der Mama darfst du das – und bei mir nicht.« Wenn aber ein Elternteil schon entschieden hat, darf die andere Seite sich nicht einmischen. Dann gilt die erste Entscheidung. Wir können auch durchaus in Gegenwart des Kindes über unterschiedliche Erziehungsstile streiten – solange die Auseinandersetzung in zivilen Bahnen läuft. Das Kind lernt dabei, dass ein Streit nicht notwendig die Familie bedroht. Und dass trotz unterschiedlicher Erziehungsstile die Eltern ein Paar bleiben.

Vor allem aber: Wir Eltern dürfen nicht den Erziehungsauftrag, den wir gegenüber dem Kind haben, auf den Partner ausweiten. Wir dürfen uns nicht gegenseitig zum »richtigen« Umgang mit dem Kind erziehen. Gegenüber dem Partner ist das vermintes Gelände. Wer schläft schon gerne mit jemandem, der einen erziehen will!

Erziehung ist asymmetrisch

Wie bringt man ein Kind dazu, respektvoll mit anderen umzugehen, sein Zimmer aufzuräumen, nicht die Türen zu schlagen, Schimpfwörter zu vermeiden, die Hausaufgaben sorgfältig zu machen, sich die Zähne zu putzen? Erziehung ist nicht selten ein täglicher Machtkampf. Kinder wollen etwas, Eltern wollen etwas anderes. Wer setzt sich durch?

Erziehung lebt von der Ungleichheit der Generationen, das ist und war zu allen Zeiten gültig. Ein Kind kann vieles »noch nicht«, macht Fehler und Dummheiten. Das Kind kann zum Beispiel nicht verantwortlich wählen, was es lernt und wie es lernt. Wir überfordern es, wenn wir ihm Selbstverantwortung im Übermaß zumuten. Wenn wir erwarten, dass es Entscheidungen trifft, die es mangels Weitblick gar nicht vernünftig treffen *kann*.

Scheuen wir daher nicht das klare Wort: Erziehung ist asymmetrisch. Insofern ist die Beziehung eben nicht partnerschaftlich-egalitär, sondern hierarchisch. Eltern haben einen Erfahrungsvorsprung, der ihre *Autorität* begründet.

Autorität – ein uncooler Begriff. Aber wir kommen um ihn nicht herum. Die Verhältnisse in der Familie sind nicht herrschaftsfrei. Wir sind keine »Lebensbegleiter« des Kindes, wir sind keine »Partner«. Und auch in der Schule gibt es nicht nur »Lernpartner«, sondern Lehrer. Und die sind unersetzlich in einem richtunggebenden, fokussierenden, leitfigürlichen Sinne. Die Beziehung zwischen Erwachsenem und Kind ist auch nicht »auf Augenhöhe«. Der eine ist groß, der andere ist klein; der eine lehrt, der andere lernt. Und grundsätzlich bleibt das auch so. Nicht alles ist gleich relevant, gleich viel wert, gleich richtig. Eine Familie ist keine Demokratie. Erst ab einem gewissen Reifegrad hat das Kind ein Mitspracherecht. Deshalb dürfen wir gleich-*würdig* nicht verwechseln mit gleich-*wertig*. Die Würde des Kindes steht nicht zur Diskussion. Aber ein Kind ist kein gleichwertiger Partner, dem man vollumfänglich Verantwortung zumuten kann.

Viele moderne Eltern tun sich mit dem Machtgefälle schwer. Sie sind in Zeiten verinnerlichter Demokratie aufgewachsen. Daraus resultiert die Neigung, repressionsfrei zu erziehen. Verhandeln und vereinbaren – das grundiert große Teile ihres Erziehungsdenkens. Dem kann man auch prinzipiell die Stimme geben. Mit mindestens zwei Vorbehalten.

Erstens: Wir können nicht alles und jedes und immer wieder diskutieren. In der Wirtschaft würde man sagen: Die Transaktionskosten sind zu hoch. Es muss selbstverständlich sein, sich an Regeln zu halten. Das gilt vor allem für die kleinen Pflichten und

Ordnungen. Das ewige »Warum?« von Kindern ist gut und berechtigt, aber es hat eben auch mal sein Ende. »Weil ich es gesagt habe! Punkt.« Oft nämlich übersteigt die ewige Diskutiererei unsere Kräfte. Wir dürfen nicht zulassen, dass wir entnervt sind.

Zweitens: Es gibt Situationen, in denen *Erfahrung* zählt, in denen die Perspektive der Eltern wertvoller ist als die Perspektive des Kindes. Dann zählt Gehorsam, auch wenn dieses Wort kaum jemand mehr in den Mund nehmen will. Unsere Autorität sattelt auf Erfahrung, stellt ein stützendes Gerüst zur Verfügung, entscheidet im Konfliktfall, balanciert Widersprüche, fordert das Einhalten von Regeln ein. Selbstverständlich, auch wenn sich viele Experten diesbezüglich immer wieder verhaspeln: Es gehört *Zwang* dazu – partiell, zur Gefahrenabwehr. Ebenso in Situationen, in denen die intrinsische Motivation für bestimmte Aufgaben versagt. »Autoritativ« ist dafür ein passendes Adjektiv.

Nach Oscar Wilde ist Erfahrung nur der Name, den wir unseren Fehlern geben. Aber für solche ironieverliebten Finessen bleibt im Alltag oft kein Raum. Da gilt es, Gefahren auszuweichen, da müssen wir vermeiden, dass das Kind »vor die Pumpe rennt«, wie man im Ruhrpott sagt. Wir fragen ein Baby auch nicht, ob es gewickelt werden möchte. Dialog kann mit zunehmendem Alter des Kindes mehr Raum einnehmen, aber die Ergebnisoffenheit, die den Dialog charakterisiert, sollten wir nur anerkennen, wenn sie wirklich möglich ist. Also auch hier: Die Ambivalenzen der Erziehung lassen sich nicht aus der Welt schaffen. Diskutieren ist berechtigt, und Anweisen ist berechtigt – es kommt auf die Situation an.

Eltern, die von überstrengen Eltern oder drakonischen Paukern erzogen wurden, mögen fragen: Wo ist der Unterschied zum Autoritären? Wir können ihn so beschreiben: Autorität hat jemand, der etwas tut, was ein Kind braucht. Autoritär ist jemand, der etwas tut, was ein Kind *nicht* braucht. Wer entscheidet das? Wir, die

Eltern. Wir haben das Interpretationsmonopol. Wir unterscheiden zwischen dem, was das Kind *will*, und dem, was das Kind *braucht*. Das ist die alte Differenz zwischen dem *Lern*-Interesse (des Kindes) und dem *Lehr*-Interesse (der Eltern). Was das Wohl des Kindes ist, bestimmen wir. Deshalb müssen wir uns klar zur Lenkung bekennen, zur selbstbewussten Subjektivität, zur Asymmetrie. Dies in dem Wissen, dass wir uns irren können. Der Zweifel darf uns aber nicht paralysieren.

Autorität ja, autoritär nein. Ist das Wortklauberei? Kaum. Weder der autoritäre Stil der 50er und 60er Jahre förderte die kindliche Entwicklung noch der nachfolgende Pendelausschlag zum Laissez-faire. Es geht vielmehr um eine *Rangdifferenz*. Autorität ist das natürliche Fundament der Erziehung. Sie fragt: Welche Entscheidung können wir dem Kind zumuten, ohne fahrlässig zu sein? Autoritatives Verhalten ist warmherzig und zugleich konsequent; es zielt auf die Entwicklung des Kindes. Das Autoritäre hingegen ist kalt und monologisch; es zielt auf den Erhalt der Ordnung um ihrer selbst willen. Das ist ein großer Unterschied.

Eine letzte Bemerkung noch, eine aktuelle. Väter und Mütter bewundern die *digitalen* Fähigkeiten ihrer Kinder, die Souveränität, mit der sie sich der sogenannten »sozialen Medien« bedienen. Mitunter kommt es fast zu einem Rollentausch, denn traditionell wird Wissen von Alt nach Jung weitergegeben. In digitalen Zeiten ist es jedoch oft umgekehrt: Wissen wird von Jung nach Alt weitergereicht. Diese Kehrung hat evolutionäre Wucht: Das klassische Machtgefälle wird nicht mehr fraglos anerkannt. Für die jungen Generationen stellen klassische Hierarchien nicht mehr das gewohnte Modell der Zusammenarbeit dar, sondern die Strukturen des Internets. Dort gibt es zwar auch Hierarchien, doch sind die von unten nach oben entstanden, nicht umgekehrt. Im Netz hat derjenige Einfluss, dem andere freiwillig folgen. Die Orden des Bewährten und Althergebrachten spielen keine Rolle. Das

Netz macht deshalb Eltern und Kinder zu Gleichen. Das erweitert sich auf alle Lebensbereiche. Man spricht zu Kindern oft wie zu Erwachsenen. Kinder werden *überernst* genommen; sie bestimmen, wo es langgeht. Oft dürfen schon Dreijährige entscheiden, was sie anziehen oder essen wollen, wie ihr Kinderzimmer aussieht. Umso gravierender werden später die Probleme, sich in einem Umfeld zurechtzufinden, das dieses Maß an Selbstbestimmung nicht akzeptiert. Wer das bezweifelt, spreche mal mit Ausbildungsleitern von Unternehmen. Diese Probleme wären zu vermeiden, wenn das Kind schon früher gehört hätte: »Hör mal. Ich bin hier der Chef. Und für mich ist das wichtig. Also machst du das.«

Ungleichheit ist eine Ressource, die man nutzen kann und sollte. Es gehört zu einem gelingenden Leben, Ordnung anzuerkennen, Spielregeln zu akzeptieren, Erfahrung zu ehren. Deshalb sollten wir auf die vielgeforderte »Augenhöhe« ganz bewusst verzichten. Vielmehr sollten unsere Kinder zu uns aufschauen können. Dafür müssen wir uns anstrengen. Gut so. Es entwickelt uns. Mit einem erwünschten Nebeneffekt: Autorität hilft dem Emporranken des Kindes mehr als Scheingleichheit.

Eltern sind keine Freunde

The Summer of 69. Zwischen meinen Eltern und mir ging es hoch her. Vor allem mit meinem Vater: Konflikte ohne Ende. Heute bezeichnen über 90 Prozent aller Jugendlichen ihr Verhältnis zu ihren Eltern als gut oder sehr gut. 90 Prozent! Das ist keine gute Nachricht.

Es hat sich seit einigen Jahrzehnten eingeschlichen, die Elternrolle als *Freundschaft* zu interpretieren, zumindest als abnehmende Elternschaft. Mitunter betrauern Eltern gar, wenn ihr

Kind sich Gleichaltrige zu besten Freunden nimmt oder nicht mehr jede Seelenregung mit ihnen teilt. Ein Missverständnis. Wir sind keine Freunde unserer Kinder! Wir sind und bleiben Eltern, Vater und Mutter. Das ist Ungleichheit – lebenslang. Und diese Ungleichheit darf nicht verschwimmen.

Warum? Das Kind mag viele Freunde haben, aber nur zwei Eltern. Das ist schon quantitativ ein Unterschied. Freunde haben zudem keinen Erziehungsauftrag. Eltern schon. Und dieser Erziehungsauftrag repräsentiert die *Herkunft* – die ja nicht Geltung beansprucht, weil sie richtig ist, sondern weil wir ohne sie nicht auskommen. Herkunft ist die Voraussetzung für Zukunft. Menschen sind auf Wurzeln und Traditionen angewiesen; deshalb sind Üblichkeiten unvermeidlich. Als Eltern verkörpern wir dieses Herkommen für unsere Kinder. Und dieses Herkommen prallt notwendigerweise gegen das Neue, das Zeitgeistige, auch das Modische. Dieser Konflikt ist wertvoll. Wir müssen uns ihm stellen! Kinder haben geradezu ein Recht auf den Widerstand der Eltern. Der Streit, die Abgrenzung, all das ist wichtig für die Hinwendung zum eigenen Weg. Wir müssen uns dem Kind daher als *Reibungsfläche* zur Verfügung stellen. Wir müssen ihm Gelegenheit bieten, die eigenen Kräfte zu proben, Selbstständigkeit und Charakter zu entwickeln. Ein Flugzeug hat auch besseren Auftrieb bei Gegenwind. Wir dürfen deshalb nicht einknicken, wenn unser Kind behauptet, dass das Wasser den Berg hinauffließt. Nur dann kann das Kind an uns wachsen. Weil es kein Wachstum ohne Widerstand gibt. Wenn wir als Eltern keine Reibung bieten, dann bleibt unser Kind kraftlos. Es entwickelt keine Ich-Stärke. Die Schwäche der Eltern zerstört das Kind.

Damit ist keine Willkür gerechtfertigt, kein Arschlochverhalten, keine Greisenhaftigkeit. Sondern eben nur Widerstand, prinzipienfest und konfliktbereit. Das ist der Weg, auf dem das Kind Kontur gewinnt. Ich gebe zu, dass sich hier Biographisches Bahn bricht: Wie oben angedeutet, danke ich noch heute meinem Vater, dass er im »Summer of 69« keinen Millimeter zurückwich. Er bot mir ein scharfes Profil, an dem ich mich abarbeiten konnte. Ein klares »Richtig!«, ein klares »Falsch!«. Er wusste um die Zeitgebundenheit seiner Weltsicht. Immer wieder fielen die Worte: »Ich sehe das anders, magst du es auch noch so veraltet finden.« Ich konnte an ihm trainieren, er war mein Schleifstein, an ihm habe ich mich dumm und dusselig argumentiert. Bis zuletzt gab er nicht klein bei. Er fiel nicht um, weil er für etwas stand.

Authentisch – von der Rolle

In der Ratgeberliteratur wird vereinzelt empfohlen, Kindern zu sagen, ihre Gefühle seien authentisch, weshalb sie ein Recht hätten, diese Gefühle auszuleben. Das ist Unsinn: Nur Babys sind authentisch. Schon Kleinkinder beginnen zu kalkulieren, früh lernen sie Rollenspiele. Plausibler klingt da schon die Forderung, Eltern sollten authentisch sein. Ein authentisches Verhalten trage »zu einer gesunden Entwicklung und mentalen Gesundheit bei« (Andrea Grünenfelder). Kinder würden spüren, wenn Erwachsene nicht authentisch seien; man solle deshalb wieder lernen, »spontan erzieherisch« zu handeln (Wilhelm Rotthaus). Allen voran geht der Familientherapeut Jesper Juul mit seiner Forderung an Eltern: »Versuche, du selbst zu sein!«

Für das Kind können wir nur hoffen, dass es bei dem Versuch bleibt. Denn der Ruf nach Authentizität ist ein Irrtum. Es ist nicht nur ein illusionäres Konzept, sondern kann im Zusammenhang mit Erziehung gefährlich werden. Das will ich begründen.

Authentisch ist, wenn ein inneres Erleben mit dem äußeren Handeln einer Person übereinstimmt. Damit verbindet sich der Wunsch nach dem Echten und Ehrlichen. Etwas, das noch *vor*

Moral und Recht rangiert. Das klingt vordergründig gut. Wir müssen aber unterscheiden zwischen einem authentischen Verhalten im *Positiven* und im *Negativen*. Eine positive Authentizität trägt zweifellos zu einer warmen familiären Gestimmtheit bei, etwa durch spontanes Mitmachen, Mitspielen und Mitlachen. Oder wenn ein Elternteil sich über den Erfolg des Kindes aufrichtig freut und dem auch ungezwungen Ausdruck verleiht.

Aber das Schnelle und Reflexhafte ist nicht in jedem Falle wünschenswert. Die kritische Seite authentischen Verhaltens kann *ungefilterte* Emotion sein, unzivilisiertes Verhalten. Man ist dann »von der Rolle«. Deshalb scheint die Idee des Authentischen nur so lange großartig, bis man auf jemanden stößt, der authentisch ist. Donald Trump als Beispiel. Diese negative Seite des Authentischen kann gesteigert werden zum Jähzorn, Handausrutschen, Herumschreien. Manche Menschen fühlen sich gar am authentischsten in unverhüllten Ausbrüchen entfesselter, zornesroter Energie. Nicht selten gibt es Eltern, deren erwartbare Cholerik jedes Kind verstummen lässt. Grundsätzlich lässt der Machtaspekt, den wir aus der Erziehung nicht herausrechnen dürfen, authentisches Verhalten in konfliktären Situationen oft übergroß erscheinen. Eltern glauben dann, sie seien klar und ehrlich – aber das Kind erlebt es als Terror.

Verantwortungsvoll handeln wir daher, wenn wir in konfliktären und kritischen Situationen eben gerade *nicht* authentisch sind. Das heißt für Eltern, eine »halbierte« Authentizität zu leben. Spontan im Positiven, zurückhaltend im Negativen.

Das Thema gibt uns Gelegenheit, einen grundsätzlichen Aspekt des Elternseins anzusprechen.

Die Aufforderung zum authentischen Verhalten ignoriert, dass unser soziales Leben durch *Rollen* geprägt ist. Schon William Shakespeare wusste: »Wir alle spielen Theater.« Das ist keineswegs abwertend gemeint. Es heißt lediglich, dass wir in Resonanz mit unterschiedlichen Menschen und Umwelten treten, wir uns anpassen, uns aufeinander einstellen. Zivilisiertes Verhalten eben.

Genau dieses Anpassen kennzeichnet den Beginn der Elternjahre. In dem Augenblick, in dem das Kind geboren ist, schlüpfen Mann und Frau in neue *Rollen*: Sie werden zusätzlich Vater und Mutter. Und diese neuen Rollen müssen sie spielen. Es ist ihr Beitrag zum Weitermachen-Spiel.

Schauen wir uns das Wort »spielen« genauer an und nehmen es in diesem Zusammenhang wörtlich. Eine Rolle spielen heißt, sich selbst als stellvertretend zu setzen, also »ein anderer« zu sein. Ein Schauspieler stellt sein Verhalten auf die neue Rolle ein, verkörpert eine Figur. Warum macht er das? Weil er *für andere* spielt, für den Zuschauer. Auch Eltern spielen für andere – in diesem Fall für das Kind. Sie beachten in all ihren Handlungen die Wirkung auf das Kind, stellen sich auf das Kind ein. Sie denken ihr Handeln vom Kind her – nicht von sich selbst! Das heißt: Eltern spielen die Elternrolle für das Kind. Einiges davon spielen sie instinktiv, einiges müssen sie lernen. Wie halt Schauspieler ihre Rolle lernen und auf Timing und Kontrolle achten.

Im Regelfall erleben wir dabei, dass wir uns in unserer Elternrolle nicht immer ganz zu Hause fühlen. Das ist nicht schlimm. Rolle und »Ich« müssen nicht übereinstimmen, jedenfalls nicht immer. Mehr noch, wie oben gezeigt: In einem strengen Sinne dürfen wir gar nicht »wir selbst« sein. Zum Beispiel, wenn wir eigentlich vor Wut aus der Haut fahren möchten.

Möglicherweise meinen einige Eltern etwas anderes, wenn sie dem Wort »authentisch« applaudieren. So war »Ehrlichkeit« die Nummer eins in einer groß angelegten Befragung von Eltern, auf welche Eigenschaften hin sie ihr Kind erziehen. Aber auch Ehrlichkeit gehört zu den begrifflichen Missgeschicken der Gegenwart. Stellen wir uns nur vor, wir würden einen ganzen Tag lang immer nur ehrlich sein, würden die Wahrheit sagen – und nichts als die Wahrheit. »Trau dich zu sagen, was du wirklich denkst!« Um Gottes willen! Die Welt wäre furchtbar. Sie wäre ein Schlachtfest der Herzlosigkeit. Das Gegenteil ist vielmehr ratsam. *Prosoziale Lügen* sollten wir vorziehen, sogenannte *white lies*, als menschliche, manchmal gar barmherzige Worte. Sie sind der Kitt der Zivilisation – nur nennen wir sie anders: Höflichkeit, Takt oder Diplomatie. Auch Freundlichkeit, die zu fordern ist, selbst wenn uns gerade nicht danach ist.

Eltern müssen sich also *rollenbewusst* verhalten. Das tut jener, der Prinzipien über die persönliche Befindlichkeit stellt. Der sich diszipliniert, Affekte kontrolliert, Distanz zu sich wahrt, zu Launen, Reflexen, jähem Ärger. Der nicht »ausrastet«, nicht »aus der Fassung gerät«, nicht »aus der Rolle fällt«, selbst wenn man meint, gute Gründe dafür zu haben. Wir müssen uns anpassen an das Kind, an seine Möglichkeiten des Verstehens, an seine Verletzlichkeit. Und das bedeutet, Unbeherrschtheit zu unterlassen! Sich »im Griff« zu haben. Keine Launenhaftigkeit gegenüber dem Kind zuzulassen.

Damit ist Eltern-Verhalten ein *künstliches* Verhalten. Die Rolle ist selbst auferlegte Berechenbarkeit auf Kosten von Ehrlichkeit. Das ist die Spannung, die wir aushalten müssen: Auf der einen Seite die Angst vor der Unehrlichkeit, auf der anderen die Angst vor der Ehrlichkeit.

Wer nach einer Kompromissformel sucht, weil er die Forderung nach Authentizität nicht ganz fallen lassen will, dem können wir die »Rollen-Authentizität« anbieten. Sie entsteht, wenn sich Person und Rolle glaubwürdig und wirkungsvoll miteinander verbinden. Wenn Inhalt und Form zusammenfallen. Wenn unsere zentralen Wertüberzeugungen mit den Forderungen der Eltern-Aufgabe übereinstimmen. Im Idealfall ist das eine doppelte Passung: Das Handeln passt sowohl zur Person als auch zur Rolle. Manche Menschen sind »geborene« Mütter und Väter, das sind gesegnete Geschöpfe. Manche tun sich schwerer – die müssen üben.

Um nicht missverstanden zu werden: Ich plädiere nicht für irreführende und schädigende Lügen, ganz im Gegenteil: Wir müssen das Kind vor Schaden schützen – vor einem Schaden durch ungefiltertes, unzivilisiertes Verhalten. Auch hier wieder: Nicht gut sein wollen, sondern Schlimmes vermeiden. Es ist das Beste für uns und unsere Kinder, wenn wir nicht höher hinauswollen, als halbwegs anständig zu sein.

Schädigungsverbot

Das Positive erfreut sich in unserer Gesellschaft ungebrochener Wertschätzung. Es ist das Gute, das man anstreben soll. So auch in der Erziehung. Als Erziehungsziele wie als Verhaltensregeln werden nahezu ausnahmslos Ideen ausgewiesen, die positiv formuliert sind. Dem entgegen steht aber eine Erfahrungstradition, die es für praktischer hält, *Negatives zu vermeiden.*

Schon im Alten Testament heißt es: »Was du nicht willst, dass man dir tu, das füg auch keinem anderen zu.« Im Römerbrief (7,19) hat Paulus das aufgegriffen: »Ich tue eben nicht das Gute, das ich will, sondern unterlasse das Böse, das ich nicht will.« Ebendas verlangt auch der hippokratische Eid der Ärzte: »Vor allem schade nicht!« Der Dichter Johann Gottfried Seume ging noch weiter; er warnte gar vor guten Absichten, die oft böse Konsequenzen hätten: »Was als Böses erscheint, ist meistens böse; aber was als Gutes erscheint, ist nicht immer gut.« Diese Denkfigur findet sich als »Schädigungsverbot« auch bei den liberalen Denkern John Stuart Mill und John Locke. Und Goethe sekundierte in seinem *Reineke Fuchs*: »… dass wir das Böse sollen meiden / Und lernen klug, uns zu bescheiden.« Jüngst (in einem

Interview des *Stern* am 12. Mai 2021) machte sogar Daniel Kahneman, Nobelpreisträger für Wirtschaftswissenschaften, eine bemerkenswerte Kehrtwende: »Ein anderer Grund, warum ich die Glückforschung aufgegeben habe … Ich glaube inzwischen, dass die Minderung von Elend ein wichtigeres Ziel ist als die Steigerung von Glück.«

Sollten wir diese geballte Wegweisung für unsere Elternjahre nicht ernst nehmen? Sollten wir. Denn sie hält Erleichterndes für uns bereit. Es gibt nämlich zwischen Gutes-Tun und Schlechtes-Vermeiden eine *Asymmetrie*. Wenn wir einem anderen Menschen etwas Gutes tun wollen – können wir *sicher* sein, dass er das auch wertschätzt? Nein, das ist unsicher. Wenn wir aber einen anderen Menschen vor etwas Schlechtem schützen wollen? Dann ist es ziemlich wahrscheinlich, dass er das zu schätzen weiß. Oder: Kann man von jemandem erwarten, einen anderen Menschen zu lieben? Kaum. Kann man von jemandem erwarten, einen anderen Menschen nicht zu hassen? Schon eher. Jedenfalls ist das die leichtere Übung. Warum also nicht mit dem Leichteren beginnen?

Wenn wir dabei zunächst an Verhaltensregeln für unser Kind denken, dann können wir sagen: Unser Kind soll andere und anderes *nicht schädigen*! Es ist ein Unterschied, ob wir wollen, dass unser Kind freundlich ist oder *nicht unfreundlich*. Das Erste kann überfordern, denn nicht jedes Kind ist mit einem sonnigen Gemüt geboren. Das Zweite ist machbar – das kann auch ein Kind leisten, das nicht jeden Raum mit seinem Strahlen flutet. Es mag nur ein gradueller Unterschied sein, aber es gibt ihn. Jedenfalls zählt aus dieser Perspektive mehr, was ein Kind *lassen* soll, als was es tun soll. Konkret etwa: Schlage andere nicht! Denn jemanden verletzen wiegt schwerer als jemandem nicht helfen. Nimm keine Sachen weg! Es ist ein Unterschied, ob unser Kind einem anderen etwas wegnimmt – oder etwas nicht gibt. Im Jugendalter zusätzlich: Lüge nicht zum Schaden anderer! Verwende keine herabsetzende Sprache! Brich keine Versprechen! Das ist klar ausgedrückt, das ist machbar, das ist einklagbar. Nicht zuletzt, weil diese Forderungen *negativ* formuliert sind. Ihre Form ist – wie bei acht der biblischen Zehn Gebote – ein konkretes »Du sollst *nicht* …«. Deshalb sind die vielen schulischen Verhaltensvorschriften so wirkungslos – sie sind alle positiv formuliert.

Bei *unserem* Verhalten gegenüber dem Kind und unseren Plänen für dessen Charakterformung sollten wir etwas ausführlicher verweilen. Auch wenn diese Absichten gut klingen und weit verbreitet sind – das Kind soll freundlich, höflich, kreativ, musikalisch, sportlich, einfühlsam werden – sind wir gut beraten, »uns zu bescheiden«. Wir hätten sonst alle Hände voll zu tun. Denn *vieles* ist scheinbar gut. Was gibt es nicht alles Wünschbares, was das Füllhorn des Lebens über unser Kind ausschütten soll! Glück, Liebe, Glück in der Liebe, Gesundheit, Wohlstand, einen guten Job, ein langes Leben, Freunde, Freiheit und Selbstbestimmung – am besten alles zusammen. Das hat schon herkulische Dimensionen.

Zudem: Wissen wir denn, was Glück ist? Was Liebe? Was Wohlstand? Wissen wir, was genau ein gelingendes Leben ist? Wer mit Fremden zufällig ins Gespräch kommt, kann oft nur staunen, wie unterschiedlich ein gelingendes Leben definiert werden kann. Letztlich weiß niemand, was in einem *absoluten* Sinne gut ist. Und auch das sei an dieser Stelle wiederholt: Selbst wenn wir wüssten, was das Gute *für uns* ist – wissen wir es auch für unser Kind?

Der oft bemühte Kind-Pflanze-Vergleich mag hier helfen. Eine Pflanze verkümmert zuverlässig, wenn man sie nicht gießt. Sie wächst aber nicht in festgelegter und vorbestimmter Weise, wenn man sie wässert. Die Vernachlässigung ist mithin stärker zu gewichten als die Fürsorge. Liebesentzug wiegt schwerer als Herzenswärme. Das heißt: Es gibt elterliches Verhalten, das *sicher* schadet. Ob elterliches Verhalten einem Kind jedoch nützt, ist *unsicher.* Die Freiheit des Kindes lässt später alle möglichen Entwicklungen zu, keine ist zwangsläufig.

Darauf will ich hinaus: Wir sollten gegenüber positiven Erziehungsideen zurückhaltend sein. Wir sollten Erziehung nicht so auffassen, dass wir eine »gute« Lebensführung des Kindes irgendwie herstellen können. Viel wichtiger ist es, *Schlimmes zu verhindern,* das Kind vor eindeutigem Schaden zu bewahren – auch wenn sich Katastrophen niemals vollständig vermeiden lassen. Denen muss man nicht unnötig zusätzliche hinzufügen.

Eine solche Sichtweise ist praktisch und bescheiden zugleich. Das »Was du *nicht* willst, dass man dir tu« ist nämlich zunächst einmal *wenig*: Gewalt, Missbrauch, Gefühlskälte, Liebesentzug, Vernachlässigung. Zudem ist dies meist ziemlich *konkret*; es geistert nicht in abstrakten Wohlfühlwelten herum. Drittens ist es weitgehend *unstrittig*; die meisten Menschen sind sich schnell einig über das zu Vermeidende. Jeder weiß: So soll es nicht sein!

Eine zurückhaltende Erziehung hat also kein »positives« Ziel. Sie will keinen Endzustand erreichen, keinem Wunschbild folgen. Sie ist gerade der Gegenentwurf zum Perfektionsideal, opponiert gegen den Wachstumsgedanken um jeden Preis. Wenn es also überhaupt eine Erziehungs-»Wahrheit« gibt, dann kommen wir der näher, indem wir das eindeutig Falsche erkennen und alles tun, um es zu vermeiden.

Schlimmes verhindern ist wichtiger als Gutes tun: Dieser Beleuchtungswechsel erleichtert das Leben mit Kindern für uns Eltern ganz ungemein. Wenn wir von Extremen absehen, ist problematisches Verhalten seltener, als Eltern meinen. Die allermeisten Eltern handeln intuitiv so, dass vermeidbares Leid im Leben des Kindes selten vorkommt. Wenn wir nicht allzu viel falsch machen, also das eindeutig Schlechte meiden, ist das mehr als die halbe Miete. Das sollte uns mit Blick auf das Kindeswohl entlasten. Es sollte uns aber auch mit Blick auf unser Elternwohl erleichtern. Wenn wir es »nicht falsch« machen wollen, sehen wir uns keiner überbordenden Aufgabenlast gegenüber. Wir müssen uns nicht dauernd fragen, was alles zu beachten ist. Wir müssen nicht das Gefühl nähren, als Eltern nicht zu genügen, ständig etwas ausgelassen, nicht genug gefördert zu haben. Wir müssen nicht die ganze Fülle von »richtig« über dem Kind ausgießen. Denn ob all das, was da gut *gemeint* ist, auch wirklich gut ist, bleibt dahingestellt. Das aktive Herbeiführen bestimmter Erziehungsziele ist jedenfalls schlechter begründbar als das Unterlassen von schädigendem Handeln.

Zurückhaltung als Haltung – gehen wir zum Schluss dieser Betrachtung noch auf ein konkretes »Lassen« ein, das sich aus dem Vorhergehenden ergibt. Eltern sind oft geradezu hypnotisiert von den *Defiziten* ihres Kindes, nicht von dessen Ressourcen. Mit großer Lupe unterscheiden sie den Ist-Zustand vom idealisierten Soll-Zustand. Immerfort erkennen sie Optimierungsmöglichkeiten. Dann fügen sie etwas hinzu. Irgendein Ziel, irgendeine Maßregel, Abschleifung, Bekehrung. Das ist die Grundstruktur: *In der Erziehung kommt immer was hinzu.*

Entsprechend sind die meisten Eltern dem Machen verhaftet. Und zwar aus durchaus egoistischen Gründen: Sie erleben sich so als *selbstwirksam*, können handeln, aktiv ihre Liebe zeigen. Die Schattenseite des Machens ist, dass das Ändern des Kindes sich nicht nur vom Mittel zum Zweck wandelt, sondern für Eltern zur Gewohnheit wird. Sie ändern grundsätzlich und immer. Je mehr Änderung, desto nützlicher kommen sie sich vor, desto verantwortungsvoller erleben sie sich. Es fällt ihnen schwer, den Spiegel zu wenden und sich selbst als die Menschen anzuschauen, die den Unterschied zwischen Ist und Soll *mitbringen*. Oft als Luxusproblem, ohne jede Not. Natürlich ist das anders bei der Gefahrenabwehr; wir dürfen das Kind nicht einfach auf die heiße Herdplatte fassen lassen. Aber nicht alle unsere Eingriffe haben diese Gefahrenklasse. Beispiel: Ein Kind schreit bei einem Waldspaziergang laut herum. Warum soll es das nicht tun dürfen? Können wir das nicht auch laufen lassen? Es ist wichtig, dass das Kind unterscheiden lernt: zwischen Drinnenlautstärke und Draußenlautstärke. Oder Beispiel Kleidung: Möchte das Kind etwas anziehen, was ihm schadet? Oder gefällt es nur uns Eltern nicht?

Falsches lassen – das ist die Formel, auf die Erziehung kondensiert werden kann. Diese Ethik fordert mithin nicht Nutzenmaximierung, sondern Schadensminimierung. Die Handlungsmaxime, die daraus resultiert: Sei zurückhaltend! Misch dich nicht in alles und vorschnell ein! Aber sei zur Stelle, wenn Überleben und Entwicklung des Kindes gefährdet sind!

Es lohnt letztlich, das Schädigungsverbot auf das vielzitierte »Kindeswohl« anzuwenden. Keineswegs können wir sagen, was das »Kindeswohl« vollumfänglich ist. Wir können nicht klar definieren, was unzweifelhaft »gut« oder »vernünftig« ist. Wir können aber das Schädliche altersbezogen konkretisieren: »Nicht schädigen« heißt etwas anderes für ein Baby, ein Kleinkind, ein Schulkind oder einen Jugendlichen. Das können wir klar benennen; alles darüber Hinausgehende ist strittig. Darauf aufbauend kann unser Kind seinen eigenen Weg zum Glück finden. So wie es die amerikanische Verfassung sagt, die das Glück nicht vorschreibt, sondern die Wege dahin offenlässt (»pursuit of happiness«). Genau das ist die Haltung einer Erziehung, die wirksam ist für das Kind als auch für uns als Eltern: knapp, auf das Wesentliche konzentriert.

Fördern

Wir leben in einer Fitness-Gesellschaft. Darin geht es nicht nur um Sport und Gesundheit, sondern ganz allgemein um »the survival of the fittest« – das Überleben des am besten Angepassten. Nicht einmal mehr die Kunst will verstören und verantwortungslos sein. Sie will nicht mehr der Freiraum sein, in der sich die unauflösbare Widersprüchlichkeit unserer Welt erkunden lässt. Stattdessen will sie erziehen, uns fit machen. Sie hat ein Anliegen. Offenbar gibt es nichts, was nicht zu optimieren wäre.

Auch nicht in Erziehungsfragen. In dreifacher Weise: Optimieren will man das Kind für seine Zukunft im Wettbewerb – Arbeit am Kind. Optimieren will man das eigene Erziehungsverhalten als Vater und Mutter – Arbeit an sich selbst. Optimieren will man, drittens, auch die Selbstdarstellung durch erfolgreiche Kinder – Arbeit am Status. Im Sinne Nietzsches: »Nicht nur fort sollst du dich pflanzen, sondern hinauf!«

Nun klingt »hinaufpflanzen« zu biologisch, »optimieren« zu technisch. Also sagt man bei Kindern lieber »fördern«. Keine Begabung soll brachliegen, kein Potenzial ungehoben bleiben. Vor allem Mittelschicht-Eltern beschleicht sofort ein Gefühl des Defizits, wenn das Kind nicht täglich mindestens ein Förderangebot wahrnimmt. Manche von ihnen runzeln die Stirn, wenn der Nachwuchs nicht schon in den Windeln Gleichungen mit zwei Unbekannten löst. Oder den Satz des Pythagoras beherrscht. Ein Kind, das mit sechs Jahren noch nicht lesen kann? Unterentwickelt! Chinesischlernen noch vor dem Schwimmkurs, mindestens ein Musikinstrument, Sport in allen Facetten. Von der Schule zum Ballett, vorher oder nachher Hausaufgaben – oder vorher *und* nachher.

Es ist unübersehbar: Freizeit wird immer mehr zur Förderzeit. Der Alltag vieler Kinder ist so mit Kursen durchgetaktet, dass sie nicht einmal mehr zum Geburtstag der Freundin gehen können. Die Soziologen sprechen von einer »verinselten Kindheit«, bei der Kinder zwischen Schulraum und Kursraum hin- und hergefahren werden. Die Familie ist zum Trainingslager für Kinderbegabungen geworden. Auf Talent komm raus.

Besonders in Deutschland. Natürlich gibt es auch hierzulande Eltern, die sich überhaupt nicht um ihr Kind kümmern, ihrem Kind keinerlei Spielzeug kaufen, nicht den Umgang mit einer Schere beibringen und kein Wort Deutsch mit ihnen sprechen. Das ist zu beachten, wenn wir nicht auf einem sozialpolitischen Auge blind sein wollen. Zudem ist der oft kritisierte Förderwahn vorrangig ein Phänomen der Mittel- und Oberschicht. Aber im Vergleich mit anderen europäischen Ländern hat keines auf die Pisa-Studien so selbstquälerisch reagiert wie Deutschland. Ein standardisiertes Kompetenzraster wiegt anscheinend schwerer als Persönlichkeit. Gebannt schaut man nach Finnland, Estland und vor allem auch auf asiatische Bildungssysteme. Infolgedessen hat sich in den letzten Jahren der Staat in den Förderungsmarkt geschoben. Offenbar misstraut man den Familien, die lieben Kleinen zu dereinst tüchtigen Steuerzahlern zu formen. Ein Fest für Experten, Gremien und Verwalter! »Investieren« ist das dominante Verb, Geld, Zeit, privat wie öffentlich – mit der Erwartung auf Rendite.

Dabei wird heute nicht nur so *intensiv* wie möglich gefördert, sondern auch so *früh* wie möglich – getrieben von immer neuen Studien zur frühkindlichen Leistungsfähigkeit. Also: Frühförderung quasi ab Gebärsaal. Und es geht noch früher! Da ein Kind schon *vorgeburtlich* geprägt wird, werden optimale Zeitfenster für jeden Hirnbereich des Kindes beachtet. Keine Phase der Hirnentwicklung soll verpasst werden: Beschallung mit Mozart und Buchstabenmalen auf der Bauchdecke.

Das Muster setzt sich für die Allerkleinsten nach der Geburt fort. Richtige Größe? Richtiges Gewicht? Richtige Beweglichkeit? Man sucht nach Beschleunigungen, kauft eine Reihe von Multimedia-Produkten, darunter Heimvideos, CDs, Bücher, Lernkarten, Spielzeug und Babyartikel, die auf interaktive Aktivitäten für Säuglinge und Kleinkinder spezialisiert sind. Titel der Reihe: »Baby Einstein«. Das Ziel: »Schau mal, was es schon alles kann!« Denn auch der Kindergarten will optimal vorbereitet sein.

Dort dasselbe Muster. Der Kindergarten als vorgezogene Schule. Man weiß ja: »Was Hänschen nicht lernt, lernt Hans nimmermehr.« Weist der Kindergarten eine methodisch und didaktisch durchformulierte »Lernkultur« auf? Zugleich verstärkt sich das Vergleichen mit anderen Kindern. Wo steht mein Sohn, unsere Tochter? Kann sie mithalten? Wenn nicht, müssen wir uns mehr anstrengen? Ein verträumter Junge und ein verspieltes Mädchen – sie sind nicht verträumt oder verspielt, sondern »nicht wettbewerbsfähig«. Jedes Kind ein Sorgenkind. Wenn dann in der Schulzeit der Leistungsbegriff auf das verengt wird, »was hinten rauskommt«, also auf Zensuren, dann wird Nachhilfe nicht nur aufgeboten, um nicht sitzen zu bleiben, sondern um eine Spitzennote zu erzielen. In den USA erhalten Berater horrende Stundenlöhne, um die Eltern durch den Bewerbungsprozess um die besten Schulen zu lotsen.

Wir haben es mit einem Phänomen zu tun, das wir die *Verarbeitsweltlichung der Kindheit* nennen können. Ziel: Das komplett verfügbare, vor allem aber das erfolgreiche Kind. In der Arbeitswelt zählt ja auch der Erfolg, nicht die Leistung. Und Erfolg gilt als machbar, steigerbar, vergleichbar. Diese Eigenschaften greifen auf die Erziehung über. Deshalb nimmt die Schule auch einen immer größeren Platz im Leben von Familien ein. Beispielhaft dafür stehen Referate, die kein Kind alleine bewerkstelligen kann. Eltern werden zu Dauerhilfslehrern ihrer Kinder – wenn sie dazu in der Lage sind. Metastasen des Optimierungsdenkens.

Im Jargon heißt das heute »verantwortete Elternschaft«. Darunter fallen viele Eltern, für die es alternativlos ist, ihrem Kind den Schritt aufs Gymnasium zu ebnen. Und dort soll es nicht nur das Abitur zu machen, sondern sogar ein besonders gutes. Ohne einen bestimmten Zensuren-Durchschnitt stünde eben nur noch die Hälfte der Studienfächer zur Verfügung. Aber muss wirklich jeder Jugendliche aufs Gymnasium? Wäre nicht für manche eine Lehre besser? Diese Fragen muss man stellen dürfen ohne den gönnerhaften Bildungsdünkel der Arrivierten. In vielen Schweizer Kantonen müssen Kinder eine Prüfung bestehen, wenn sie aufs Gymnasium wollen. Die ist schwer. Wenn die »Gymi«-Prüfung naht, verfällt deshalb die Schweiz in kollektive Hysterie. Die Familien verwandeln sich in Tollhäuser, es wird gebüffelt und geweint, Kurse werden belegt, Nachhilfe-Lehrer weitergereicht: Verunsicherung gut situierter Eltern als Geschäftsmodell. Ganz gegen die für die Schweiz historisch erfolgreiche Tradition, die die Lehre, das Handwerk und eine technisch-praktische Intelligenz über das Akademische stellte. Tempi passati. Unternehmer und Handwerker werden nicht selten als Bildungsverlierer geächtet; überall siegt der Kopf über die Hand und das Herz. Dabei werden die Universitäten mehr und mehr zu Brutnestern künftiger Bürokraten.

Es ist nicht von der Hand zu weisen, dass wir gesellschaftlich von einer Moral der *Forderung* zu einer Moral der *Förderung* übergegangen sind. War in allen Zeiten und Völkern das Weitermachen der einzige Wert von Erziehung, so muss es sich heute *steigern*, muss die Entwicklung eines Kindes dynamisiert werden. Warum machen Eltern das? Aus Furcht, dass es nicht reichen könnte. Zitat: »Ich habe selbst erfahren müssen, wie schwer es im Leben oft ist, einen guten Schulabschluss zu machen oder einen guten Job zu kriegen. Ich möchte, dass es mein Kind einmal leichter hat.« Oder sie fürchten, es werde ihrem Kind zukünftig nicht mehr so gut gehen, wie es ihnen selbst erging – »weil es ja auch immer schwerer wird«. Ein Paradox: Weil es immer schwerer wird, machen es Eltern ihrem Kind schon mal vorausschauend schwer. Und verlangen auch von sich selbst immer mehr. Machen es also auch für sich selbst immer schwerer.

Wir dürfen also das berühmte Hölderlin-Zitat ins Gegenteil wenden: Wo aber das Rettende ist, wächst die Gefahr auch. Fragen wir uns deshalb: Kann ein Kind alles erreichen, wenn wir es nur ausreichend fördern? Das ist unwahrscheinlich. Die Biologie begrenzt die Stufe des Erreichbaren mit einem individuellen Begabungsprofil. Talent oder Talentlosigkeit sind kaum veränderbar. Jeder kennt mittlerweile das afrikanische Sprichwort »Ein Grashalm wächst nicht schneller, wenn man daran zieht«. Die Begabung eines Kindes ist nicht endlos, das Potenzial ist irgendwann ausgeschöpft. Wir können durch überfördern auch überfordern. Viele verzichten dann auf das, was möglich ist, weil sie etwas wollen, was unmöglich ist.

Zudem: Das Geschehen in unserem Kopf ist sehr komplex – zu komplex, um es mit zielgerichteten Interventionen verändern zu wollen. Vieles davon ist wissenschaftlich kaum erforscht und insofern spekulativ. Niemand kann deshalb mit Sicherheit voraussehen, ob Fördermaßnahmen wirklich wirken, sich also die »Investition« rentiert.

Damit nicht genug. Wir sollten zweifeln, ob das Alles-erreichen-Wollen überhaupt wünschbar ist. Muss man aus einem normalen Kind unbedingt ein außergewöhnliches machen? Sollte man nicht eher Talent und Aufgabe übereinstimmen lassen? Also das *Passende* finden? Genau darum geht es: Nicht das Beste für unser Kind suchen, sondern das Passende finden.

Es ist für uns Eltern nicht leicht, dem gesellschaftlichen Druck zu widerstehen und dem Kind sein eigenes Entwicklungstempo zuzugestehen. Aber ein Kind muss *reifen* können. Das setzt voraus, dass Eltern ihre Erwartungen an die Möglichkeiten des Kindes anpassen. Nicht umgekehrt. Nicht das ist anzustreben, was allgemein als erstrebenswert gilt, sondern was der Neigung und dem Talent des speziellen Kindes entspricht. Nicht darauf ist hinzusteuern, wofür es *gebraucht* werden kann, sondern was es kann und will. Was ihm leichtfällt, wo seine Neigungen liegen, worauf sich seine Energie von alleine richtet. Sonst fördert man das Kind »von sich weg«. Dann wäre der mögliche Aufstieg des Kindes eigentlich ein Absturz. Ein Absturz aus der »Menschwerdung«. Auch wenn es ihm selbst vielleicht verborgen bleibt. Mehr noch sollten wir skeptisch sein gegenüber der Unterstellung, ein gelingendes Leben sei mit beruflichem Erfolg gleichzusetzen. Bisweilen möchte man hoffen, dass die Erwartungen der Eltern nicht in Erfüllung gehen.

Es ist nicht grundsätzlich verkehrt, Kindern Förderangebote zu machen. Fördern ist wohl immer eine Frage des Maßes, eine Frage des Abwägens zwischen Zuviel und Zuwenig. Aber was ist mit Freiraum? Was ist mit dem unbefangenen Erleben von Natur? Mit Spielen? Mit phantasievollem Schweben? Mit freiem Entfalten? Warum ignoriert man, dass auch in Asien alternative Pädagogiken massiven Zulauf erhalten? Ebenso wie im Silicon Valley, wo geradezu eine Schlacht um Plätze in den Waldorf-Schulen tobt?

Das bringt mich auf einen Gedanken, den ich im Vorbeigehen einflechten will. Das Fördern des Kindes ist ab einem gewissen Alter ein Kampf um gute Schulnoten. Zweifellos sind Noten wichtig, um zu wissen, wie es um die schulische Leistung des Kindes steht. Sie bilden auch eine gute Basis für »messbare« Verbesserungen. Aber sie bergen Gefahren. Sie fokussieren die Aufmerksamkeit der Familie einseitig auf die Schule – auf ebenjenen Lebensbereich, der *messbare* Resultate vorweisen kann. Starrt man jedoch immer nur auf die Schulnoten, zählen mit der Zeit nur noch diese. Die Prioritäten verschieben sich. Das ist ein hoher Preis: Andere Lebensbereiche, die nicht mit dieser Schein-Objektivität aufwarten können, geraten aus dem Blick. Man nutzt dann eine »datenbasierte« Sicht für das Organisieren des Familiensystems. Schulnoten wirken dann wie Anzeigen auf einem Armaturenbrett, mit denen das Kind »maschinell« gesteuert wird. Dann geht es nur noch um Zielerreichung, nicht mehr um Lernwege. Dann geht es um Stresselastizität unter Testbedingungen, nicht mehr um Kreativität in ergebnisoffenen Situationen. Dann geht es vorrangig um ein Gegeneinander, nicht mehr um ein freudvolles Miteinander. Dann geht es um das Vereinzelte, nicht mehr um das Gemeinsame. Dann geht es nicht mehr um Eigeninitiative und Selbstverantwortung, sondern um Konformität und Standard. Wollen wir das?

Die wissenschaftlich gut belegte Gefahr der Überdosierung: Überzogenes Fördern befeuert auch die *Ego-Zentrierung* des Kindes. So manches förderungsverbeulte Kind neigt als Erwachsener zum Narzissmus. Narzissten handeln rücksichtslos, verfolgen ausschließlich eigene Ziele und sind dabei hochgradig manipulativ. Neuere Studien zeigen, dass narzisstische Persönlichkeitsstörungen in der jüngeren Generation der unter 30-Jährigen enorm zunehmen. Sie haben die höchsten narzisstischen Werte aller Altersgruppen, höher als die Generationen vor ihnen. Das gilt für Männer und Frauen, wenngleich immer noch deutlich häufiger bei jungen Männern. Die Studien machen ein ganzes Bündel gesellschaftlicher Trends dafür verantwortlich – und eben auch die exzessive frühkindliche Förderung, die eher auf Leistung denn auf Empathie setzt. Mit einer bedenklichen Folge für unsere Sozialsysteme: Eine Generation wächst heran, die Unterstützung in allen Lebenslagen fordert, sie gleichsam als »Rechtsanspruch« betrachtet. Gleichzeitig vertieft sich die Kluft zu jenen Kindern, die überhaupt nicht gefördert werden.

Interessant ist, dass Kinder selbst wenig unter großem Leistungsdruck leiden. Jedenfalls legen das Forschungen nahe. Es sind vor allem die Eltern, die leiden: am hohen Perfektionsanspruch an sich selbst. Ihre Kinder sind die Verlängerung des Eigen-Anspruchs; Erfolg der Kinder wird gleichgesetzt mit dem Erfolg als Eltern. Und da meistens Mütter ihren Job wegen des Kindes aufgeben, kratzt ein schulischer Misserfolg mehr noch an ihrem Ego, als an dem der Väter. Sie haben erst dann das Gefühl, sie seien »gut«, wenn die Noten des Kindes stimmten. Gute Noten bedeutet: Alles richtig gemacht. Aber fragen wir uns: Entsprechen die Fördermaßnahmen wirklich *unserem* Wunsch? Und dem Wunsch des Kindes? Haben wir sie reflektiert? Gegen Alternativen abgewogen? Oder haben wir sie übernommen? Von unseren Eltern, von anderen Eltern, von allen möglichen Einflüsterern. Begehren wir nur das, was alle anderen auch begehren? Eben *weil* sie es begehren?

Wir sollten uns für unser Kind wünschen, dass es ab einem gewissen Alter ein selbstbestimmtes Leben lebt. Und dass es dieses intensiv lebt. Was unser Kind dabei tut, spielt eine untergeordnete Rolle. Es träumt seinen eigenen Traum, trägt seine eigene Berufung in sich. In dem Wort »Berufung«, das keineswegs mit einer geschäftlichen Tätigkeit kurzgeschlossen werden darf, steckt das Wort »Ruf«. Den muss jemand hören, derjenige, für den dieser Ruf bestimmt ist. Das muss kein Ruf von außen sein, das kann eine innere Stimme sein. Und wir als Eltern tun das Beste für unser Kind, wenn wir ihm helfen, diesen Ruf wahrzunehmen, ihm zu folgen, sich keinen Moden zu unterwerfen. Fördern, ja, aber das fördern, was das Eigene des Kindes unterstützt, was seiner natürlichen Begabung entspricht. Insofern ist unsere wahre Funktion als Eltern weniger das Unterrichten, vielmehr das *Aufrichten.* Hellhörig für Berufungen zu werden. Das Kind ermutigen, sein eigenes Potenzial zu verwirklichen. Ihm sagen: »Geh deinen eigenen Weg!«

Was heißt das für unser Erziehungsverhalten? Dass wir das ununterbrochene Organisieren, Transportieren, Kontrollieren, Drängen, Ermahnen angemessen zurückfahren. Wir können den Tagesablauf so ordnen, dass Raum zum Atmen bleibt. Vor allem die Freizeitaktivitäten können wir kritisch befragen. Ein überfrachtetes Tagesprogramm dient oft weniger dem Kindeswohl als dem Ehrgeiz der Eltern. Wenn wir das ehrlich anerkennen, können wir auf einige Programmpunkte verzichten. Unser Kind muss auch nicht permanent unterhalten werden, nicht jede Leere ist mit Aktion zu füllen. Pausen, Stille und Langeweile sind gut, weil sie die Kreativität des Kindes stimulieren.

Das ist nicht alles. Etwas Herausforderndes wartet noch auf uns: Wir können unsere Erwartungen an das Kind auch *fallen lassen*. Einfach loslassen. Ihnen nicht mehr nachjagen. Das tun die wenigsten. Viele Elternpaare halten oft jahrelang an Erwartungen fest, die das Kind beim besten Willen nicht erfüllen kann. Sie machen permanent Druck, und wundern sich, dass das Kind immer trauriger wird. Sollten wir als Ältere nicht die Beschränktheit des Lebens mitbedenken, die sich hinter einer aktivistischen Erziehung verbirgt? Vor allem das Bedürfnis nach Geltung, das sich in maßloser Förderung ausspricht – können wir das nicht relativieren? Wir sollten verstehen, dass sich unser Kind nach einem eigenen Plan entwickelt. Das sollten wir zulassen – und deshalb etliches bleiben lassen. Allenfalls das unterstützen, worauf sich das Interesse des Kindes *von sich selbst heraus* richtet. Anerkennen wir unser Kind, so wie es ist. Befreien wir uns von Machbarkeitsphantasien, Schaffensdruck und Schuldgefühlen. Wenn wir vieles vom Ziel- und Zweckdenken *lassen*, können wir dadurch *gelassen* werden.

Nicht fragen. Sagen.

Ich übe mit einem Tennistrainer die Vorhand. Er fragt: »Warum wohl geht deine Vorhand immer ins Aus?« Er hat sicher mal etwas vom fragend-entwickelnden Unterricht gehört, fühlt sich daher methodisch auf der richtigen Seite. Ich aber komme mir vor wie ein Depp. Denn der Trainer will nicht wissen, warum meine Vorhand ins Aus geht – er weiß es ja bereits. Wenn *ich* es wüsste, würde ich es anders machen. Aber er nötigt mich herumzuraten, beschämt mich. Damit weist er indirekt auf sich selbst zurück, auf sich als den Experten, den Mächtigen.

In der Erziehung spielt Macht eine zentrale Rolle. Zwischen Eltern und Kind gibt es ein Hierarchiegefälle. Diese Tatsache wird oft heruntergespielt, man bemüht sich, Macht milde aussehen zu lassen. Sie zu ignorieren wäre jedoch naiv. Macht verzerrt die Kommunikation. Und auch die hochherzigste Absicht steht unter Machtbedingungen im Verdacht, sich einfach nur durchsetzen zu wollen. Das gilt vor allem in Situationen, in denen wir unser Kind fragen. Befragen. Fragen stellen.

Bevor ich im Folgenden das Befragen des Kindes »infrage stelle«, will ich einige Gesslerhüte grüßen. Es gibt Situationen, in denen eine Frage keine oder kaum problematische Wirkungen entwickelt. Viele Kinder sind glücklich, wenn jemand sie (endlich einmal) fragt, sie ernst nimmt, Interesse an ihnen zeigt. Auch das Miteinander-Schwingen im Dialog, das Nachfragen nach der Geschichte hinter einer Geschichte – das ist der Job der Eltern: dem Kind beizubringen, wie man Gespräche flicht. Und es macht auch einen Unterschied, ob wir von unserer kleinen Tochter gefragt werden. Die kindliche Frage sei also hier vollständig ausgenommen. Ja, und ich schränke weiter ein: Es gibt auch reine Sachfragen. Fragen, die mindestens nicht die *Absicht* haben, den anderen zu bedrängen. Etwa: »Wie spät ist es?« Fragen können also der

Absicht nach integer und wohlmeinend sein. Ob sie das aber ihrer *Wirkung* nach sind, das will ich hier diskutieren. Denn wie so viele menschliche Handlungen ist auch das Fragen *kontextsensibel.* Mir geht es hier ausschließlich um das Fragen »von oben nach unten«, aus einer Machtposition heraus. Die aber ist, wie gesagt, für Eltern-Kind-Situationen charakteristisch.

Das Thema ist kritisch. Denn heute gilt es als chic, nicht mehr etwas zu *sagen*, sondern zu *fragen*. »Erziehen durch Fragen« heißt der Trend. Auf Elternsprechtagen mit »modernen« Pädagogen wird überhaupt nur noch gefragt; da ist kein klares Wort zu erwarten. Es sind Delirien der Uneigentlichkeit. Die finden sich auch zu Hause: »Willst du nicht mal dein Zimmer aufräumen?« Antwort: Nein. »Wann willst du denn ins Bett gehen?« Antwort: Am liebsten gar nicht. »Willst du wirklich zu spät zur Schule kommen?« Antwort: Keine Antwort, nur mürrisches Grummeln.

Schon diese wenigen Beispiele lassen ahnen, dass das Fragen eine tückische Kehrseite hat. Die meisten Fragen sind nämlich keine Fragen, sondern *Aussagen*. In ihnen ist immer eine ganz bestimmte Absicht eingelassen, die auf den ersten Blick nicht kenntlich ist. Schon die Formulierung der Frage signalisiert dem Befragten, welches Verhalten positiv oder negativ bewertet wird. Wenn wir zum Beispiel fragen: »Willst du nicht lieber die Regenjacke anziehen?«, dann steckt darin die Aussage »Heute könnte es regnen, du brauchst eine Regenjacke.« Mit offenem Visier klänge dann die Ansage so: »Zieh bitte die Regenjacke an!« Für diese Klarheit wollen wir jedoch nicht in die Verantwortung gehen. Etwa weil wir selber unsicher sind oder Widerstand fürchten. Deshalb legen wir unserer Aussage das Frage-Mäntelchen um.

Das Fragen reduziert auch das Risiko, dass klare Aufforderungen vom Kind ebenso klar abgelehnt werden könnten. Das scheuen Eltern, sie zeigen Feigheit vor dem Kind. Sie möchten den Konflikt meiden, sich im Grunde selber schonen. Abgelehntwerden kostet ja Kraft. Sie hoffen, dass das Kind aus eigener Vernunft handelt, sich quasi selbst erzieht. Oder sie verlassen sich darauf, dass andere Institutionen – wie z. B. die Schule – die Erziehung übernehmen.

Darauf will ich hinaus: Fragen sind Aussagen, die sich verstecken. Wenn wir unser Kind fragen, beziehen wir keine Position, sagen wir nicht klipp und klar, was wir wollen. Wir wollen vielmehr in Deckung bleiben. Aber für das Kind lassen wir diese Deckung nicht gelten! Denn wenn wir unserem Kind eine Frage stellen, ist es »gestellt«. Mit Fragen nötigen wir es in die Reaktion, zwingen es zur Antwort. Es gilt ja als ausgesprochen unhöflich, eine Frage unbeantwortet zu lassen. Allenfalls fordern wir ausdrücklich die Antwort – wieder mit einer Frage: »Willst du mir nicht meine Frage beantworten?« Damit nötigen wir unser Kind, etwas zu sagen, was es vielleicht gar nicht sagen *will* – zumindest im Augenblick nicht, sonst hätte es das ja getan. Wir nötigen es, etwas zu eröffnen, was es lieber verschlossen hielte. Das bedrängt es, macht es verlegen, bringt es in die Defensive. Nicht zuletzt deshalb lügen Antworten so oft.

Als Regel sollte deshalb gelten: Keine Wahlmöglichkeit vorgaukeln, wo sie nicht existiert. Nicht so tun, als seien wir offen für andere Ergebnisse, wenn die Situation für uns alternativlos ist. Etwa: Das Kind muss schlafen. Punkt. Das Kind hat Schulpflicht. Punkt. Du ziehst die Regenjacke an. Punkt.

Lügen und das Warum-Spiel

Lügen haben kurze Beine. Sagt man. Wenn das stimmte, wären wir ein Volk von Zwergen. Offenbar nehmen wir es nicht so genau. Dennoch haben Lügen keinen guten Ruf. Niemand will belogen werden, niemand will als Lügner gelten.

Wir dürfen aber nicht verkennen, dass die Lüge eine zivilisatorische Errungenschaft ist. Menschen können lügen, Tiere nicht. Und manchmal ist die Lüge nahezu unumgänglich. Zum Beispiel, wie oben gezeigt, um höflich zu bleiben. Oder um uns und andere zu schützen. Das nennen wir dann »Notlüge«.

Auch Kinder lernen schnell zu lügen. Zum Beispiel: Wir haben das Kind erwischt bei einem Regelbruch, bei einer Unachtsamkeit, bei einer Dummheit. Beispielsweise: Der Spiegel im Flur liegt zerbrochen am Boden. Die Schneiden der antiken Silbermesser sind eingekerbt, weil »jemand« sie schärfen wollte. Darauf folgt die immer selbe Frage: »Warst du das?« Oder: »Wer hat das gemacht?« Meist ist sonnenklar, wer das gemacht hat. Aber die Eltern erwarten, dass das Kind es auch öffentlich eingesteht. Erwartbar ist, was dann passiert. Das Kind wird lügen. Ein anderer hat es gemacht! Sollte nur ein Täter »in Frage« (!) kommen: »*Wie* ist das denn passiert?« Antwort: »Weiß ich nicht!« Das Kind wird alles abstreiten und hoffen, dass es irgendwie nicht herauskommt – bis zu einem Zeitpunkt, wo es keinen Ausweg mehr gibt. Und dann wird es irgendetwas behaupten, was es einigermaßen gut aussehen lässt. Es will ja nicht bestraft werden. Kann man es ihm verübeln? (Wieder so eine Frage, die eigentlich eine Aussage ist.) Je höher der Rechtfertigungsdruck, desto wahrscheinlicher die Lüge. Mit derartigen Fragen *erzeugen* wir also Lügen.

An der Spitze der Zudringlichkeit: »*Warum* hast du das getan?« Inquisitorischer kann man kaum fragen. Ja, warum wohl? Meistens weiß das Kind es nicht einmal, sein Motiv ist in den Tiefen seiner Seele verborgen. Oder es weiß es nicht *mehr*, weil es zeitlich zu weit zurückliegt. Wieder wird das Kind etwas antworten, was es einigermaßen straffrei davonkommen lässt. »Warum« ist ohnehin kaum sinnvoll zu beantworten. Wir kennen doch oft selbst nicht genau die Gründe unseres Handelns. Besser ist eine weniger invasive Aufforderung: »Versuche mal zu beschreiben, wie es dazu gekommen ist …«

Überhaupt sollten wir mit Fragen zurückhaltend sein. Besser ist es, Aussagen zu treffen, also zu *sagen*. Wir können das Kind geradeheraus ansprechen, wenn die Täterschaft eindeutig ist. Den Tatbestand feststellen und das Kind auffordern, die Dinge zu klären und aufzuräumen. Ein klares »Bring das bitte in Ordnung!« klagt nicht an, lässt die Täterschaft offen. Es fordert Handeln ohne Schuldeingeständnis. Wenn das Kind das Schlammassel nicht verursacht hat, wird es sich wehren. Und wenn es doch der Urheber war, es schweigend bereinigen.

Alle Lügen sind Notlügen. Wir übersehen aber häufig, dass das Lügen des Kindes der Not geschuldet ist. Wir fürchten eine Charakterschwäche des Kindes, die irgendwann notorisch wird. Unter dieser Beleuchtung halten es Eltern für ihre Pflicht, ihrem Kind das Lügen auszutreiben. »Du sollst nicht lügen« heißt es dann mit Blick auf die Bibel. Es lohnt sich, genauer zu lesen: »Du sollst nicht falsch Zeugnis ablegen wider deinen Nächsten.« Das ist etwas anderes. Wir sollen nicht schlecht oder unwahr *über andere* sprechen. Es ist ein Unterschied, ob das Kind Strafe oder Scham abwehren will oder ob es Schuld anderen in die Schuhe schiebt. Das Zweite wiegt schwerer.

Ich will hier nicht sagen, dass wir das Lügen unseres Kindes nicht thematisieren sollten. Wir sollten deutlich machen, dass man kein Zusammenleben auf Falschaussagen bauen kann. Und dass das Kind sicher auch nicht gern belogen wird. Aber wir sollten auch den Suchscheinwerfer drehen und uns selbst anschauen. Was tragen wir dazu bei, dass unser Kind uns anlügt? Möglicherweise kritisieren wir es ständig. Oder setzen es unter Rechtfertigungsdruck. Wir sollten ein Problem lösen, nicht einen Schuldigen produzieren. Engen wir das Kind nicht ohne Not ein! Nötigen wir es nicht zur Lüge! Wir sollten *sagen*, was unser Kind tun soll.

Als autoritäre Erziehung out war, begannen wir unklar zu werden. Das Autoritäre vermisst heute wohl niemand. Aber das Pendel schwang sehr weit zur anderen Seite aus. Heute gehen viele Eltern schon mal prophylaktisch in die Defensive. Sie sind nicht mehr bereit zu fordern, nicht mehr bereit, klar ihre Erwartungen zu formulieren.

Das steht durchaus im Kontrast zum Selbstbild vieler Eltern. Sie sind in der Regel überzeugt, ihrem Kind Botschaften klar zu senden. Das Gegenteil ist meist der Fall. Manche Eltern reden derart weichgespült daher, dass man einen Kurs in politischer Nebelsprache vermutet, den sie kürzlich absolviert haben. Um nicht überstreng daherzukommen, werden sie übervorsichtig. Sie »wünschen« sich dann etwas vom Kind, »fänden es schön, wenn du dein Zimmer aufräumst«, fragen beim Kind nach, »ob es nicht vielleicht eine warme Jacke anziehen will«. Sie betonen dann das »Wir«, gerne gepaart mit der schwachen Sprachform des Konjunktivs: »Wir sollten hier mal aufräumen.« Das klingt freundlich. Aber eben auch unverbindlich. Man spürt keine Entschiedenheit, kein wirkliches Wollen. Es ist irgendwie nicht so wichtig. Und es soll pädagogisch reflektiert rüberkommen, adressiert an eine sensibel lauschende Umwelt. Aber: Aus der Furcht, zu weit zu gehen, gehen wir oft nicht weit genug. Ist dem Kind damit geholfen?

Eine klare Botschaft ist deutlich und natürlich. Sie sagt: »Das will ich« und »Das will ich nicht«. Es muss klar sein, was getan werden *soll*.

Nun, wie gelingen klare Soll-Botschaften? Natürlich ist eine Antwort darauf altersabhängig. Nehmen wir das ewige Thema »Aufräumen«. Die ganze Wohnung dient als Ablagefläche; das Kinderzimmer sieht aus, als wäre eine Bombe explodiert. Wie bringt man ein Kind zum Aufräumen? »Räume bitte auf!« wird selten funktionieren. Mein Sohn: »Ich räum das gleich auf.« Nichts passiert. Also müssen wir konkreter werden: »Räume bitte auf – jetzt!« Unter Umständen noch konkreter: »Das schmutzige Geschirr bitte *in* die Maschine, nicht *auf* die Maschine!«

Manchmal ist es möglich und sinnvoll, dem Kind die Wahl zu lassen. »Möchtest du lieber die rote oder die blaue Hose anziehen?« Aber in den meisten Fällen gibt es sachliche Gründe, schlicht zu *sagen*, was zu tun ist. Und diese Gründe sind prioritär. Wenn zum Beispiel der Kühlschrank noch voll ist mit Resten vorheriger Mahlzeiten, dann ist klar, dass die zuerst gegessen werden. Dann sollten wir keine Menüliste vorlesen, neu kochen oder womöglich eine Pizza bestellen. Wenn das Kind ein Bad nehmen soll, dann müssen wir nicht fragen, ob es baden will, sondern schlicht Wasser einlaufen lassen.

Je klarer Eltern sind, desto leichter fällt es Kindern, Gebote oder Erfordernisse zu akzeptieren. Wenn unsere innere Haltung klar ist, spürt es das Kind. Es versteht die kleinen Signale der Entschiedenheit. Aber ebenso die Unentschiedenheit. Nonverbale Signale, die Entschlossenheit signalisieren, sind dabei mindestens so wichtig wie das gesprochene Wort: aufrechte Haltung, kraftvolle Stimme.

Nahezu alle Eltern kennen die Situation, dass man ein etwa achtjähriges Kind nicht nur einmal auffordern muss, auch nicht zweimal, auch nicht dreimal. Es reagiert einfach nicht. Wir können sicher sein: Unser Kind hat uns vielleicht sprechen hören, aber den Inhalt hat es gar nicht aufgenommen. Unser Sprechen ist für das Kind wie ein Hintergrundrauschen. Je mehr wir auffordern, desto weniger nimmt es die Botschaft wahr. Ist unser Kind deshalb trotzig oder ignorant? Möglich. Wahrscheinlicher aber ist, dass es sich gewöhnt hat an das dauernde Aufgefordertwerden. Es soll halt ständig etwas tun oder lassen. Das macht unaufmerksam. Forscher haben gezählt: Täglich bekommt das Kind bis zu 450 Anweisungen. Wir müssen uns diese Zahl konkret vor Augen führen: 450-mal wollen wir etwas vom Kind! Schon bei dieser Vorstellung wird man müde. Also: Wir sollten prüfen, ob einige Forderungen nicht verzichtbar sind. Über Ignoranz dürfen wir uns sonst nicht wundern.

Wenn uns etwas wirklich wichtig ist, dann hilft ein praktischer Hinweis: Wir müssen *Augenkontakt* herstellen. Augenkontakt, *bevor* wir sprechen. Für Ruhe sorgen und die Augen suchen. Erst der Augenkontakt macht das Sprechen verbindlich, sichert dem Gesagten Aufmerksamkeit. Das ärgerliche »Muss ich dir alles dreimal sagen?« zeigt oft nur eins: Es gab keinen Augenkontakt. Und wenn es etwas *sehr* Wichtiges ist, müssen wir es vom Kind wiederholen lassen: »Was ist es, das du jetzt tun sollst?« Möglichst konkret mit eigenen Worten.

Viele Eltern fürchten, mit klaren Ansagen die Beziehung zum Kind aufs Spiel zu setzen. Wenn wir aber Dinge, die uns wichtig sind, nicht einfordern, geben wir die Lenkung des Familiensystems an das Kind ab. Das führt nur zu quälenden Diskussionen. Dabei überschätzen Eltern sowohl Worte wie die Möglichkeit vernünftiger Einigung. Es sind einfach unterschiedliche Bedürfnisse, die aufeinanderstoßen. Was nicht heißt, dass wir uns als Eltern nicht erklären sollten. Aber wir dürfen nicht mit Einsicht rechnen. Ob wir uns jedoch immer durchsetzen müssen, hängt ab vom Gegenstand und vom Alter des Kindes. Mit einem Grundschulkind können wir über Süßigkeiten diskutieren (Wann? Wie viel?), nicht aber über das Zu-Bett-Gehen. Auch adäquate Kleidung bei schlechtem Wetter ist nicht verhandelbar. Das können wir in ruhigem Tonfall unmissverständlich sagen. Mit älteren Kindern können wir bei den Hausaufgaben über den Zeitpunkt diskutieren, nicht aber über das Erledigen als solches. Also: Nicht alles ist verhandelbar! Etliche Eltern reden zu viel mit ihren Kindern; sie diskutieren jede Kleinigkeit. Besser wären klare Ansagen ohne Befehlston. Und dann Ruhe.

So weit zu den »Soll«-Botschaften, die einen Zustand beschreiben, den wir als Eltern anstreben. Im Unterschied dazu beschreibt eine »Ist«-Botschaft das Ergebnis. Insbesondere dann, wenn etwas nicht wie besprochen gelaufen ist, finden sich orientalische Sprachwolken, raunende Trübwörter und der Tran zaghafter Anspielungen. In einem Erziehungsbestseller ist zu lesen, man solle ein Kind nicht tadeln; man solle ihm vielmehr »... helfen, über sich selbst enttäuscht zu sein«. Lieber Himmel! Ist es unanständig, sauer zu sein?

Verantwortliche Erziehung heißt klare Konfrontation im Konfliktfall. Wir dürfen nicht die Faust in der Tasche machen. Das ist die unintelligenteste Art, ein Leben zu leben. Wir dürfen eine mangelhafte Ist-Situation nicht aussitzen. Nur dieses eine Mal noch? Nein. So schnell wie möglich unser Ist-Erleben klären.

Wie aber gelingen Ist-Botschaften? So: Klar, wertschätzend und »schonungs«-los. Kein Herumeiern! Wir müssen klar sagen, wie wir die Situation *erleben*. Wichtig ist es ebenso, den Ist-Zustand eindeutig zu *bewerten*. Zeigen, wenn wir emotional betroffen sind. Lassen wir es nicht an Entschiedenheit fehlen: »Es gefällt mir nicht.« – »Das ist für mich nicht in Ordnung.«

Und dann müssen wir *sagen*, was getan werden soll. Für das »Wie« können wir lösungsoffen sein. Wenn wir jedoch die einzig mögliche Lösung schon in der Tasche zu haben glauben und nicht bereit sind, die Lösungsalternative unseres Kindes zu prüfen, sollten wir auch das »Wie« lieber anweisen. Häufig steigen Eltern zu früh mit Handlungsvorschlägen in das Gespräch ein; das Kind konzentriert sich dann darauf, die Maßnahmen abzulehnen, ohne das dahinterstehende Problem überhaupt verstanden zu haben. Also: Zunächst macht das Kind Handlungsvorschläge. Danach können wir ergänzen.

Geben und Nehmen

Ich war etwa sieben Jahre alt. Irgendetwas hatte ich ausgefressen – was, weiß ich nicht mehr. Ich kann mich nur noch erinnern, dass meine Mutter sehr ärgerlich war. Ich kaufte daraufhin ein Brot und legte es ihr auf den Küchentisch. Dadurch wurde meine Mutter noch ärgerlicher. Sie konnte mit meiner Aktion nichts anfangen – wir hatten doch genug Brot. Außerdem hatte ich geschnittenes Brot in einer Plastiktüte gekauft, was schon damals kritisch war. Warum hatte ich es gekauft? Ich wollte etwas *ausgleichen*, wohl mehr gefühlt als kalkuliert. Ich wollte die Dinge wieder ins Lot bringen. Denn jede Beziehung strebt nach Ausgleich.

In allen menschlichen Beziehungen gibt es Regeln, nach denen Güter getauscht werden. Darunter sind auch Güter nichtmaterieller Art wie Grüße, Gespräche, Spiel, Anlächeln, Streicheln, Emojis. Ein besonders wichtiges Gut ist die Lebenszeit, die wir einem anderen Menschen widmen. Diese Güter werden auf einem virtuellen Beziehungskonto eingezahlt und abgehoben. Ein solches Konto führen wir mit jedem Menschen, der uns nahesteht. Auch Elternpaare führen untereinander Konten, in Abstufungen auch Eltern und Kinder. Die Intensität der Tauschgeschäfte beschreibt die Beziehung zwischen zwei Menschen. Kleiner Umsatz bringt kleinen Beziehungsgewinn. Großer Umsatz macht reich.

Für die Bilanzen auf diesen Konten haben wir ein sensibles Empfinden. Wenn Geben und Nehmen ausgeglichen sind, funktioniert die Beziehung. Wenn Geben und Nehmen in Schieflage sind, fühlen wir uns unwohl.

Bei Ungleichgewicht auf Erwachsenenkonten wird dann Gegenleistung eingefordert: »Früher hast du schon mal …« oder »In letzter Zeit vermisse ich …«. Was aber, wenn zwischen Geber und Nehmer ein großes Gefälle herrscht, wie zwischen Kind und Eltern? Was, wenn ein Kind naturgemäß nicht ausgleichen *kann*?

Im Eltern-Kind-Verhältnis sind Eltern die Gebenden, das Kind der Nehmende. Zwar empfangen Eltern auch etwas von ihrem Kind, etwa bezaubernde Momente oder Zärtlichkeit. Aber der Niveau-Unterschied bleibt bestehen.

Trotz dieses Unterschieds ist es wichtig, dem Kind ein Gefühl für den Ausgleich als Grundprinzip menschlicher Beziehungen zu vermitteln. Dass es nicht nur Rechte gibt, sondern auch *Pflichten*. Diese Verbindung driftet nicht nur gesamtgesellschaftlich zunehmend auseinander, sondern wird auch in vielen Familien vergessen. Das Nehmen des Kindes dominiert das Geben. Ein nicht untypisches weibliches Beschwerdemantra geht so: »Mein Mann lässt alles herumliegen, schmutzige Wäsche, seine Laufschuhe, Zeitungen, einfach alles. Warum? Weil seine Mutter immer hinter ihm herräumte. Wenn die Mutter es nicht tat, dann seine Großmutter. Und jetzt tue ich es. Ich brauche kein Kind – ich hab schon eins.« Das sind Spätfolgen gelernter Hilflosigkeit in einer zunehmend infantilen Gesellschaft. Schon kurz nach der Rente wird es noch ironischer: Da mutieren Männer zu kuriosen Einkaufstütenträgern, die hinter ihren Frauen herschleichen.

Auch die Mithilfe der Kinder im Haushalt ist in unseren Breiten fast verschwunden. Das ist nicht gut für uns Eltern. Allerdings schlechter noch für das Kind: Eltern sind überzuständig, das Kind unterzuständig. Deshalb müssen wir den Ausgleich in der Familie wieder üben. Und damit sollten wir möglichst früh beginnen – wenn unser Kind, wie man so sagt, aus dem Gröbsten raus ist. Konkret: Etwa ab dem siebten Lebensjahr können wir ihm Aufgaben zuteilen. Kleine Haushaltspflichten zunächst: etwas holen, etwas wegbringen, etwas tragen, den Tisch decken und abdecken, abwaschen, Zimmer aufräumen, Müll wegbringen, auf etwas aufpassen, das Haustier versorgen. Dazu gehört auch, sich zu unliebsamen Tätigkeiten zu überwinden, also Dinge zu tun, die man erledigen muss, auch wenn man dazu nicht motiviert ist.

Mehr Spaß macht es häufig, etwas zusammen zu machen. Gemeinsam putzen, staubsaugen, kochen. So kann sich langsam die Pflicht zur freiwilligen Selbstverpflichtung entwickeln. Nebeneffekt für uns Eltern: Mithilfe entlastet. Auch wenn am Anfang manches misslingt – langfristig fällt der Beitrag ins Gewicht.

Diesen Beitrag müssen wir einfordern. Auch wenn das Kind als Teenager in ein unkooperatives Alter kommt und mit routinierter Blasiertheit auf unsere Forderung reagiert. »Keine Lust!« ist keine Option. Wir tun eine Menge für das Kind; etwas davon kann auch ein Kind ausgleichen. Altersgerecht selbstverständlich, und manchmal ist das nur symbolisch möglich. Siehe mein Brotkauf.

Wie können wir die Kooperationsbereitschaft des Kindes erhöhen? Etliche Anthropologen halten den Hilfstrieb des Kindes für angeboren. Demnach wäre das Wichtigste: dem Kind zeigen, dass es *gebraucht* wird. Sobald das Kind sprachlich erreichbar ist, sollten wir ihm sagen, dass seine Hilfe für uns wichtig ist und wir auf seine Hilfe zählen. Dass es nicht austauschbar ist: »Es kommt auf dich an!« Was dabei extrem hilfreich ist, ist ein *gemeinsames Problem*. Wenn wir ein Problem nur lösen können, wenn wir zusammenarbeiten, ist das für ein Kind energetisierend. Dafür müssen wir eine Situation schaffen, die das Kind auf die Situation fokussiert: Klar das Problem formulieren und dass wir es nur gemeinsam lösen können. Was für ein Problem kann das sein? Im Grunde alles. Es kann das abendliche Aufräumen sein, die Gartenarbeit, die Vorbereitung für eine Abreise. Bei älteren Kindern kann es das gemeinsame Bauen am Gerüst der Familie sein, etwa die Stimmung, das Umgehen mit Konflikten, ein Klima der Freundlichkeit.

An dieser Stelle möchte ich noch einen elementaren Gedanken einfügen. Wenn ein Kind auffällig wird durch schlechtes Benehmen, dann hat es *zu wenig Verantwortung*. Es neigt dann zu aggressiver Langeweile. Ist das der Fall, müssen wir ihm etwas geben, für das es zuständig ist. Etwas, das signalisiert: »Du wirst gebraucht! Wir trauen dir etwas zu!« Das sind Botschaften, die disziplinieren und denen sich kaum ein Kind entzieht. So lernt es, sich auf eine Gemeinschaft zu beziehen – und das befriedigende Gefühl zu genießen, das aus wechselseitiger Hilfe entspringt.

Und noch ein letzter Hinweis zu diesem Thema. Wir empfingen das Geschenk des Lebens von unseren Eltern. Es aber ihnen zurückgeben, es ausgleichen, uns revanchieren – das geht nicht. Das Geschenk des Lebens können wir nur *weitergeben* – und *dadurch* uns für das Leben bedanken, das wir empfangen haben. Der heute weitgehend vergessene Lyriker Börries Freiherr von Münchhausen fasste das Weitergeben in die Zeilen: »Weithin im Saal der Zeiten sieht mein Blick / dem Spiel des Lebens zu, gefasst und heiter / den goldenen Ball wirft jeder lächelnd weiter / – und keiner gab den goldnen Ball zurück!«

Konflikte aushalten

Familien. Orte der Liebe und Harmonie. Werbebilder von glücklichen Eltern und Kindern, zumeist Mann und Frau und Tochter und Sohn, auf Sommerwiesen spielend, lachend, fröhlich. Beneidenswert. Und eine Illusion: Nichts ist wirklichkeitsfremder. Familien sind oft Orte schwerer, ja schwerster Konflikte. Wer mit idealisierter Erwartung eine Familie gründet, kann daher sehr schnell enttäuscht werden. Zerstörerisch ist also die *Erwartung*, dass ein Familienleben harmonisch verlaufe. Realistischer ist es, sich auf einen Dauerkonflikt einzustellen. Denn das Zusammenleben von Eltern und Kindern ist nun einmal spannungsreich.

Über Konflikte habe ich ein ganzes Buch geschrieben (*Magie des Konflikts*, 2020). Dessen Inhalte will ich hier nur insoweit skizzieren, als sie für die Elternjahre von besonderer Bedeutung sind.

Erziehung erzeugt Widerstand

Wenn wir unser Kind erziehen, dann halten wir dem So-Sein des Kindes ein Anders-Sein entgegen. Ein bestimmtes Verhalten wird abgelehnt: »Mache es nicht so, sondern so!« Das erzeugt unvermeidbar Widerstand. Mitunter pausenlos, je älter das Kind wird und je willensstärker es ist. Damit ist Erziehung *grundsätzlich konfliktär*. Sonst wäre sie keine.

Konfliktfrei erziehen ist mithin unmöglich. Ständig will das Kind etwas, was wir als Eltern nicht wollen. Und ständig wollen wir etwas, was das Kind nicht will. Das nennt man Trotz. Am Trotzverhalten des Kindes ist schon so mancher schier verzweifelt. Wenn es schlafen soll, ist es hellwach und will spielen. Wenn es einen Winterpullover anziehen soll, will es im T-Shirt herumlaufen. Wenn das Teenager-Kind um 22 Uhr zu Hause sein soll, will es unbedingt bis Mitternacht ausbleiben – die »anderen« dürften das ja auch. Und dann kommt es sogar noch später heim. Und manche Familienausflüge mit Geschwisterkindern sind der reinste Terror. Man fragt sich, wie man das aushalten kann. Und was man bisher alles falsch gemacht hat, dass es so ausartet. In der Pubertät eskalieren diese Konflikte oft ins Unerträgliche. Immer spärlicher werden die Augenblicke friedlichen Betrachtungsglücks. Es mag diese Situationen geben, aber der Alltag ist im besten Fall eine Mischung aus Krieg und Frieden.

Diese Erkenntnis mag uns befreien, weil sie Erwartungen enttäuscht. Weil wir nicht mehr festhalten an den Bildern aus der

Margarinewerbung, die meist so ganz anders aussehen als unsere. Familien sind vielmehr Tanzböden der Differenz.

Konflikte sind produktiv

Das Wort »Konflikt« ist negativ besetzt. Deshalb suchen wir Konflikte in der Regel zu vermeiden. In manchen Familien werden sie gar jahrzehntelang unter den Tisch gekehrt. Dabei sind Konflikte nützlich. Ab dem Kleinkindalter zeigen Konflikte einem Kind, dass auch andere Menschen Bedürfnisse haben. Dass andere etwas anderes wollen. Oder andere genau dasselbe wollen, aber nur einer es kriegen kann. Und dass das völlig normal ist. An Konflikten können wir mit dem Kind daher die Fähigkeit zum *Perspektivwechsel* üben.

Die Erkenntnis, dass die Welt in den Augen anderer Menschen anders aussieht, ist die fundamentale Voraussetzung allen Zusammenlebens – egal, ob in der Familie, im Freundeskreis, in der Gesellschaft oder Weltgemeinschaft. Es geht um Aufmerksamkeit für Unterschiede. Also müssen wir erzieherisch darauf hinarbeiten, Kinder und Jugendliche ebenso liebevoll wie konsequent dazu anleiten, die Perspektive des jeweils anderen zu berücksichtigen. »Komm, wir überlegen mal zusammen, warum deine kleine Schwester weint.« – »Wenn niemand mit dir spielt, bist du auch sehr traurig, nicht wahr?« So können wir mit dem Kind hypothetische Konfliktsituationen spielerisch durchgehen. Das heißt nicht, die Perspektive des anderen zu übernehmen (wie es oft gefordert wird). Es geht um die Erfahrung, dass andere Menschen andere Erfahrung machen. Dass es mehrere Antworten auf dieselben Fragen gibt. Dass man es auch immer anders sehen kann.

Eigene Bedürfnisse artikulieren

Jeder hat Konflikte. Ob sie allerdings ausbrechen, ist damit nicht gesagt. Sie können verschwiegen werden oder nur innerlich stattfinden, ohne dass der andere davon etwas weiß. In offene Konflikte gehen wir, wenn wir *für unsere Bedürfnisse eintreten*. Das mag kurzfristig Ärger machen. Langfristig wäre es verheerend für uns, wenn wir es nicht täten.

Das gilt auch für unsere Beziehung zum Kind. Wir dürfen nicht für alles und jedes Verständnis haben! Wenn wir schweigen, stimmen wir zu. Also: Nicht ausweichen, wenn uns etwas stört! Auch nicht, wenn wir müde sind. Nutzen wir die Chance, die uns der Konflikt bietet. Solange noch gestritten wird, sind wir miteinander im Kontakt, ist die Tür noch angelehnt. Dann lässt sich das Kind noch erreichen. Dann eröffnet uns unser Kind noch die Aussicht, an seinem Leben teilzuhaben. Man muss ja etwas *Gemeinsames* haben, um etwas als trennend zu erleben. An dieses Gemeinsame können wir anknüpfen. Wenn wir diese Gelegenheit nicht am Schopf fassen, droht uns das Schicksal vieler Familien: Beziehungslosigkeit, Desinteresse, Nebeneinander-Herleben. Das Kind hat also einen Vorteil, wenn wir unsere Bedürfnisse artikulieren.

Noch einmal, weil es so wichtig ist: Wir dürfen nicht zulassen, dass wir unser Kind nicht mehr lieben! Deshalb müssen wir in Konflikte investieren. Wenn wir es nicht mehr tun, haben wir resigniert. Das geschieht meist nicht mit einem lauten Knall, sondern leise, kaum bemerkenswert. Aber mit ständigem kleinem Temperaturabfall, der sich dann als kühle, teilnahmslose Atmosphäre über die Familie legt.

Rabea lebt zusammen mit ihren netten Eltern und ihrem manchmal netten Bruder. Will heißen: Geschwister sind Rivalen und Freunde zugleich. In ihrer Zuneigung wie in ihrem Hass sind sie einander oft vertrauter als jeder anderen Person. Das bedeutet Dauerstreit, permanentes Sich-Abgrenzen, Buhlen um die Zuwendung der Eltern. Besonders konfliktträchtig sind dabei gleichgeschlechtliche Geschwister – was aber, so zeigen neuere Forschungen, für ihre Bindung im Erwachsenenalter keinen Unterschied macht. Auch Kinder in Patchwork-Familien, die ja wie Geschwister aufwachsen, haben oft Konflikte – Loyalitätskonflikte. Sind die fremden Geschwister Feinde? Gibt es den guten alten Elternteil und den bösen neuen? Konkurrieren wir jetzt mit fremden Geschwistern um die Liebe unseres Elternteils? Achten die Partner nur noch darauf, dass ihre eigenen Kinder nicht benachteiligt werden? Reagieren wir überempfindlich auf Kritik des neuen Partners an den eigenen Kindern? Alle Erfahrung sagt, dass wir neue Partner nicht zu schnell als neue Familienform institutionalisieren sollten. Die Kinder sollten sich kennenlernen, und die Partnerbeziehung sollte sich über einige Zeit gefestigt haben, sonst hält sie Loyalitätskonflikte nicht aus.

Dazu noch zwei Gedanken, die sich aus den vorhergehenden ergeben. Erstens: Obwohl standhaft das Gegenteil behauptet wird, kennen fast alle Eltern das Gefühl, dass ihnen ein Kind nähersteht. Bei Müttern ist das oft der älteste Sohn, bei Vätern die jüngste Tochter. Aber selbst wenn wir ein Kind stärker lieben als das andere – unsere Rolle erfordert, dass wir alles tun, um diese Tatsache zu verheimlichen. Sonst stehen sich die Geschwister feindlich gegenüber. Damit belasten wir die Geschwisterbeziehung, von der wir erwarten dürfen, dass sie unsere Lebenszeit als Eltern überdauert. Geschwister können die längste Verbindung haben, die menschenmöglich ist.

Zweitens: Oft entstehen Rivalitäten, weil die Eltern ihren Geschwisterkindern den Rang verweigern. Wenn beispielsweise der Erstgeborene spürt, dass ihm der Nachgeborene vorgezogen wird. Wenn er keine Bevorzugungen genießen darf. Er wird dann um seine Position im Familiensystem kämpfen, so lange, bis ihm die Erstrangigkeit zuerkannt wird. Dann löst sich die Rivalität auf. Für uns heißt das: die Reihenfolge würdigen. Die älteren Rechte anerkennen. Ältere dürfen zum Beispiel abends länger aufbleiben oder dürfen einen Film sehen, den Jüngere noch nicht sehen dürfen.

Werden wir zum Schluss noch einmal ebenso konkret wie alltäglich. Geschrei im Kinderzimmer! Sich raushalten ist keine Option. Wir wollen schlichten, den Kindern aus dem Streit heraushelfen. In diesem Fall rettet die Drei-Schritt-Strategie. Erstens: Durchatmen, innerlich bewusst nicht hektisch werden, ruhig hinzutreten. Zweitens: Beide Kinder in den Arm nehmen und den Ärger beider bestätigen; anerkennen, dass beide zu Recht wütend sind. Situation beschreiben: »Du willst mit dem neuen Ball spielen. Und du auch. Das ist für euch beide schwierig. Und für mich auch.« Unbedingt vermeiden sollten wir: »Wer hat angefangen?« – Jedes Kind hat es anders erlebt oder bezieht sich auf etwas Vorausliegendes. Drittens: Über mögliche Lösungen nachdenken. Dabei mehrere Optionen ansprechen, den Blick öffnen auch für entlegene Möglichkeiten. Oft hat sich dann der Energiepegel schon gesenkt.

Erziehung entscheidet sich im Konflikt

Das konkrete Verhalten der Eltern im Konfliktfall – das prägt das Familienleben. Es zählt nicht, was Eltern sagen, sondern was Eltern *tun*. Oder auch nicht tun. Es zählt auch nicht, wenn die Sonne scheint, wenn alles rundläuft, in harmonischen Situationen. Sondern wenn es knirscht. Das Kind hat eine Dummheit begangen – wie reagieren wir? Angemessen? Unangemessen? Unser Kind lässt sich nicht mehr widerspruchsfrei kritisieren, dreht den Spieß um und kritisiert nun uns – wie reagieren wir? Fahren wir unserem Kind über den Mund? Oder lassen wir die Kritik zu und denken darüber nach? Das Kind bricht eine Vereinbarung – wie reagieren wir? Anklagend? Handelnd? Gar nicht? Das ist das Grundmuster: Das Kind nimmt das Konfliktverhalten der Eltern überscharf wahr, überträgt es in eine Spielregel und preist es in das eigene Verhalten ein. Es wird Teil der Kalkulation: Wie weit kann ich gehen? Dass ein Kind seine Grenzen austestet, ist normal und gut. Mal schauen, was passiert! Grundsätzlich aber ist das Elternverhalten im Konfliktfall der Maßstab.

Erziehung statt Erdrückung

Erziehung können wir auch als den (möglichst) konstruktiven Umgang mit Nichtübereinstimmung definieren. Für diesen Umgang gibt es keine Patentrezepte. Nur eine Erfahrung: Die meisten Konflikte, die ich mit meinen Kindern hatte, liefen nach dem Muster »Wenn du nicht so drücken würdest, müsste ich nicht so drücken.« Und es war dann meistens klar, was zu tun war: Ich musste aufhören zu drücken. Dann ließ auch der Druck des Kindes nach. Meistens, nicht immer. Und noch etwas: Viele Eltern glauben unbeirrt, dass sich Konflikte *lösen* lassen. Die Sprachverbindung »Konflikt« und »Lösung« reduziert menschliche Konflikte aber auf technische Fragen. Dabei können wir Konflikte innerhalb der Familie eigentlich nicht lösen (im Sinne von »verschwinden lassen«), sondern nur besser handhaben. Was ja auch schon etwas ist. Aber eine wirkliche Lösung hieße, *sich vom Konflikt lösen*. Das kann nur heißen (wenn wir nicht das Familienspiel beenden wollen), uns von *eigenen Erwartungen* lösen. Uns kann niemand zwingen, an Erwartungen festzuhalten, die wir uns selbst oder dem Kind gegenüber hegen. Wenn wir das erkennen, sind wir nicht frei von Problemen, aber frei von der daraus entstehenden Lähmung. Es ist nämlich außerordentlich befreiend, über diese Denkmöglichkeit zu verfügen. Jedenfalls war es für mich eine eminent wertvolle Einsicht, dass ich Erwartungen loslassen kann. »Kann«, nicht »sollte«. Das ist eine Freiheit, die wir uns selbst geben, die wir immer bei uns tragen und derer wir uns von Zeit zu Zeit erinnern sollten. Wir können lernen, einen Konflikt aus der Distanz zu betrachten. Nicht so nah an uns herankommen zu lassen. Lohnt es überhaupt, sich über die Angelegenheit aufzuregen? Lohnt sich die Anstrengung, wenn wir den Verlust an Zeit, Energie und Seelenfrieden bedenken? Ist der Vorfall wirklich so wichtig, dass er es wert ist, sich über ihn zu ärgern? Das Spiel heißt ja klugerweise »Mensch ärgere Dich nicht«; es heißt nicht »Mensch ärgere *mich* nicht«.

Gelassen bleiben

Wer sich selbst nicht mag, ist fortwährend bereit, sich bei anderen dafür zu rächen. Diese Feststellung konnte ich in meinem Berufsleben immer wieder machen. Im Umgang mit Kindern ist das ein besonders gefährlicher Zirkel. Denn oft gefallen wir uns als Erziehende nicht besonders. Wir zweifeln an uns, ärgern uns über uns selbst, haben das Gefühl, dass im Kontakt mit unserem Kind nicht unsere besten Seiten zum Vorschein kommen. Das zeigt sich vor allem im Konflikt. Wer sich in seinem konfliktären Verhalten nicht mag, lässt es umso härter ausfallen. Schreien und Schimpfen mögen verständlich und verzeihbar sein; zielführend ist das nicht. Und wenn wir dann weitergehen und zurückschauen, kriecht nicht selten die Reue hoch: »Ich hätte auch ein bisschen klüger reagieren können!« Wenn die emotionalen Wellen hochschlagen, ist es aber oft vorbei mit den guten Vorsätzen. Dann brauchen wir die schnelle Energie. Und die ist zeitgehärtet. Dann legen wir die alten Platten auf, wie wir es schon immer getan haben, wie es schon unsere Eltern taten … Also, wenn wir die Chance auf ein Andersmachen haben wollen, dann müssen wir raus aus dem Reflex. Dann dürfen wir nicht sofort reagieren, sondern müssen einen Schritt zurücktreten, uns Zeit nehmen, bewusst und überlegt reagieren. Und uns selbst reflektieren: Wer streitet, lernt sich ja kennen. Welche Erwartungen prallen hier gegeneinander? Muss ich an meinen Erwartungen festhalten? Oder, wie oben gesagt, kann ich sie auch mal fallen lassen? Nichts enthüllt uns unverstellter als die Art, in konfliktären Situationen zu urteilen und zu handeln.

Meine beiden jüngeren Söhne hatten um ihr zehntes Lebensjahr herum die Neigung, sich hingebungsvoll wechselseitig den Schädel einzuschlagen. Na ja, nicht wortwörtlich, aber ihr ausgeprägtes Talent zum Dauerstreit war beeindruckend. Zunächst versuchte ich, nicht hinzuschauen, und hoffte, dass ihnen ihr Zank langweilig wurde. Wurde er nicht. Also wartete ich nicht mehr, bis meine Nerven blank lagen, sondern intervenierte frühzeitig. Nicht, indem ich ihnen eine Konfliktlösung vorschlug. Sondern indem ich mich mit ihnen zusammensetzte und alternative Auswege diskutierte. Das klappte nicht sofort, wurde aber immer besser. Die Kinder entwickelten bald eigene Ideen zur

Konfliktschlichtung. Wichtig dabei waren *Regeln*: Sich nicht unterbrechen. Nicht wegrennen. Sich nicht beschimpfen. Nicht andere Dinge nebenbei machen. Dialog also. Irgendwann wussten die beiden, was jetzt kam, fanden das Ritual langweilig (»Ist schon gut, Papa!«) und schlossen kurz nach meinem Eingreifen von sich aus Frieden. Für etwa 20 Minuten.

Wann lohnt der Streit? Wann nicht?

Pick your fights, sagt eine amerikanische Alltagsweisheit. Denn es gibt *nötige* Konflikte und *unnötige*. Unnötig sind etwa die unendlich vielen Auseinandersetzungen, die täglich kurz aufflackern. Der periodisch wiederkehrende Krach, der sich an Kleinigkeiten entzündet. Der Streit darüber, wann endlich die Smartphones ausgeschaltet werden. Nörgeleien und Mäkeleien, oft über Nichtigkeiten. Unnötig sind ebenso Konflikte, die aus Engstirnigkeit entstehen. Beispielsweise, wenn wir an der Fiktion festhalten, das Kind müsse »das auch so sehen«. Oder wenn wir nicht richtig hinhören, schlicht missverstehen, manchmal auch einfach zu müde sind. Das ist alles kein Drama, das gehört dazu, das muss man ertragen. Diese Konflikte lassen sich meistens schnell und ohne großes Theater erledigen.

Richtig einsteigen sollten wir hingegen bei allem, was für die gemeinsame Zukunft relevant ist. Für die Zukunftsfähigkeit des Kindes, für die gemeinsame Zukunft unserer Familie und für unsere Zukunft als Paar. Toleranz wäre dann Verantwortungslosigkeit. Auch sollten wir unserem Kind nicht sagen, dass es friedlich sein müsse um jeden Preis. Dass es nicht kämpfen dürfe. Im Gegenteil: Wir sollten unser Kind so früh wie möglich verpflichten, für Nichtrelatives einzustehen – etwa Respekt vor dem Anderssein des anderen, Achtung vor dem Gesetz, Freiheit des Andersdenkenden. Eine gewöhnliche Kindererziehung vergisst häufig, was es heißt, sich fair auseinanderzusetzen. Und dass wir Freiheit nicht geschenkt bekommen, sondern sie täglich erobern müssen.

Besser streiten

Alle Eltern haben in ihrem Leben Erfahrungen gemacht, von denen zumindest einige in der Vergangenheit erfolgreich funktioniert haben. Die sind dann zu Standpunkten geronnen. Die mögen diskutabel sein, aber wir sollten sie nicht einfach aufgeben. Unser Kind kann sich dazu äußern – das soll es sogar. Wir sollten etwaigen Widerstand des Kindes verstehen (mitunter sogar stimulieren), wir können unser Verständnis auch zeigen. Das heißt aber nicht, dass wir es so machen sollten, wie unser Kind es gerne hätte. Ohne einen triftigen Grund sollten wir unsere Überzeugungen nicht aufgeben. Das bedeutet konkret: Wir müssen bereit und fähig sein zu *kritisieren*.

Kritik – ein heikles Wort. Deshalb sollten wir uns noch einmal den Kern von Erziehung vor Augen führen. Wir wollen, dass das Kind überlebt, zukunftsfähig wird, klug auf veränderte Umweltbedingungen reagiert. Wir wollen die Widerstandsfähigkeit aktivieren. Um dieser Aufgabe gerecht zu werden, müssen wir in den natürlichen Lauf der Dinge eingreifen, ihn bewusst in eine Richtung lenken, die das Gewünschte ermöglicht. Die Betonung liegt dabei auf »bewusst«. Etwa: »So nicht!« oder »Besser so!«. Erziehung ist Unterbrechung, Einspruch, Berichtigung.

Und wieder gilt es, Extreme zu vermeiden. Einerseits Weichspülerei: Kritik wird lobend umformuliert: »Die Blumen freuen sich, wenn du ihnen nicht die Köpfe abschlägst.« Andererseits sind ständig nörgelnde Eltern auch ein Problem. Ein größeres. Wir können uns ja mal die Mühe machen, festzuhalten, wie oft wir täglich unser Kind kritisieren. Wenn es nicht ordentlich am Tisch sitzt. Wenn es auf den sorgsam zubereiteten Fisch ein halbe Tube Mayonnaise ausdrückt. Wenn der Schultornister mitten im Flur steht. Wenn überall Schulsachen herumliegen, Jacken, Mützen, stinkende Sportkleidung. So geht das den ganzen Tag. »Ständig kritisierst du an mir herum«, sagte mein Jüngster. Er hatte recht. Seitdem beobachtete ich mich. Nein, ich habe nicht aufgehört, meine Kinder zu korrigieren. Es ist nicht gut, wenn sich Eltern ständig selbst zensieren, um Kinder nicht zensieren zu müssen. Aber ich schaue manchmal nicht mehr so genau hin, lasse auch mal fünfe grade sein. Wir sind nicht gezwungen, so zu reagieren, wie wir normalerweise reagieren. Wir können uns auch selbst überraschen! Denn Erziehung braucht Kritik und Widerspruch, aber auch Empathie und Nachsicht.

Ob Kritik funktioniert? Kritik tut immer weh. Kinder passen sich im Regelfall an, sie wollen ja keinen zusätzlichen Ärger kriegen. Aber eine Verhaltensänderung des Kindes ist unwahrscheinlich, wenn es dazu nur aufgefordert wird. Andersmachen funktioniert nicht über Appelle, sondern über Erfahrung. Also sich selbst zu fragen, welche Erfahrung dem Kind helfen könnte, sich wirklich auf das Thema einzulassen und nicht gleich auf Durchzug zu schalten. Nur das tatsächlich Erlebte gräbt sich ein. Nicht das von anderen Gewollte.

Es geht somit nicht darum, ob wir mit unserem Kind einen Konflikt haben. Den haben wir ständig. Sondern wie wir mit ihm umgehen. Wie wir in einen Konflikt einsteigen, wie wir kritisieren, wie wir besser streiten – dafür sind einige Elemente hilfreich, die nun folgen.

Ich statt du. Statt anzuklagen mit »Du lässt immer das schmutzige Geschirr herumstehen«, besser: »Ich bin genervt, wenn ich nach Hause komme und wieder schmutziges Geschirr herumsteht.« Statt »Du hältst dich nicht an die vereinbarte Zeit«, besser:

»Ich mache mir Sorgen, wenn du nicht zur vereinbarten Zeit kommst.« Statt »Du lässt immer deine Klamotten herumliegen« besser: »Es stört mich, wenn auf dem Boden deine Kleidung herumliegt.« Das wertet das Kind nicht ab, sondern artikuliert die Auswirkungen kindlichen Verhaltens auf uns Eltern. Varianten davon sind: »Ich habe ein Problem …« – »Ich nehme wahr …« – »Ich erlebe …« – »Mir gefällt es nicht …« – »Aus meiner Sicht …«.

Ich-Botschaften funktionieren aber nicht als bloßer Sprachtrick. Wir kommen ja nicht umhin, das (Fehl-)Verhalten des Kindes anzusprechen. Die Ich-Botschaft funktioniert nur, wenn wir unsere Bedürfnisse auch wirklich anerkennen. Diese Bedürfnisse müssen wir gegenüber niemandem rechtfertigen. Schon gar nicht gegenüber unserem Kind. Das sollten wir uns immer wieder klarmachen. Also: Sprechen wir über unsere Bedürfnisse! So klären wir, was es mit uns macht, wenn wir uns vom Kind zu Hinterherräumern degradieren lassen. Schildern wir, dass und wie wir darunter leiden, wenn sich das Fehlverhalten des Kindes in unsere Lebensqualität ausdehnt. Wir können beschreiben, was wir sehen und fühlen und wie es auf uns wirkt – das ist für das Kind leichter hinnehmbar.

Problem statt Person. Wenn wir unser Kind kritisieren, neigen wir dazu, das »ganze« Kind in den Blick zu nehmen, es vollumfänglich zu kritisieren. Wir müssen aber klar unterscheiden und die *Person* des Kindes von seinem *Verhalten* entkoppeln! Das schlechte Benehmen sollten wir kritisieren, nicht aber das Kind als Ganzes. Das Kind muss hören und fühlen: »Ich liebe dich, mein Kind. Aber diese Aktion akzeptiere ich nicht.« Das Kind muss wissen und spüren, dass es als Person immer in der Liebe der Eltern aufgehoben ist: »Du kannst dich noch so blöd benehmen; ich werde dich dennoch immer lieben.« Das Kind darf auch spüren, dass wir als Eltern ärgerlich sind. Aber auf keinen Fall dürfen wir den Kontakt abbrechen – vor allem nicht in der Pubertät. Kinder haben immer den Blick der Eltern auf sie verinnerlicht; wenn dieser Blickkontakt abbricht, haben wir keinen Einfluss mehr. Dann wird es gefährlich.

In früheren Erziehungstagen hat man Person und Verhalten nicht getrennt. Vor allem dann nicht, wenn etwas negativ auffiel: »Du bist faul!« – das war eine Wesensbeschreibung, das stellte die ganze Person an den Pranger. Wenn wir den Suchscheinwerfer drehen und uns als Eltern selbst anschauen, dann stammt alles das, was wir für unsere *Schwächen* halten, genau aus dieser Tatsache: dass unsere Eltern Person und Verhalten nicht unterschieden haben. Und wir es so geglaubt haben. Es immer noch glauben. Heute hingegen, paradoxe Drehung, scheinen Person und Verhalten wieder eine Einheit zu bilden. Kinder erleben vor allem dann wahrnehmbare Liebe, wenn sie bestimmte Leistungsnormen erfüllen. Wenn sie immer besser, erfolgreicher, ehrgeiziger werden.

Spezifisch statt allgemein. Wenn wir zögern zu handeln, wenn wir schlechte Gefühle speichern, dann kleben wir Rabattmarken in unser Zornessparbuch. Auch in Eltern-Kind-Beziehungen. Entsprechend bauen sich Emotionen auf, die irgendwann ein Ventil suchen. Dann knallen wir das Rabattmarkenbuch auf den Tisch – leicht erkennbar an Worten wie »immer«, »nie« oder »typisch«. Diese Worte bewegen sich von der konkreten Situation weg und türmen das negative Erleben ins Generelle auf.

Was folgt daraus? Keine schlechten Gefühle bunkern! Spezifisch bleiben. Hier und jetzt gilt es, dieses Problem zu lösen. *Dosieren* wir die Kritik und verallgemeinern sie nicht. Wir sollten nur *eine* Beobachtung ansprechen. Wenn wir mehrere anzusprechen haben, haben wir zu lange gewartet. Dann haben wir dem Kind keine Gelegenheit gegeben, sein Verhalten zu ändern. Fair ist das nicht. Und übertreiben wir nicht! Wir müssen nämlich auch auf der anderen Seite aufpassen, dass unser Kind nicht handzahm wird. Sonst sinken dessen Chancen auf den Märkten der Zukunft.

Ändern statt beschuldigen. Oft kann man sich des Eindrucks nicht erwehren, dass Eltern in Konflikten mit ihren Kindern gar nicht nach pragmatischen Lösungen suchen. Vielmehr wollen sie beschuldigen. Sie wollen auf der »richtigen« Seite stehen. Das scheint wichtiger, als die Sache aus der Welt zu schaffen. Ein klärendes Gespräch will hingegen ändern, nicht anklagen. Wir wollen ja die festgefahrene Situation mobilisieren. Ein unbefriedigender Zustand soll verbessert werden. Deshalb ist das Ergebnis offen. Ändern heißt »Nicht-mehr-so-wie-jetzt«. Es eröffnet uns Eltern die Chance, für unsere eigenen Bedürfnisse einzutreten, ohne über die Bedürfnisse des Kindes hinwegzugehen.

Ganz wichtig: Entweder *sofort* oder gar nicht konfrontieren. Ein Kleinkind kann sich schon nach ein paar Minuten nicht mehr erinnern, was vorgefallen ist. Wenn wir zögern und Zeit verstreichen lassen, dann dürfen wir nicht später auftrumpfen. Servieren wir nicht alten Ärger! Vermischen wir nicht unseren Zorn über das Verhalten des Kindes mit dem Ärger über uns selbst, weil wir nicht sofort reagiert haben. Ob wir gerade alten Ärger präsentieren, können wir an unserer Sprache erkennen: Ein zorniges »Jetzt reicht's!« ist ein Hinweis, dass wir schon länger ein Wutkonto führen. Löschen wir es! Es befreit ungemein.

Zukunft statt Vergangenheit. Wer die Ursache für ein Problem sucht, will meistens anderen die Schuld geben. Im sozialen Bereich sind Ursache-Wirkungs-Zusammenhänge so ineinander verschachtelt, dass sich kein Anfang finden lässt – nicht ohne dem bereits Gewordenen Gewalt anzutun. Aber selbst wenn sich eine Ursache identifizieren ließe, wären wir nicht viel weiter: Wenn wir wissen, wie der Karren in den Dreck gefahren wurde, wissen wir noch lange nicht, wie wir ihn wieder herauskriegen. Deshalb: Keine Ursachen suchen! Freundlich, aber entschieden alle »historischen« Exkurse unterbinden. Wir sollten verzichten auf Fragen wie »Wer hat Schuld?« und »Wer hat angefangen?«. Konzentrieren wir uns auf das Hier und Jetzt. Und richten unseren Blick dann in die Zukunft und auf mögliche Veränderungen. Schauen wir auf heute und dann nach vorn!

Gemeinsamer Vorteil statt eigener Vorteil. Wir investieren nur dann in einen Konflikt, wenn wir uns davon einen Vorteil versprechen. Dieser Vorteil kann »Ruhe haben wollen« heißen, Ordnung herstellen, etwas nicht durchgehen lassen oder schlicht recht haben. An diesen Vorteilen wollen wir meistens festhalten. Genauer: Wir wollen unseren Vorteil behalten, das Kind soll seinen Vorteil verlieren.

Was heißt das für uns? Wir sollten als Eltern souverän genug sein, unseren eigenen Vorteil nur in Ausnahmefällen ohne Wenn und Aber durchzusetzen. In den meisten Fällen ist es möglich, dem Kind entgegenzukommen. Die Konflikttemperatur sinkt sofort, wenn wir bereit sind, uns zu bewegen und unsere initiale Position zu verlassen. Ein Kind hat schon sehr früh ein Gefühl für das Prinzip der Gegenseitigkeit. Wenn wir unserem Kind entgegenkommen, wecken wir in ihm die Bereitschaft, uns ebenfalls entgegenzukommen.

Zeit ist wichtig – für wen?

»Was ist das Wichtigste in Ihrem Leben?« Die überwiegend männlichen Anwesenden antworten meist ohne zu zögern: »Meine Kinder!« Allseitiges Kopfnicken. Darauf die Frage: »Wie viel Zeit verbringen Sie mit Ihren Kindern?« Betretenes Grummeln. Wir können noch konkreter werden: Wie oft bringen wir unsere Kinder ins Bett? Lassen uns Zeit dabei? Schaffen eine ruhige, schöne Atmosphäre? Wie oft lesen wir ihnen eine Gutenachtgeschichte vor, singen ihnen noch ein Gutenachtlied? Wo doch noch Wichtiges für das morgige Meeting vorbereitet werden muss?

In der Tat, es ist ein Dilemma, in dem viele Eltern stecken: Wie wollen wir die verschiedenen zeitlichen Ansprüche unter einen Hut kriegen? Wie können wir allen gerecht werden? Vor allem auch uns selbst? Eine fast unmögliche Aufgabe. Können wir sie lösen?

Liebe ist das, was Liebe tut. Liebe ist Handeln. Wie schon in der Bibel steht: »An ihren Taten sollt ihr sie erkennen!« Nicht an dem, was wir uns und anderen erzählen, um gut auszusehen. Wenn wir wissen wollen, was uns wirklich wichtig ist, dann müssen wir auf das knappste Gut schauen, das wir auf Erden zu verteilen haben: *Lebenszeit*. So wie wir mit unserer Lebenszeit umgehen, machen wir unwidersprechlich klar, was uns *wirklich* wichtig ist. Deshalb können wir Zeit auch nicht *haben*, wir können sie uns nur *nehmen*. Wir sind Zeitnehmer. Zeit ist mithin eine Frage der Priorität. Wir nehmen uns immer, ausnahmslos immer Zeit für das, was uns wirklich wichtig ist.

Viele wollen das nicht wahrhaben. Sie beschuldigen dann – die Zeit. Sie meinen, die Forderung nach einem Mehr an Zeit mit dem Kind sei doch wirklichkeitsfremd. Oder wie mir ein guter Freund sagte (Foto seiner Tochter auf dem Schreibtisch, Kindergekritzel an der Wand): »Ich habe nie so viel Zeit für sie, wie ich eigentlich möchte!« Wenn ich mir dann die Frage erlaube »Warum nimmst du dir nicht die Zeit?«, dann höre ich: »Es geht einfach nicht, der Stress in der Firma reicht für zwei.« Ähnliches hört man von berufstätigen Müttern: »Ich bin im endlosen Verteilungskampf, lebe im Dauerkompromiss. Wenn ich mich wegen meines Kindes krankmelde, habe ich ein schlechtes Gewissen, weil ich weiß, dass meine Kolleginnen meine Arbeit mitmachen müssen.« Niemand in den Elternjahren gibt uns genug

Zeit zum Eltern-Sein. Die müssen wir uns organisieren. Und dafür ist ein Preis fällig. Die bare Möglichkeit, anders handeln zu *können*, reicht für Selbstverantwortung vollkommen aus. Die Zeit kann nichts dafür. »Keine Zeit!« heißt: Es ist uns nicht wichtig. Freundlicher ausgedrückt: Anderes ist uns wichtiger.

Bei dieser Gelegenheit werfen wir einen kurzen Seitenblick auf die Pubertät – auf jene Lebensphase, in der wir als Eltern nur noch als Dukatenesel geduldet werden, ansonsten aber stören. Eine Umstellung, die uns nicht leichtfällt vor dem Hintergrund des engen Bundes früherer Jahre. Wann sich zurückhalten? Wann sich aufdrängen? In den Elternjahren ist das Leben gerade in dieser Zeit wie eine Ziehharmonika: Nähe/Distanz/Nähe/Distanz. Nicht selten senden die Pubertierenden Signale der Bedürftigkeit, der Zuwendung, des Gesprächs, oft verschlüsselt, verschämt, kaum merklich. Besonders in dieser Phase ist sensibles Hinschauen im Übermaß gefordert.

Nun weisen aber Statistiken nach, dass die Zeit, die Kinder mit ihren Eltern verbringen, im historischen Vergleich nicht abgenommen hat. Es gibt sogar Hinweise, dass sie zunimmt. Aber was sagt das?

Manche Eltern sagen, Quantität sei lediglich das, was man zählt, Qualität hingegen das, *was zählt.* Sie murmeln etwas von *quality time.* Diese Qualitätszeit wird dann eingeleitet mit »Hurra, jetzt ist der Papa da und hat Zeit für dich!« Das ist wertzuschätzen und besser als nichts. Der Fehler dabei: Die Eltern bestimmen, wann sie Zeit für das Kind haben. Aber vielleicht hat – umgekehrt – das Kind gerade keine Zeit für den Papa. Denn das Kind braucht Eltern, nicht umgekehrt. Eltern, die ansprechbar sind. Das Kind braucht die Eltern als passives Hintergrundrauschen, nicht permanente Aufmerksamkeit. Ich kann mich an eine Aussage meiner Tochter erinnern: »Ich möchte nur nicht nach der Schule allein sein. Was ihr dabei macht, ist mir egal. Hauptsache, einer von euch ist da, wenn ich heimkomme.« Vielleicht können wir dem Kind konkrete Zeitangebote machen – wenn wir zulassen, dass sie abgelehnt werden. Studien wollen sogar nachgewiesen haben, dass es besser sei, mehrmals am Tag kurz mit Kindern Kontakt zu haben, als alles auf eine geballte Stunde am Abend zu verschieben. *Wenn* wir aber mit unserem Kind reden, dann sollten wir das mit *voller Aufmerksamkeit* tun. Dafür sorgen, dass das Handy nicht ständig summt. »Papa, du hörst ja gar nicht zu!« ist ein Zeichen, dass wir mit dem Kopf woanders sind, nicht wirklich zu Hause.

Wenn wir aber aktiv Zeit mit dem Kind verbringen wollen, dann sollten wir gleichzeitig auch auf unsere *eigenen* Bedürfnisse achten. Wenn wir Lust haben, mit dem Kind ins Kino zu gehen, dann sollten wir es tun. Und nicht griesgrämig ins Museum, weil das erzieherisch vernünftig ist. Wir können Bilderbücher zeigen, die auch uns ansprechen, und nicht uns durch Bücher quälen, die uns nicht gefallen. Hören wir zusammen mit unserem Kind die Musik, die auch wir gut finden. Es muss nicht alles pädagogisch unterfüttert sein, wir müssen nicht nur Lernspiele spielen. Es kann auch einfach nur Spaß machen. Dazu gehört auch Trashiges, etwa Tom-&-Jerry-Filme, in denen sich die Akteure stundenlang auf die Mütze hauen. Wenn wir, wie oft empfohlen, gerade in den ersten Lebensjahren viel Zeit mit dem Kind verbringen, dann sollten wir es um unser selbst willen tun – nicht nur, um beim Kind irgendwelche Effekte zu erzeugen. Ideal ist es, wenn es uns gemeinsam Spaß macht.

Grenzen setzen

Freiräume sind Räume

Meine ersten beiden Kinder kamen in den frühen 80ern zur Welt – in einer Zeit, die als Spätfolge der 68er Kulturrevolten die sogenannte Kleinfamilie geringschätzte. Vater, Mutter, zwei Kinder – spießig kam uns das vor, kleinkariert. Wir, drei befreundete Paare, hatten je einen Sohn und eine Tochter, legten unser Geld zusammen und bauten ein großes Haus. Genau genommen waren es drei Häuser, die durch überdachte Gänge miteinander verbunden waren. Die Kinder wollten wir gemeinsam erziehen, nicht bürgerlich eng, sondern offen, modern, besser. Wir hatten auch eine sehr kurze Formel, auf die wir uns als Grundlage unserer gemeinsamen Kinderziehung einigen konnten: »Liebe und Grenzen«. Das war nicht sonderlich originell, aber sowohl in der Kürze wie in der inhaltlichen Spannung für jeden plausibel. Über die konkrete Ausgestaltung von *Liebe* waren wir uns denn auch schnell einig. Allerdings fiel uns Liebe als Alleinerziehungsmittel nur anfangs leicht, als unsere Kinder klein und anschmiegsam waren. Später traten die *Grenzen* in den Vordergrund. Und da wurde es spannend. Denn es war keineswegs klar, wofür sie galten, wie und wo sie verliefen, wie offen oder wie geschlossen sie waren und wie stark bewehrt. Aber genau an den Grenzen entscheidet sich Erziehung! Am Rand, wo alles Entscheidende geschieht. Nicht in der unterschiedslosen Fläche, nicht im ruhigen Fluss des Tages, sondern da, wo es knirscht, wo unterschiedliche Erfahrungen und entsprechende Erwartungen aufeinanderstoßen.

Das ist es, was Grenzen leisten: Sie schaffen ein Innen und ein Außen, unterscheiden ein Ja und ein Nein, schließen etwas ein und etwas aus. Ohne Grenzen können wir nichts wahrnehmen, keine Unterschiede erkennen. In der Familie haben sie vielfältige Formen: Neinsagen, Regeln, Vereinbarungen, Versprechen, Rituale. Aber auch territoriale Ausgrenzungen wie: »Respektiere bitte, dass dein Bruder jetzt allein in seinem Zimmer sein will.« Oder Eigentumsgrenzen: »Nimm deiner Schwester nichts weg.« Schauen wir uns einige dieser Formen an. Beginnen wir mit einer scheinbar einfachen Grenze, die uns Eltern oft schwerfällt: dem Nein.

Der Mut zum Nein

Alle Eltern kennen das: Supermarkt, Süßkram in Griffhöhe vor der Kasse, Quengelware. Ein elterliches »Nein!« hat Folgen – wobei Gequengel ja noch auszuhalten wäre. Nicht aber, wenn es sich zum Gebrüll steigert, gerne auch kombiniert mit kreischendem Sich-auf-den-Boden-Werfen. Einige Umstehende verbünden sich in abgrundtiefer Ablehnung. Erfahrene Eltern lächeln leise vor sich hin. Jungen Eltern aber ist es in der Regel schrecklich peinlich. Vollversager!

Im Grunde stehen Eltern vor einer immer wiederkehrenden Entscheidung: zwischen dem Einfachen und dem Richtigen, zwischen dem kurzfristig Leichten und langfristig Schweren. Manche elterlichen Verhaltensweisen sind ja individuell verständlich, aber trotzdem falsch. Hier, im Supermarktdrama, geht es um eine der wichtigsten Wegscheiden des Lebens: Barbarei oder Zivilisation. Wow, geht's nicht eine Nummer kleiner? Nein. Es steht Fundamentales auf dem Spiel.

»Ich will alles, und zwar sofort!« – Das nennt die Forschung die »Intentionalitätsstruktur« des Kindes. Beim kleinen Kind regiert die schiere Absicht – etwas zu wollen, jetzt und unbedingt. Das ist reiner Impuls, da gibt es keine Filter, keine Bremsen. Und das ist völlig natürlich. Wir Erwachsenen kennen es ja bis heute: Das ewig unzufriedene Kind in uns, das immer *noch* mehr will. Aber je älter ein Kind wird, umso mehr muss es lernen, dass es nicht alles und sofort haben kann. Nicht, wenn wir vermeiden wollen, unter Viertel-Erwachsenen zu leben, die rücksichtslos ihren Kopf durchsetzen. Nicht, wenn wir uns einigermaßen zivilisiert verhalten wollen: Triebkontrolle, Aufschub, Maß. Und dass es kein Widerspruch ist, von den Eltern geliebt zu werden und seinen Willen nicht zu bekommen.

Das Problem ist also nicht das Kind, sondern die Eltern. Auch ganz unabhängig von peinlichen sozialen Situationen: Viele Eltern haben keine Kraft zum Nein. Sie halten es nicht aus, wenn ihr Kind leidet. Oder zu leiden scheint. Denn oft wird das Drama ja nur vom Kind gespielt. Von schwerem körperlichem oder seelischem Leid sprechen wir nicht. Wir sprechen von negativen Gefühlen des Kindes, vom Abgelehntwerden. Sobald das Kind ein trauriges Gesicht zieht, tun Eltern alles, um es aufzuheitern. Vielleicht auch, weil sie ihre Ruhe haben wollen. Sie lassen oft viel durchgehen, wenn sie nach einem langen Arbeitstag nach Hause kommen und für Streit keine Kraft mehr haben. Das ist verständlich. Doch damit stärken wir unser Kind nicht, sondern schwächen es. Wer sein Kind liebt, hat den Mut zum Nein.

Beispiel: Wer redet am Tisch? An manchen Familientischen wird alles von den Themen und Aktionen der Kinder dominiert. Der Sprechanteil der Kinder am Tischgespräch erreicht bisweilen 90 Prozent. Ist das angemessen? Wie viele Situationen habe ich erlebt, wo die Eltern nicht ein vernünftiges Erwachsenengespräch hinkriegten, weil ein vier- bis fünfjähriges Kind die gesamte Szene beherrscht. Permanent lassen sich die Eltern vom Kind unterbrechen. Kaum wenden sich die Erwachsenen für einen kurzen Augenblick einander zu, schon grätscht das Kind dazwischen. Respekt vor anderen? Warten, bis ein Erwachsener aufgehört hat zu sprechen? Nicht für die eigenen Kinder! Wenn wir keinen Mut zum Nein haben, das Kind nicht disziplinieren, delegieren wir diese Verantwortung an ein »Später«, an die Schule und an die Gesellschaft. Ironiegetränkt geben Nina Puri und Susanne Kaloff in *Elternkrankheiten* den Rat: »Einfach sofort alles erlauben. Das Kind kann später mit seinem Psychiater darüber sprechen.«

Darum geht es: Tapferkeit vor dem Kind! Auch wenn es noch so schwerfällt. Eben *weil* wir unser Kind lieben. Kein Kind wird depressiv, wenn wir ihm Einhalt gebieten oder einen Wunsch abschlagen. Es wird vielmehr depressiv, wenn alles möglich und grenzenlos ist. Wo alles erlaubt ist, macht nichts mehr Spaß. Alles, was umstandslos verfügbar ist, wird schnell langweilig und wertlos. Wenn hingegen etwas nur selten zugänglich ist, begrenzt, dann macht das glücklich. Es macht auch einen Unterschied, ob wir ein fertiges Holzhaus kaufen oder eines gemeinsam bauen.

Es sind also die Eltern, die lernen müssen, die allgemeine elterliche Abwehrschwäche zu überwinden. Sich zu trauen, dem kindlichen Bedürfnis entgegenzutreten. Wir müssen wissen, dass der Konflikt unumgänglich ist und wir unserem Kind etwas Gutes tun, wenn wir uns nicht erweichen lassen. In genau dem Maße, wie es in der Bibel steht: »Eure Rede aber sei: Ja, ja; nein, nein.« Es ist die Aufforderung zur Klarheit. Ein Ja bedeutet keinesfalls ein Mehr an Liebe. Ein klares Nein trägt mehr zur Entfaltung des Kindes bei als Gewährenlassen. Dazu gehört auch die Fähigkeit, Widerstand des Kindes auszuhalten. Widerstandslose Erziehung hat noch keinem Kind geholfen. Es bringt nur gelangweilte Gleichgültigkeit hervor.

Stellen wir uns also innerlich darauf ein: Ab etwa anderthalb Jahren ist Erziehung ein Dauer-Nein! Es ist völlig in Ordnung, wenn das Kind alles haben will, bei jeder Gelegenheit, keinen Aufschub duldet. Aber es ist unsere Verantwortung, sich dem entgegenzustellen. Auch wenn wir vielleicht fürchten, dass das Kind sich von uns abwendet (alle Erfahrung sagt: Keine Bange, es kommt wieder zurück). Auch wenn wir irrtümlich glauben, ein strahlendes Kind sei der Beleg für gute Erziehung. Also, im Alltag trainieren: Das Kind auch mal brüllen lassen, nicht jeden Wunsch erfüllen, das Kind warten lassen, wenn uns gerade etwas anderes wichtiger ist, kleine Gegenleistungen einfordern, dafür sorgen, dass das Kind zum Essen an den Tisch kommt, Respekt dafür einfordern, dass wir als Mutter oder Vater etwas Gutes zubereitet haben.

Leidet das Kind unter einem klaren Nein? Das Kind mag traurig sein, wenn ihm ein Wunsch abgeschlagen wird. Aber das ist eine gesunde Erfahrung. Das Kind muss lernen, Versagungen zu ertragen, es darf sogar wütend sein. Wenn wir es diese Erfahrung nicht machen lassen, bleibt es unvorbereitet für die holprigen Wegstrecken des Lebens. Es wird von uns ja nicht als ganze Person abgelehnt, sondern nur in seinem situativen Wollen. Zudem lernt das Kind das, was man gemeinhin mit »sozialer Kompetenz« benennt: Dass das Wünschen des einen seine Grenze hat am Wunsch des anderen. Und wenn wir Eltern das auch klar formulieren, spürt das Kind die Kontur des Gegenübers, seine Integrität. Es spürt ein »So bin ich« der Eltern, das es zu respektieren gilt.

Übrigens: Eskalationen wie im Supermarkt kann man taktisch klug umgehen, indem man dem Kind vorher sagt, dass es sich eine Kleinigkeit selbst aussuchen darf. Oder wenn wir die Quengelware dem Kassierer zum unberechneten Wiedereinräumen geben. Und noch etwas: Auch ein Nein funktioniert nur, wenn wir ab und zu Ja sagen.

Auch Vereinbarungen sind Grenzen. Sie machen ein bestimmtes Verhalten erwartbar und schließen anderes Verhalten aus. Gesetzt den Fall, wir wollen keine generelle Regel aufstellen, sondern nur punktuell für eine bestimmte Situation eine Vereinbarung treffen. Das ist vor allem dann nötig, wenn Eltern und Kind unterschiedliche Interessen in dieser Situation haben und das Kind seine Erwartungen artikulieren und verhandeln kann. Ab dem mittleren Schulalter ist das möglich. Die *Verhandlung* gleicht Erwartungen ab, berücksichtigt die Wünsche von Eltern und Kind. Dabei können wir nach dieser Faustformel vorgehen: »Was ist dein Bedürfnis? Was ist mein Bedürfnis? Wo ist der Punkt, an dem wir gemeinsam Ja sagen können?«

Mit diesem Vorgehen ist nicht unbedingt eine konkrete Gesprächssituation gemeint. Verhandlung ist eher eine *innere Einstellung*. Es ist die Haltung des Mitgewinnen-Lassens, des Kompromisses. Die Verhandlung ist also die Grundüberzeugung von Familienmitgliedern, die sich wechselseitig in ihrer Individualität respektieren. Das Kind macht dabei die Erfahrung, persönlich mit seinen Interessen gefragt zu sein. Das Wichtige ist das individuelle Eingehen auf den anderen, die Neigung des Ermöglichens: »Warum eigentlich nicht?« Die Bedürfnisse des Kindes zu berücksichtigen, ist mithin kein moralisches Postulat, sondern Klugheit. Ob das Kind seine Interessen in der neuen, nunmehr geregelten und abgegrenzten Situation wiederfindet, entscheidet über die Wahrscheinlichkeit, dass sich ein Kind tatsächlich an die Vereinbarung hält.

Gehen wir davon aus, dass fair verhandelt wurde und wir zu einer Vereinbarung gelangten. Dann muss gelten: Halte deine Vereinbarung! Immer! Wenn wir Vereinbarungen verhandelt haben, dann müssen wir sie einfordern. Sonst sind sie nichts wert. Etwa so: »Du musst jetzt dringend ins Bett.« – »Noch zehn Minuten.« – »O. k., noch fünf Minuten, dann ist aber Schluss. In Ordnung?« – »O. k.« Wenn wir dieses »O. k.« nicht einfordern, weil wir Murren oder gar Gebrüll vermeiden wollen, machen wir uns lächerlich. Kinder brauchen Erwachsene, die den Stress des Einforderns annehmen. Wenn Kinder nicht lernen, Vereinbarungen einzuhalten, die sie selber noch beeinflussen konnten, lernen sie auch nicht, dass es Gesetze und Spielregeln gibt, die sie selber *nicht* beeinflussen konnten, die sie aber bei Strafe einhalten *müssen*.

Vereinbarungen, die nicht eingeklagt werden, sind auch nicht wirklich wichtig. Sie sind geradezu Einladungen zum Vereinbarungsbruch. Daher: Klarheit und Konsequenz – das sind die beiden Begriffe, um die sich in einer Erziehung vieles dreht. Klarheit in den Erwartungen, Klarheit in den Botschaften, Konsequenz im Handeln. Deshalb: Wir müssen auf der Einhaltung einer Vereinbarung bestehen, wollen wir nicht in jene Beliebigkeit abdriften, die sich häufig für Toleranz hält.

Es ist natürlich nicht immer einfach, Vereinbarungen einzuhalten. Aber jedes Kind muss sich selbst Stetigkeit geben, um später auch von anderen als Individuum anerkannt zu werden. Dieser Anspruch erweist sich im Handeln. Er muss praktisch werden, will er nicht bloß behauptet sein. Diese Praxis ist in der Familie nicht zuletzt *Vereinbarungstreue*. Verlässlichkeit entsteht nur dort, wo das Individuum gegenüber sich selbst verantwortlich weiß und somit aus eigener Einsicht bereit ist, zu seinem Wort zu stehen. Ein Kind muss das noch lernen.

Aber wir sollten nicht allzu böse werden, wenn das nicht passiert. Je nach Reifegrad des Kindes können Sie darüber sprechen, was passiert, wenn kein Mensch sich mehr an Regeln und Vereinbarungen hält. Und was passiert, wenn er es trotz aller Widrigkeiten tut. Wer sich im deutschen Bildungsschatz dazu umschauen möchte: Schillers Gedicht »Die Bürgschaft« ist unübertroffen.

Stellen wir uns nun noch abschließend vor, wir haben mit unserem Kind ernsthaft verhandelt, haben Argumente und Gegenargumente gehört und abgewogen, haben uns geeinigt. Einen Teil unserer Interessen haben wir realisiert, auf einen anderen haben wir verzichtet. Das Kind auch.

Beide Parteien haben nun die Wahl, auf das zu schauen, was sie erreicht haben. Oder auf das, was sie *nicht* erreicht haben. Auf das sie verzichten. Es erscheint mir ab einem gewissen Alter ungemein wichtig, das Kind den Umgang mit dem Defizit, mit dem Minderperfekten zu lehren. Dass der Verzicht gibt und nicht nimmt, wie Martin Heidegger gesagt hat. Was gibt er? Er macht das Zusammenleben erst möglich. Er schaut nicht vorrangig auf das, was fehlt, sondern auf das, was erreicht wurde. Und dass nur deshalb das Gemeinsame weitergehen kann, wenn beide zurücktreten und Erwartungen fallen lassen. Nicht darüber zu klagen, dass etwas imperfekt ist, sondern es als Teil des gemeinsamen Spiels anzuerkennen. Zu sagen »Es ist gut genug!« – obwohl einige Wünsche offenbleiben. Das ist die Botschaft: »Es geht nicht immer nur nach meinen Wünschen. Wenn ich mit anderen Menschen zusammenlebe, dann muss ich dafür sorgen, dass es ihnen auch gut geht. Sonst geht es mir selbst langfristig schlecht.« Nur im Schlaraffenland können wir auf diese Botschaft verzichten.

Wenden wir uns nun anderen Grenzen zu, den *verstetigten* Vereinbarungen – den Regeln.

Regeln geben dem Leben eine Form

Vor einiger Zeit hatte sich der Deutsche Fußballbund etwas pädagogisch Wertvolles ausgedacht: Die Kleinsten in der Fair-Play-Liga sollten ohne Schiedsrichter spielen, ohne Erwachsene. Sie sollten selbst über Foul und Freistoß entscheiden. Trainiert werden sollten Regelkompetenz, Selbststeuerung, Fairness. Keine schlechte Idee. Eigentlich. Wie aber reagierten die Kinder? »Das ist doch doof! Wir wollen nicht diskutieren, wir wollen spielen!« Offenbar war das ein Zuviel an Freiraum. Mittlerweile hat der DFB von der Ohne-Schiedsrichter-Idee wieder Abstand genommen.

Was sagt uns das? Dass wir Freiheit eingrenzen müssen. Kinder wollen klare Ansagen, Berechenbarkeit – und Eltern, die Sicherheit vermitteln. Die Regeln setzen. Die einen Raum definieren, in dem sich das Kind bewegen kann. Denn Regeln geben Orientierung. Sie sorgen für stabile Sozialverhältnisse in Familien. Sie machen klar, was in Ordnung ist und was nicht. Merkt ein Kind, dass Eltern klare Grenzen setzen, entwickelt es ein Gefühl für eigene Bedürfnisse und Prioritäten. Tun wir das nicht, fühlt sich das Kind nicht *gehalten*. Es erwirbt keine Grundsicherheit, entwickelt keine Zurückhaltung und keine Selbstdisziplin. In der Schule sind das Kinder, die nicht abwarten können, wenn ein anderes Kind spricht.

Alle Familien müssen ein Set von Regeln entwickeln, das zu der spezifischen Familiensituation passt. Wer ist für was zuständig? Was macht der Vater, was die Mutter, was machen die Kinder? Zunächst müssen Eltern die Regeln setzen. Später dann, je nach Reifegrad, verhandeln. Man kann sie immer wieder diskutieren, ggf. auch ändern, wenn sie sich als unpraktisch erweisen. Aber nicht brechen. Jedenfalls nicht einseitig. Ein situatives Außerkraftsetzen von Regeln muss zuvor besprochen werden.

In diesem Zusammenhang ist der Unterschied zwischen »Geboten« und »Verboten« zu beachten. Man solle, so ist immer wieder zu hören und zu lesen, Regeln auf jeden Fall positiv formulieren, als Gebote. Also: »Wir gehen sorgsam miteinander um.« Oder: »Wir sprechen mit ruhiger Stimme.« In einer Schule las ich: »Wir achten die körperliche Integrität unserer Mitschüler.« Klingt gut. Aber – kann man das operationalisieren? Ist das einklagbar?

Fraglich. Konkret wird es nämlich erst (ich wiederhole es, weil es so wichtig ist), wenn wir es *negativ formulieren*: »Wir schreien nicht.« – »Wir schlagen nicht.« Das ist klar formuliert – und deshalb einklagbar.

Unabhängig davon haben Regeln einen schlechten Ruf: Sie behindern, frustrieren und berauben uns unserer Möglichkeiten. Manche wollen sie deshalb überwinden. Und manche Eltern wollen sie nicht *durchsetzen*. Weil sie denken, das Leben sei später noch hart genug. Oder weil sie zu bequem sind oder der Job sie schlaucht. Oder weil sie ihrem Kind übermäßig gefallen wollen. Deshalb vermeiden sie das Einklagen von Regeln. Sie sind bisweilen nicht mal bereit, klar zwischen richtig und falsch zu unterscheiden. Sie haben für alles und jedes Verständnis, relativieren auch noch den größten Regelbruch. Falsch. Wir dürfen nicht der Harmoniesucht erliegen. Wir müssen uns trauen, Regeln einzuklagen. »Hey, dein Verhalten ist nicht in Ordnung, wir hatten etwas anderes abgesprochen.«

Wer da sagt, er möchte sein Kind nicht bevormunden, irrt. Wir *sind* der Vormund! Wir haben als Eltern die Weitsicht und die Deutungshoheit! Natürlich muss man den Entwicklungsstand des Kindes berücksichtigen; mit zunehmendem Alter können wir zum Verhandeln übergehen. Aber wir haben die Pflicht, unserem Kind die Möglichkeit zu geben, mit Grenzen leben zu lernen. Die Familie ist ein Proberaum dafür. Also: Machen wir unseren Job!

Regeln und Ausnahmen

Jedem wird einleuchten, dass man zu einem Kind nicht »heute so und morgen so« reden darf. Berechenbarkeit des Verhaltens ist als Basis des Familienlebens unerlässlich. Was gestern erlaubt war, darf heute nicht untersagt werden. Wenn zum Beispiel an dem einen Tag selbstständiges, eigeninitiatives Handeln gefordert wurde, dürfen wir nicht am anderen Tag über den Eigensinn des Kindes schimpfen. Wenn wir im täglichen Miteinander nach Lust und Laune verfahren, wird jedes Kind unsicher und verliert das Vertrauen. Schließlich wird es die Aufforderungen der Eltern nicht mehr ernst nehmen.

Auf der anderen Seite gibt es auch einen Punkt, an dem Konsequenz in Sturheit und Unglaubwürdigkeit umschlägt. Insofern ist es nicht inkonsequent, wenn wir unser Handeln *situativ anpassen*. Menschen sind schließlich keine Maschinen, und die äußere Situation ist auch nicht immer die gleiche. Deshalb sollten wir *Ausnahmen* zulassen.

Wann ist es sinnvoll, flexibel zu reagieren, und wann, »hart zu bleiben«? Der Unterschied zwischen Erziehung und Dressur besteht ja genau darin: zu wissen, wann man Prinzipielles zugunsten von Situativem einschränkt. Mit ein paar grundlegenden Gedanken fällt es vielleicht leichter, sich im Einzelfall zu entscheiden.

Wir sollten flexibel reagieren,

- wenn wir eingesehen haben, dass eine Regel oder eine einmal bezogene Position fragwürdig ist oder unter veränderten Umständen unangemessen wird. Leider brauchen aber viele Eltern das grundsätzliche Gefühl des Rechthabens, das sie oft mit Durchsetzungsfähigkeit verwechseln. Es passiert immer wieder, dass sie sich für irgendetwas einsetzen und selbst dann noch daran festhalten, wenn der eigene Standpunkt kaum zu halten ist. Das Handeln wird zum Selbstzweck und Standhaftigkeit zu einem »Wert an sich«. Jedes Nachgeben, Abwägen oder gar Abrücken von der ursprünglich vereinbarten Regel wird als Zeichen der Schwäche interpretiert. Nein, es ist grundsätzlich eine Stärke, sich vom

Prinzipiellen zu verabschieden und das Situative zu berücksichtigen.

- wenn das Kind Argumente vorbringt, die wir noch nicht kannten. Solche Situationen, in denen ein Kind – möglicherweise auch in einem »zweiten Anlauf« – Perspektiven aufzeigt, die wir in unserem Urteil zuvor unberücksichtigt ließen, werden umso öfter eintreten, je kompetenter und reifer ein Kind wird. Seine Überlegungen sind dann häufig stichhaltig. Jeder Erwachsene, der bei solchen Gelegenheiten offen sagt: »Gut, du hast mich überzeugt, dann wollen wir es anders machen …«, gewinnt an Vertrauen bei seinem Kind. Das Leben ist ohnehin zu kurz, um absolute Klarheit über sich und jede Situation zu gewinnen.

Wir sollten also abwägen. Es gibt Bereiche des Familienlebens, da ist Konsequenz notwendig. Und es gibt Bereiche, in denen wir undogmatisch handeln können. Die Kunst ist, das eine vom anderen zu unterscheiden.

An dieser Stelle möchte ich eine geschlechtsspezifische Anmerkung einflechten. In einigen Teilen der akademischen Philosophie und der Psychologie wird darüber geforscht, ob »moralisches Verhalten« bei Männern und Frauen etwas Unterschiedliches bedeutet. Zu beobachten ist, dass Männer immer dann meinen, sich moralisch richtig zu verhalten, wenn sie Gebote und Verbote beachten, wenn sie Richtlinien befolgen, wenn sie Vereinbarungen halten, wenn sie konsequent sind, kurz, wenn sie alles das tun, was sich aus der Idee der *Gerechtigkeit* ableiten lässt. In Studien wurde nachgewiesen, dass Frauen sich hingegen signifikant weniger um Gebote, Verbote und Absprachen kümmern. Dies jedoch nicht, weil moralisches Verhalten ihnen weniger wichtig wäre, sondern weil sie einer *anderen moralischen Stimme* lauschen.

Konsequenz erscheint ihnen oft unangemessen, ja unmenschlich. Sie berücksichtigen in ihrem Verhalten viel stärker die spezielle Situation, das Besondere, das Individuelle, eben das, was sich mit der Idee der *Fürsorge* begründen lässt. Nennen wir das spaßeshalber Inkonsequenzkompensationskompetenz.

Jeder mag selbst entscheiden, wo er sich als Mensch verortet. Es mag sich auch jeder fragen, ob er in dem Wissen um diese grundverschiedenen Prägungen nicht Eskalationen mildern kann. Und der Satz »Ausnahmen bestätigen die Regel« ist sicher eine Denkfaulheit. Aber Ausnahmen im Zwischenmenschlichen, vor allem auch gegenüber Kindern, sind ein Gebot der situations- und personenbezogenen Flexibilität. Ist nicht jeder von uns eine Ausnahme wert?

Souveräne Erziehung kennt keine Regel ohne Ausnahme. Unter einer Bedingung: Wenn es Ausnahme bleibt! Und sie als solche auch klar beschildert ist. Das müssen wir ausdrücklich sagen. Und auch wiederholen, damit es nicht vergessen wird: »Dies ist eine Ausnahme! Morgen gilt wieder die Regel!«

»Sinnlose« Regeln?

Regeln sind nicht gut oder schlecht, sie sind nicht richtig oder falsch. Sie haben nur eine einzige Funktion: das Gemeinsame zu regeln. Wie beim Fußballspiel: Durch Regeln wird das Spiel überhaupt erst möglich. Wir müssen die Fülle der Handlungsmöglichkeiten einschränken, wenn wir gemeinsam spielen wollen. Freiheitseinschränkung ist mithin *Voraussetzung* für das Spiel, sonst findet es nicht statt.

Das ist eine extrem wichtige Lektion für Kinder! Ab einem gewissen Alter müssen sie verstehen, dass es Regeln und Grenzen gibt, die ihnen nicht gefallen, die sie aber dennoch respektieren müssen, wenn sie mitspielen wollen. Dass zum Beispiel beim Tennis die Netzhöhe von 91,4 cm nicht nur eine unzulässige Einschränkung ihrer persönlichen Handlungsfreiheit ist, sondern eine Regel, auf die sich Menschen geeinigt haben, um überall auf der Welt miteinander Tennis spielen zu können.

Die Achtung vor Regeln wird in der Schule selten und im Sportverein nahezu nie als spiel*ermöglichend* beigebracht, sondern vorrangig als Behinderung, die sogar geschickt zu umgehen ist. Dass das Spiel zu Ende ist, wenn die Regeln nicht mehr gelten – das ist, wie mir scheint, noch ein weitgehend ungehobener Bildungsschatz.

Die spielermöglichende Funktion von Regeln ist für Kinder nicht leicht zu verstehen. Ihr Freiheitsdrang rebelliert dagegen. Und bald schon fangen sie an, an der Sinnhaftigkeit von Regeln zu zweifeln. Warum müssen Spielsachen am Abend weggeräumt werden? Warum können sie nicht liegen bleiben? In der Tat: Wenn wir selbstehrlich sind, dann ist die Welt voller Gesetze, Regeln und Schranken, die uns unsinnig erscheinen, im Extremfall absurd. Aber dennoch müssen wir sie respektieren, wollen wir ein einigermaßen geordnetes Zusammenleben gewährleisten. »Mag sein, dass diese Regel in deinen Augen nicht fair ist. Gewöhn dich dran, es wird dir noch oft passieren!«

Zweifellos: Wir können Regeln verhandeln, auch immer wieder neu verhandeln – aber solange sie gelten, gelten sie absolut. Auch wenn dies schwerfällt in einer Gesellschaft, die das Singuläre immer mehr über das Gemeinschaftliche stellt.

Aber Regeln sind in freien Gesellschaften selten das Ergebnis reiner Willkür. Sie ergeben sich in einem mehr oder weniger langen Suchprozess durch Versuch und Irrtum. Woran orientiert sich das Ausprobieren? An *Balancen*. Im Sport geht es um die Balance zwischen Abwehr und Angriff. In der Familie geht es darum, Unterschiede auszugleichen – unterschiedliche Interessen zum Beispiel. Und das Anderssein des anderen zur Geltung kommen zu lassen.

Wichtig ist: Regeln haben genau diesen spannungserzeugenden Zweck. Sie müssen das Ende des Spiels lange genug verhindern. Regeln haben also letztlich den Sinn, dass das Spiel weitergeht, dass wir Eltern und das Kind weiter mitspielen dürfen. Sie haben nicht den Sinn, ein wünschbares Ergebnis zu gewährleisten! Sie zielen nicht auf einen paradiesischen Endzustand. Darüber lohnt es sich, einen Augenblick nachzudenken.

Rebellion ist nötig

Grenzen sind in ihrer Wirkung widersprüchlich, haben eine paradoxe Doppelnatur. Einerseits setzt der Mensch Grenzen, um sich zu schützen. Aber er strebt auch danach, jede Grenze zu beseitigen, die er nicht selbst errichtet hat. Setzen wir mal unser Kind in einen Pappkarton, der relativ eng ist. Das Kind wird alles tun, um da wieder raus zu klettern, sich zu befreien. Und nun stellen wir unser Kind neben diesen Pappkarton. Es wird alles tun, um da reinzuklettern, sich wohlig einzurichten, es als Haus, Einhegung, oder, wie man früher sagte: als Einfriedung zu betrachten. Man beachte das Wort »Friede«.

Ähnlich verhält es sich mit Grenzen, die wir als Eltern setzen. Nehmen wir an, wir sagen: »Im Wohnzimmer wird nicht gespielt!« oder »Sei spätestens um 19 Uhr zu Hause!«. Was wird das Kind tun? Manches Kind wird sich der Regel gehorsam unterwerfen. Ein anderes Kind wird fragen: »Wieso?« und eine mögliche Antwort gar nicht abwarten – was mindestens ein Hinweis auf geistige Selbstständigkeit ist. Die meisten Kinder aber werden sich angestachelt fühlen, die Grenze zu überwinden, sie auszudehnen. Ja, manche Schranken scheinen geradezu dazu aufzufordern, gegen sie Sturm zu laufen. Grenzen provozieren, fordern heraus, spornen an, überwunden zu werden. Das hat einen unerwarteten Effekt: Mit Grenzsetzung erziehen wir unbewusst zur *Rebellion*. Die Grenzen haben dann nicht nur die Funktion, das Kind im Zaum zu halten; vielmehr ertüchtigen sie das Kind im Anrennen gegen Vorgegebenes, gegen alles, was seinen Freiheitsdrang einschränkt. Das Kind ist ja im Grunde ein Freiheitswesen, ein geborener Libertärer. Es will nicht fremdbestimmt sein. Und das ist auch gut so! Später im Berufsleben wird man dem Nicht-mehr-Kind unablässig zurufen: »Get out of your box!« – »Überwinde deine Grenzen!« – »Unternehmerisch handeln heißt Grenzüberschreitung!«, das Gebot der Stunde sei »Musterbruch!«, das Neue komme in die Welt nur durch kreative »Disruption«. In der Tat: Erfolgreich werden jene, die tun, was andere nicht tun, sehen, was andere nicht sehen, denken, was andere nicht denken. Das ist nicht möglich ohne eine gewisse rebellische Neigung. Und nur weniges fördert das Selbstbewusstsein so sehr wie das Anrennen gegen Zäune, die als sinnlos, ungerecht oder einfach nur einengend erlebt werden. Ist nicht jedes Gebirge und jedes Meer dafür da, überquert zu werden? Warum hat Gott dem Adam verboten, vom paradiesischen Baum der Erkenntnis zu essen? Damit er es tat! Stellen Sie sich vor, wo wir heute wären, hätte er es nicht getan. Wir würden uns immer noch furchtbar langweilen.

Es ist also völlig in Ordnung, wenn das Kind versucht, Regeln außer Kraft zu setzen oder Grenzen zu umgehen. Darüber dürfen wir nicht böse werden. Wir müssen dem Kind die Möglichkeit zur Rebellion geben, um Widerstandskraft aufzubauen. Indem wir den Respekt vor Regeln und Grenzen fordern, ist das zum Besten des Kindes, fördern wir es. Und wir Eltern müssen damit klarkommen, dafür von unserem Kind abgelehnt zu werden. Wir müssen klarmachen, dass wir in der Sache souverän und ruhig auf unserer Grenzziehung beharren. Aber das Kind muss sich ernstgenommen fühlen in seinem Widerstand, seinen Interessen. Wenn wir das Kind einfach nur in die Anpassung jagen, sodass es »spurt«, wie man früher sagt, wird es unterwürfig. Oder hinterlistig: Es macht das Verbotene heimlich.

Wenn unser Kind rebelliert, ist das gesund und ein Schritt zur Ich-Stärke, zum Eigensinn. Darüber sollten wir uns freuen.

Strafen

Strafen ist uralt. Wir finden es in allen Kulturen. Glaubt man den Anthropologen, dann hat es nie eine menschliche Gemeinschaft gegeben, die nicht straft. Eben weil Gemeinschaft nicht funktioniert, wenn wir alles erdulden. Es ist jedoch nicht die Strafe selbst, die Menschen zivilisiert. Sondern die Furcht vor Strafe.

Diese Erkenntnis ist nicht chic. In der Erziehung steht sie schief zum Zeitgeist. Aber wir können ja mal versuchen, ohne Strafe auszukommen! Wir würden als Eltern wirkungslos bleiben und uns selbst innerlich auszehren. Natürlich müssen Strafen in jeder Weise alters- und tatangemessen sein, sich logisch auf den Tatbestand beziehen, sich am Überschreitungsmaß orientieren, klar angekündigt sein und sofort verhängt werden. »Warte, bis der Papa nach Hause kommt« ist ein No-Go. Und dennoch: Strafen verhängt man nur mit schlechtem Gewissen. Schauen wir, wie es sich beruhigen lässt.

Handelnd reagieren

Ich war zu einem Brunch eingeladen, etwa 15 Menschen, darunter einige Kinder. Plötzlich ein lauter, dumpfer Knall. Ein Mädchen hatte ein Marmeladenglas auf den Holztisch fallen lassen. Eigentlich kein Problem, aber die Marmelade spritzte nicht nur auf das Gesicht des Kindes, sondern auch auf ein großformatiges Ölgemälde hinter ihr. Moment der Totenstille. Alle erwarteten von der daneben sitzenden Mutter ein hysterisches »O Gott, kannst du nicht besser aufpassen!« Die Mutter aber stand ruhig auf, ging in die Küche, holte einen Schwamm mit Wasser, reinigte vorsichtig das Bild, den Tisch, das Gesicht ihrer Tochter und sagte zu ihr: »Die Marmelade gehört da nicht hin.«

Die Führungspsychologie weiß: Wer führen will, muss zunächst sich selbst führen. Das gilt umso mehr für die Erziehung: Wer erziehen will, muss sich zunächst selbst erziehen. Die Mutter oben ist ein Paradebeispiel für *Affektkontrolle.* Sie hat sich im Griff, regelt die Sachlage kontrolliert, beschuldigt nicht. Was aber tun, wenn wirklich großer Schaden entstanden ist, weil zum Beispiel das Kind absichtlich Grenzen überschritten hat? Dann dürfen wir ruhig ärgerlich sein. Wir dürfen auch deutlich unsere Verärgerung äußern. Rumschreien hilft aber nicht. Kein Kind hört zu, wenn wir es anbrüllen! Es wartet einfach, dass das Geschrei vorübergeht. Mit dieser Spätwirkung: Wir werden jetzt immer brüllen müssen – und dennoch keine Aufmerksamkeit erhalten. Spät-Spätwirkung: Das Kind lernt, dass es nur mit Brüllen beachtet wird. Es wird dieses Verhalten vielleicht wiederholen – bis wir uns eines Tages nur noch gegenseitig anbrüllen.

Was also tun? Die Regel lautet: *Handelnd reagieren – nicht anklagend.* Wenn das Kind alt genug ist, können wir ein klärendes Gespräch führen. Wir können uns dabei weniger auf das fehlerhafte Verhalten konzentrieren, sondern darauf, wie es richtiger wäre. Gemeinsam können wir überlegen, was jetzt zu tun ist. Wie die Kuh vom Eis geholt werden kann. Wie verhindert werden kann, dass sich das wiederholt. Was daraus zu lernen ist. Und schon früh können wir damit beginnen, das Kind selbst die Suppe auslöffeln zu lassen, die es sich eingebrockt hat. Wir können dem Kind etwas zumuten. Etwas abverlangen. Ihm vertrauen. Und, selbst wenn es uns schwerfällt: Seien wir eine Zeit lang besonders nett zu dem Kind, das etwas falsch gemacht hat. Es leidet selbst am meisten. Bauen wir eine Brücke.

Wenn wir hingegen anklagen, haben wir zwar ein schuldiges Kind produziert, aber an der Sache selbst nichts geändert. Was ist gewonnen? Wenn wir anklagend reagieren, können wir sicher sein, dass das Kind beim nächsten Mal lügen wird. Wir können sicher sein, dass das Kind alles tun wird, um die Sache zu verbergen oder anderen Kindern in die Schuhe zu schieben. Und wir können sicher sein, dass unser Kind *risikoavers* wird, sich also nichts mehr zutraut. Das können wir unmöglich wollen.

Logisch-natürliche Konsequenzen – Was tun bei Regelbruch?

Mein Sohn sitzt mit Headset und Kopfhörer vor dem Monitor und spielt mit einem Freund ein Videospiel. Dabei geht es nicht nur engagiert zu, sondern laut. Sehr laut sogar, sodass die geschlossene Tür das Rufen, Jubeln und Klagen nicht mehr schluckt. Ich gehe in sein Zimmer und bitte ihn, die Lautstärke zu reduzieren. Drei Minuten geht das gut, dann ist die Lautstärke wieder unvermindert hoch. Ich bitte ihn ein zweites Mal – mit identischer Wirkungslosigkeit.

Warum sind so viele Ermahnungen vergeblich? Weil sie an keine Konsequenzen gekoppelt sind. Denn nur das, was Konsequenzen hat, ist wichtig; was keine Konsequenzen hat, ist unwichtig. Soll-Sätze erzeugen ihre Wirkung erst, wenn sie ergänzt werden mit »… und wenn nicht, dann …«. Dann ist ein Preis zu zahlen, dann löst das eine Handlung aus, die sich aus der Sache ergibt. Wir lernen nicht durch Aufforderungen, sondern durch Erfahrung. Gebote ohne Konsequenz hingegen sind lächerlich. Mehr noch: Sie erzeugen Zynismus. Wenn wir keine Konsequenzen ziehen, sagen wir »Ja« zu falschem Verhalten. Dann stimmen wir zu. Es mag ja durchaus sein, dass Aufforderungen auch mal ein Verhalten auslösen können. Keinesfalls aber wird es durch sie aufrechterhalten. Erst eine Konsequenz verstetigt ein Verhalten, oder aber – beendet es.

Viele Eltern sind Konsequenzinvaliden. Bei Sonnenschein ist alles prima. Wenn es aber darum geht, Regelbruch zu konfrontieren, dann beginnt die Herumeierei. Die klare Konfrontation unterbleibt, man geht den bequemen Weg und schweigt. Statt klar zu sagen: »Ich bin mit deinem Verhalten nicht einverstanden« – »Wir haben Absprachen getroffen, und die klage ich ein« – »Du brichst die Regeln, und das toleriere ich nicht«.

Konsequenz! Das ist das Zauberwort. Dazu müssen wir nicht nur von Anfang an klarmachen, welche Regeln im Hause gelten. Wir müssen auch sagen, was passiert, wenn die Regel gebrochen wird. Also warnen. Wenn – dann. In aller Klarheit. Konsequenzen *ohne* vorherige Warnung sind Willkür. Oft sind Kinder völlig erschüttert von Konsequenzen. Deshalb muss man sie vorher klar beschreiben.

Es dürfen aber nicht irgendwelche Konsequenzen sein. Sondern *logisch-natürliche*, situationsbezogene Konsequenzen. Konsequenzen müssen in einem Zusammenhang mit dem Regelbruch stehen. Sie müssen für die Kinder nachvollziehbar sein.

Beispiele: Ankündigen, dass man den Geschwistern das Spielzeug wegnimmt, wenn sie darum ständig streiten. Und es dann auch tun. Wenn das Kind bis zu einer bestimmten Uhrzeit gamen darf und es diese Zeit überzieht, dann darf es am nächsten Tag eben nicht gamen. Es wäre jedoch *nicht* logisch-natürlich, wenn es am nächsten Tag nicht Freunde treffen darf (der »Hausarrest« von früher ist heute eine Belohnung). Es wäre auch nicht logisch-natürlich, ein Kind eine halbe Stunde früher ins Bett zu schicken, wenn es versäumt hat, die Geschirrspülmaschine wie vereinbart auszuräumen. Das steht in keinem Zusammenhang. Ein erhebliches Zuspätkommen zeigt mangelnden Respekt vor unserer Zeit. Dann bleibt eben weniger Zeit für Gemeinsames. Wenn ein Kind beim Zu-Bett-Gehen trödelt, fällt die Gutenachtgeschichte kürzer aus. Oder ganz weg. Wer 20 Minuten später als zur vereinbarten Zeit kommt, der muss beim nächsten Mal 20 Minuten früher kommen. Oder es werden ihm 20 Minuten beim Gamen abgezogen.

In Ausnahmesituationen, bei schwerwiegendem Problemverhalten, etwa Schlagen anderer Kinder, kann eine »Auszeit« verhängt werden: in ein anderes Zimmer bringen für fünf Minuten, die Tür nicht verschließen. Ebenso bei Tobsuchtsanfällen: »Du kannst so lange schreien, wie du willst, aber in einem anderen Zimmer. Wenn du keine Lust mehr zum Schreien hast, kannst du gerne wieder herauskommen.« Ich erinnere mich, wie ein Nachbarskind die Tür öffnete und durch den geöffneten Türspalt weiterschrie. Da muss man die Tür sanft wieder schließen.

Häufig erwarten Kinder von ihren Eltern endlose Unterstützung – etwa beim Studium. Da reiht man Semester an Semester, schwänzt oder versägt Klausuren und glaubt noch, ein Recht darauf zu haben. Oft auch, weil man es so gewohnt ist. Deshalb: Unterstützung an Grenzen binden. Etwa: »Wir finanzieren dir nicht nur die acht Regelsemester, sondern zehn. Wenn du bis dahin den Abschluss hast, prima. Wenn nicht, musst du für dich selbst sorgen.«

Zahllos sind die Geschichten, die mir Eltern über ihre verwöhnten und launischen Jugendlichen erzählen, die alles anfangen, nichts beenden, und immer erwarten, aufs Neue unterstützt und »gerettet« zu werden. Ihren eigenen Anteil am Verhalten ihres Kindes blenden diese Eltern aus: Sie haben nie Grenzen gezogen, nie Unterstützung an Bedingungen geknüpft, Gegenleistung eingefordert, Hilfe zeitlich limitiert. Es ist dann falsch, nach Jahren der Inkonsequenz plötzlich und jäh die helfende Hand zurückzuziehen. Das Kind hatte keine Zeit zum Üben. Deshalb müssen wir das Ende der Unterstützung vorbereiten. Also das tun, was wir schon in frühen Jahren mit dem Kind hätten trainieren sollen.

Kinder lernen schnell, Warnungen zu ignorieren, wenn aus ihnen nichts folgt. Oder es droht die Eskalationsfalle: etwas fünfmal sagen und dann losschreien. Das Kind lernt so, dass es vor dem Schreien nicht handeln muss.

Nehmen wir an, das Kind will Screentime für Computerspiele. Das ist o. k., solange die schulische Leistung nicht darunter leidet. Falls es eine schlechte Note nach Hause bringt, wird die Screentime für einige Tage gestrichen und stattdessen das Üben für die Schule intensiviert. Das muss aber vorher festgelegt werden; willkürliche, aus der Hüfte geschossene Konsequenzen haben *ausschließlich* Strafcharakter, tragen aber nichts dazu bei, dass die schulische Leistung besser wird.

Konsequenz ist deshalb keineswegs nur ein anderes Wort für Strafe. Es geht nicht um Macht, Schuld oder Rache. Das Kind soll die *Folgen* seines Handelns erfahren. Logisch-natürlich ist es, wenn das Kind einen Schaden repariert. Mindestens aber dabei hilft.

Warum fällt es uns oft so schwer, konsequent zu sein? Weil wir als gute, fürsorgliche Eltern im Gedächtnis bleiben wollen. Wir sind umso inkonsequenter, je mehr wir uns schuldig fühlen. Zum

Beispiel, wenn wir frühere Vernachlässigung mit späterer Überfürsorge zu kompensieren versuchen. Diese Form der Wiedergutmachung ist für eine Eltern-Kind-Beziehung schlecht. Weil die Beziehung »schaukelt«, wenn ein Kind nicht mit Stetigkeit rechnen kann.

Heißt die Devise der Zukunft zurück zu Ordnung und Disziplin? Unter gewissen Voraussetzungen: ja. Familien funktionieren nur, wenn sich ihre Mitglieder an Regeln halten. Wo dies nicht geschieht, muss es Handhaben geben, den Verstoß zu sanktionieren. Sonst bricht das gesamte Regelwerk zusammen.

Wer da sagt, da würde letztlich Hierarchie durchgesetzt, hat recht. Genau das ist Erziehung: Lenkung aus Liebe.

Gewalt

Papst Franziskus geriet Anfang 2015 in die Schlagzeilen, weil er eine maßvolle körperliche Züchtigung von Kindern billigte. Dem Vernehmen nach hat der Mann im Vatikan keine eigenen Kinder. Aber offenbar wäre es auch für ihn ein biblisches Wunder, wenn Eltern ganz entspannt zusehen, wie das Kind mit dickem Filzstift gerade die frisch gekalkten Wände ruiniert. Weil wir jedoch besser noch als im Auf-rüsten nur im Ent-rüsten sind, gab es einen riesigen Aufschrei: »Das geht doch nicht!«, »Keine Gewalt! Schon gar nicht gegen Kinder!«, »Körperliche Gewalt hat in der Kindererziehung nichts zu suchen!«. Wer wollte widersprechen? Gewalt ist moralisch zutiefst verachtenswert, insbesondere gegenüber Babys (statistisch die häufigste Gewalt; in höherem Kindesalter greift schon die soziale Kontrolle durch Kitas oder Schule). Deshalb ist körperliche Gewalt gegenüber Kindern in Deutschland und Österreich seit 2000 sogar verboten. Punkt. Klar. Scheinbar.

In Deutschland wurde die »elterliche Gewalt« durch die »elterliche Sorge« ersetzt – was als Verbot *jeglicher* körperlicher Züchtigung interpretiert wird. Diese Absicht mag ehrenvoll sein – in dieser Form ist das wirklichkeitsferner Rigorismus, der sich nicht kümmert um die Mehrdeutigkeit von Situationen. Im Grunde weiß jeder, dass dieses Verbot scheinheilig ist, nicht durchsetzbar und an der Realität der meisten Familien vorbeigeht. Vermeiden wir daher die empörungsbereite Erstarrung und stellen zwei lebenspraktische Fragen: 1) Was meinen wir mit Gewalt? 2) Gilt das Gewaltverbot in *jeder* Situation?

Zu 1): Gewalt ist – ähnlich wie Erziehung überhaupt – ein schillerndes Phänomen. Schwer zu fassen, selbst wenn wir dem üblichen Sprachgebrauch folgen. Die Gefahr besteht, dass der Gewaltbegriff sich immer weiter aufbläht, dadurch diffuser wird, bis sogar Architektur und die bare Existenz gewisser Gesetze als Gewalt, als »strukturelle Gewalt« begriffen werden.

Bleiben wir bei der Frage, ob *körperliche* Gewalt ein *legitimes* Erziehungsmittel ist (*legal*, wie oben gesagt, ist sie nicht). Wir können dazu einen anderen Sturm der Entrüstung herbeiziehen, den 2014 ein österreichischer Journalist auslöste, der sich zwar ausdrücklich gegen »rohe Gewalt« wandte, aber zugab, mit einem »Klaps auf den Kinderpo« erreiche man mehr als »nur mit guten Worten«. Die Reaktion in den Medien zeigte: Für körperliche Züchtigung, und sei sie noch so mild, gibt es offenbar keinen gesellschaftlichen Konsens mehr. Zumindest keinen öffentlichen.

Hm. Ist nun dieser »Klaps« Gewalt? In einem sehr strengen Sinne: ja. Nicht aber, wenn wir Gewalt als absichtlich schwere Verletzung der Integrität des Kindes bezeichnen (wie es der Philosoph und Autor Dietrich Schotte tut).

Der expertokratische Bannstrahl trifft sogar das Androhen von Strafen. Wie aber soll das Kind zur Vernunft kommen, wenn nicht vorher eindeutig gedroht wurde? Kinder fallen oft aus allen Wolken, wenn Strafen verhängt werden, ohne dass zuvor gedroht wurde. Ersetzen wir das Wort »drohen« durch »warnen«, und wir sind auf der ebenso klaren wie fairen Seite. Wir hatten es schon zuvor angesprochen: Strafen ohne Vorwarnung sind unfair. Dazu müssen wir uns nicht zu jenen Eltern rechnen, die offenbar nur bis drei zählen können: »Ich zähle jetzt bis drei ...!«

Es ist kaum vorstellbar, dass erschöpfte und verzweifelte Eltern ihren Kindern tatsächlich wehtun wollen. Aber sie wollen ein Zeichen setzen. Sie wollen eine Grenze ziehen, wenn das Kind mit Worten nicht mehr erreichbar ist. Sie wollen eine andere Qualität, und das körperlich spürbare Signal macht die Sache dringlich. Das ist nicht »Angst-Dressur« oder »Kindesmisshandlung«, wie im obigen Beispiel aufgebrachte Psychologen schrieben – einigen von ihnen drehte sich gleich »der Magen um«.

Schlagen, Prügeln, »Versohlen« als strategisches Erziehungsmittel – ich spreche also von massiver körperlicher Gewalt – schädigen eindeutig. Gewalt ist jedoch nicht nur das, was sich ereignet, wenn physische Gewalt ausgeübt wird. Gewalt kann auch ausgeübt werden, wenn keine körperliche Gewalt eingesetzt wird. Sind Dauerschweigen, Gefühlskälte oder Anschreien nicht auch Gewalt? Seelische Gewalt? Auch Liebesentzug ist eine subtile Form von Gewalt. Sie wiegt mitunter schwerer. Studien konnten sogar zeigen, dass gewaltlos erzogene Kinder zwar nicht übermäßig zu körperlicher Gewalt neigen, aber zu überraschender Rücksichtslosigkeit. Klar, körperliche Gewalt verweist nur auf die Hilflosigkeit der Eltern. Und zwar beider – Väter und Mütter. Im Bagatellbereich (etwa Anrempeln) ist der Geschlechteranteil mittlerweile ausgewogen. Bei schwerer Tätlichkeit überwiegen die Männer bei Weitem. Vor allem sie neigen dazu, durch Gewalt ihre Überforderung zu regulieren. Subjektiv erleben sie sich nicht als Täter, sondern als Opfer.

Es mag also dahingestellt sein, ob der Begriff »Gewalt« geeignet ist, im Kontext der Erziehung präzise genug zu sein. Definitorisch beinhaltet er – erstens – einen massiven Übergriff und – zweitens – eine Absicht. Meist kommt es zu verletzendem Verhalten in Schlüsselsituationen wie Anziehen, Essen, Schlafengehen – Situationen, die oft stressig sind. Schlechte Rahmenbedingungen wie Zeitdruck, wirtschaftliche Sorgen, berufliche oder partnerschaftliche Sorgen lassen diesen Stress ansteigen. Dann reagieren Eltern oft reflexhaft. In diesen Reflexen äußern sich alte Prägungen, die in Deutschland eine historisch bedingte Tendenz ins Autoritäre haben. Dennoch: Auch wenn vielfach gesagt wird, Gewalt sei eine Affekthandlung – diese Beschreibung ist in den meisten Fällen falsch. Zumeist baut sich Gewaltbereitschaft schon Minuten vorher auf, wird körperliche Züchtigung also geplant. Das sollten wir Eltern wissen. Die Stufenfolge der Eskalation kann man durchbrechen, wenn wir uns dessen bewusst sind. Das mindestens ist zu fordern.

Ein Bekannter erzählte mir, dass ihm nach einer schier unendlichen Kette von Provokationen seines halbwüchsigen Sohnes »die Hand ausgerutscht sei«. Ohrfeige, »Watschn«, wie immer das heißt. Nachher fühlte er sich schlecht, glaubte gar, sein Kind traumatisiert zu haben. Was ist dazu zu sagen? Es kommt auf den Kontext an. Natürlich sollte Gewalt auch ohne gesetzliches Verbot unbedingt vermieden werden. Die Würde und Integrität des Kindes ist zu schützen. Aber wenn die allgemeine Beziehung zum Kind stabil und liebevoll ist, dann ist eine nachhaltige Schädigung durch eine einzige Ohrfeige kaum zu befürchten. Eine Schilderung der eigenen Hilflosigkeit könnte die Beziehung sogar stärken. Wir können uns auch direkt beim Kind entschuldigen. Dann lernt ein Kind, dass auch Erwachsene sich fehlerhaft verhalten können. Nicht nur Kinder. Und dass es im Zusammenleben darauf ankommt, wie man damit umgeht.

Und wenn es doch »passiert«? Wir sollten nicht überstreng mit uns sein. Es gibt wohl kaum Mütter oder Väter, die dann den ersten Stein werfen.

Zu 2): Gilt das Gewaltverbot in *jeder* Situation?

Es gibt Situationen, in denen Eltern beim Einklagen von Grenzen an ihre Grenzen kommen. Nur das Sprechen darüber ist tabu. Dieses Tabu ist erzieherischer Kitsch, der von Symmetrie träumt, wo doch klare Führung notwendig ist – im Wortsinne, oft ist Not zu wenden. Deshalb: Als Nothilfe, wenn ein Kind nicht zu bändigen ist, dann ist körperliche Grenzziehung kaum verzichtbar – aber eben nur eingeschränkt und als Mittel letzter Instanz. Zu den Paradoxien des Lebens gehört doch auch, dass die Ausübung von Gewalt oft nur verhindert werden kann, indem ebenfalls Gewalt ausgeübt oder angedroht wird. Mag sein, dass das Ausnahmen sind – aber es gibt sie. Sie zu ignorieren wäre pharisäerhaft.

Was aber ist die letzte Instanz? Es ist eindeutig eine Situation, in der das Kind *sich selbst* gefährdet. Bei unmittelbarer Gefahr für das Kind bleibt nicht die Zeit zu langen Erklärungen. Wir diskutieren mit dem Kind (als Kleinkind) nicht den Sinn einer Verkehrsampel. Wir sorgen dafür, dass es bei Rot stehen bleibt. Als letztes Mittel ist deshalb ein maßvoll gesetztes Körpersignal zu rechtfertigen: Unsanft am Arm nehmen, fest an den Schultern fassen.

Dessen eingedenk, das sagt der gesunde Menschenverstand, muss ein körperlicher Übergriff *verhältnismäßig* sein, angemessen. Ob er das ist, entscheiden drei Kriterien: Er muss 1) *geeignet* sein, das angestrebte Ziel zu erreichen, er muss 2) *notwendig* sein, d. h., es gibt keine milderen Mittel, und 3) muss er *zumutbar* sein. Ein körperlicher Übergriff, das haben wir bei der Diskussion um die Impfpflicht erlebt, fordert eine hohe Begründungslast. Körperliche Integrität ist ein hohes Gut, weil Menschen ohne Körper nicht zu denken sind. Angewandt heißt das mindestens dies: Das Kind muss in diesem Fall sich selbst gefährden und klar urteilsunfähig sein. Unter diesen Bedingungen ist ein körperlicher Übergriff zu rechtfertigen.

Es gehört zum Risiko vorstehender Überlegungen, dass radikale Vertreter der Pro- oder Contra-Seite selten differenzieren. Deshalb noch einmal in aller Klarheit: Es geht nicht ums Schlagen, Hauen, Übers-Knie-Legen. Es geht nicht, wie noch in alten Filmen, um Rohrstock-Züchtigung. Und selbstverständlich ist es besser, sich in bedrängenden Situationen kurz zurückzuziehen und die Reaktion zu überdenken. Manchmal ist es gar weise, Schlechtes zu ignorieren, einfach nicht übergenau hinzuschauen. Aber körperliche Gewalt gehört zu jenen Dilemmata in der Erziehung, denen sich Mütter und Väter zu stellen haben. Und die nur in Extremfällen gesetzlich einzudämmen sind.

Der eigene Erziehungsweg

Muttersein, Vatersein – gibt es etwas Ursprünglicheres? Im tiefsten Sinne des Wortes »Ur-Sprung«? Müssen wir nicht davon ausgehen, dass uns dieser Ursprung mit allem ausgerüstet hat, was man zum Muttersein und Vatersein braucht? Reicht nicht unser Bauchgefühl? Unsere Intuition? Auch Erfahrungswissen, das zum Teil über Jahrhunderte überliefert wurde? Es gibt doch ein Wissen vor dem Bewiesenen!

»Nein«, sagen vor allem Eltern, die hohe Ansprüche an sich und eine unumstößliche Meinung zur Erziehung haben (das sind oft Eltern mit einem Lastenfahrrad). »Und sollten wir zweifeln, so fragen wir Papa und Mama Google.« Vor allem Erstgebärende, die bekanntlich immer älter und entsprechend risikoscheuer werden, schrecken vor keinem informatorischen Aufwand zurück.

Das ist historisch neu. Heute sind Intuition und gesicherte Traditionen keine verbindlichen Leitplanken mehr. Davon lassen sich viele Eltern verrückt machen. Moderne Eltern erleben es offenbar als Zumutung, Individuen zu sein. Ihr Selbstvertrauen wird betäubt vom Wortschwall der »richtigen« Erziehung, der sich aus unzähligen Erziehungsratgebern über sie ergießt. Zumeist wird dabei buchstäblich das Kind mit dem Bade ausgeschüttet: Vernünftige, durchaus begründbare Aspekte des Erziehungshandelns werden ins Extreme verschoben und verabsolutiert. Das ist dann schein-eindeutig, humorlos und nicht einmal halb richtig, sondern ganz falsch. Meine Schwiegertochter behauptet, sie könne auf Spielplätzen aus den Kommentaren der Eltern ableiten, welchen Ratgeber diese gerade lesen. Ich habe es überprüft. Es stimmt.

Wir sollten uns höher stimmen. Niemand weiß, was »richtige« Erziehung ist. Jedenfalls nicht in dem Sinne, dass sie für jedes Kind in jeder Situation gilt. Deshalb sollten wir genau diese Tatsache zur Richtschnur unseres Erziehungshandelns machen. Wir sollten uns selbstbewusst zu unserem Nichtwissen bekennen. Erziehung ist derart komplex und situativ von so vielen Aspekten beeinflusst, dass wir sie unmöglich alle berücksichtigen können. Lauschen wir auf unsere innere Stimme! Wir kommen nicht herum um die »Maxime, jederzeit selbst zu denken«, wie Immanuel Kant schrieb.

Begreifen wir deshalb die Elternjahre als *Chancenjahre*. Das Kind zu erziehen in einem Klima des Sowohl-als-auch – darin liegt zugleich eine Riesenchance für die Selbstentwicklung von Erwachsenen hin zu mehr Gelassenheit, Angemessenheit und Verständnis für das Anderssein des anderen. Betrachten wir Situationen aus verschiedenen Blickwinkeln! Und seien wir bereit zur Korrektur, zur Alternative. Denn das zeichnet diese Zeit aus. Vor allem aber sollten wir den Elternjahren immer wieder Gelegenheit geben, uns vom Urteil anderer unabhängig zu machen. Unterwerfen wir uns nicht der zerstörerischen Kraft der Ideale. Weder den eigenen noch solchen, die uns das allgemeine Meinungsklima vorhält. Wir brauchen den Mut zur Sezession, zur Abkehr vom Mainstream. Anderswegig ist nicht abwegig. Es ist vielmehr der *eigene* Weg. Der macht uns nicht zu Angestellten einer modischen Radikalität. Dafür müssen wir keine halben Einsichten für ganze nehmen, brauchen wir keine »zweite Meinung«. Es haben nicht Milliarden von Eltern ihre Aufgabe erfüllt, damit irgendein Jetztwütiger seine Meinungsblase über sie entleert. Damit ist keine auftrumpfende Ich-bin-anders-Demonstration gemeint, sondern nur die stille Entschiedenheit für den ureigenen Weg. Wer seine Intuition ernst nimmt, liegt meistens nicht falsch. Und das ist wichtiger, als vieles richtig zu machen.

4 Wohin erziehen wir unsere Kinder?

Ein Paar möchte Eltern werden. Es will ein Kind – jetzt! Es will die *Gegenwart* eines Kindes. Ist das Kind dann geboren, geht es alsbald nicht mehr um dessen Gegenwart, sondern um seine *Zukunft*. Dann macht das Paar sich Gedanken, ob es sich gut entwickeln wird, ob es die Schule meistern kann, ob es später einen guten Job bekommt. Und was Mutter und Vater dazu beitragen können. Erziehung ist mithin nicht zu denken ohne eine Vorstellung davon, *wohin* erzogen werden soll. Was wollen wir durch Erziehung *für unser Kind* erreichen?

Wir werden sehen, dass die vielfältigen Erziehungsziele oft

in Spannung zueinander stehen, zeitgeistabhängig und entsprechend strittig sind. Insofern ist es immer wieder erstaunlich, dass Kinder selbst die besten Absichten ihrer Eltern überleben.

Was ist Erziehung?

Erziehung gehört zur jenen Begriffen, die nur im Singular auftreten – offenbar stellt man sie sich klar und eindeutig vor. Das erstaunt, genügt doch schon die reine Beobachtung, dass Erziehung vielgestaltig auftritt. Sie ist ja nicht nur das, was sich ereignet, wenn *bewusst* erzogen wird. Erziehung ist auch, wenn *nicht bewusst* erzogen wird. Oder wenn wir bewusst auf erziehende Maßnahmen verzichten. Erziehung ist also auch da, wo sie nicht ist. Man kann letztlich nicht nicht erziehen.

Gibt es dennoch eine tragfähige Definition, die es uns ermöglicht, Erziehung klar abzugrenzen? Zum Beispiel gegen »Aufzucht«, »Heranbildung«, »Schulung«, »Formung«, »Anleitung« oder gar »Dressur«? Schwierig. Erziehung steckt voller Paradoxien und ist insofern schwer zu fassen. Viele Jahrzehnte akademischer Analyse haben Hunderte Definitionen hervorgespült, und doch gibt es keine, die eine gewisse Allgemeingültigkeit für sich beanspruchen könnte. Vielleicht gehört Erziehung zu den Dingen, die man nicht definieren kann, ohne sie zu verdunkeln.

Möglicherweise kommen wir mit dieser »systemischen« Frage weiter: Wie heißt das Problem, für das Erziehung die Lösung ist? Dieses Problem ist offenbar etwas Rohes, Mangelhaftes, kindlich Nichterzogenes. Deshalb formuliert der französische Philosoph Pierre Hadot in prägnanter Kürze: »Alle Erziehung ist Konversion.« Also Umwendung, Umkehrung, Umwandlung. Wohin Umwandlung? Richtung Zivilisation.

Das ist anthropologisch neu: Erziehung als planvolle pädagogische Einflussnahme auf die Entwicklung von Kindern, also als Begriff und Konzept, gab es menschheitsgeschichtlich lange nicht. Warum nicht? Weil es keine »Kindheit« gab.

Das Konzept »Kindheit«

Für die längsten Phasen der Menschheitsgeschichte gab es keinen kulturellen Begriff von »Kindheit«. Kindliches Wachstum war Wachstum der Natur, war Eigentätigkeit des Kindes. Zwar finden sich schon im Altertum vereinzelte Bemerkungen in Texten von Dichtern und Philosophen, aber eine planvolle pädagogische Einflussnahme auf die Entwicklung von Kindern gab es nicht. Das änderte sich in der pädagogischen Achsenzeit etwa um 1750: Davor *hatte* man ein Kind, danach *erzog* man es.

Das verdeutlichte sich einem breiten Publikum durch das Buch *Geschichte der Kindheit*, das Philippe Ariès vor rund 60 Jahren veröffentlichte. Die seinerzeit heiß diskutierte Grundthese: Eine eigenständige Lebensform »Kindheit« ist nicht älter als etwa 250 Jahre. Das ist erst »kürzlich« in der Menschheitsgeschichte. Auch das Wort »Familie« wurde in der deutschen Sprache erst nach 1800 üblich; vorher sprach man vom »Haus« oder »Geschlecht«. Erst seit dem Spätmittelalter wurden Schonräume für Kinder reserviert. Vorher waren Kinder keine Kinder, sondern kleine Erwachsene. Ariès illustrierte das an Darstellungen von Kindern in Malerei, Manierenfibeln, Spielzeug, Kleidung. Wenn wir Pieter Brueghels Bilder betrachten, ist das sofort augenfällig. Auch eine Gefühlsbindung zwischen Eltern und Kind war vorher nicht allzu ausgeprägt: »Wenn es (das Kind) dann starb, wie es häufig vorkam, mochte dies den einen oder anderen betrüben, doch in der Regel machte man davon nicht allzu viel Aufhebens:

ein anderes Kind würde sehr bald seine Stelle einnehmen.« Damals war das pragmatisch: Bis zum Ende des 19. Jahrhunderts erreichte etwa die Hälfte aller Kinder das fünfte Lebensjahr nicht. Man kann vermuten, dass es sich Eltern emotional gar nicht leisten konnten, eine enge Beziehung zu ihren Kindern aufzubauen.

Bei Erscheinen des Buches war das für manche Leser starker Tobak. Vor allem Müttern schien diese Betrachtung herzlos – es fühlte sich einfach falsch an. Und bald schon präsentierte man historische Gegenbeispiele, die Ariès' Sichtweise zu widerlegen schienen. Ich formuliere hier vorsichtig, weil sich nur wenige Gegenbelege fanden. Aus heutiger Sicht kann man sagen: Ariès' Darstellung entspricht wohl weitgehend den Tatsachen, auch wenn es Ausnahmen gab. Jedenfalls entwickelte sich frühestens im Spätmittelalter eine allgemeine Gefühlsbindung an das Kind, die über das Versorgen mit dem Nötigsten hinausging.

Ein zweiter Trend kam hinzu, ein evolutionärer.

In der Vormoderne war mit dem Geborenwerden das meiste im Leben schon entschieden – Ort, Klima, Schicht, Familie, Geschlecht, Position in der Geschwisterreihenfolge. Was aus einem Kind wurde, resultierte aus einer gesellschaftlich vorgegebenen Ordnung – und nicht aus einem *einzigartigen* Familiengeschehen, schon gar nicht aus der Erziehung der Eltern. Man griff nicht korrigierend ein, sondern wartete das Heranwachsen ab. Was Kinder zum Überleben brauchten, lernten sie durch Beobachten und Mitmachen. Sie erhielten keine Sonderbehandlung, sondern liefen einfach nebenher. Ohnehin waren selten beide Elternteile gleichzeitig anwesend. Zudem waren viele weitere Menschen am Großwerden eines Kindes beteiligt: Oheime, Ammen, Mägde, Knechte, Dienstboten, Nachbarn, Gott, Hexen, Feen.

Das Kind als Ergebnis gezielten elterlichen Bemühens wird erst langsam und über Standesgrenzen hinweg für die bürgerlichen

Familien des 19. Jahrhunderts üblich. Jetzt wird zwischen Kind und Erwachsenem unterschieden, das Kind wird nicht länger wie ein junger Erwachsener behandelt. Die Kinderkleidung ist nun deutlich von der Kleidung der Erwachsenen gesondert. Dem Kind wird ein pädagogischer Schonraum zugestanden – zur Vorbereitung auf das »wirkliche« Leben. Denn die Durchlässigkeit der Gesellschaftsschichten öffnete Möglichkeitsräume. Neu war eine Grundausbildung für alle und damit die Chance, seine soziale Herkunft zu verlassen. Zunehmend ging es um Aufstieg, Karriere. Der Lebenslauf eines Kindes resultierte aus Eingriffen der Eltern oder Lehrer, später dann auch aus eigenen Eingriffen – ganz gleich, ob es sich um eine Berufskarriere handelte oder um eine Verbrecher-, Liebes-, Krankheits-, Bildungskarriere. Erfolg und Misserfolg im Leben ließ sich nicht mehr dem eigenen Stand zurechnen, sondern den zu gestaltenden Umständen des Aufwachsens. Das wurde nun zur zentralen Frage: Wie haben *Eltern* das Kind auf das Leben vorbereitet?

Mit dieser Frage gerieten Eltern unter Erfolgsdruck. Das Kind erhielt, modern gesprochen, »Projekt-Charakter«; der Erfolg des Kindes wurde zum Erfolg der Eltern. Und genau mit diesem Musterwechsel wurde die moderne Idee der »Erziehung« geboren. In gutbürgerlichen Kreisen wurde der Hauslehrer als positiver Impulsgeber eingeführt. Umgekehrt wurde das Gesinde als negativer Einfluss betrachtet und entsprechend ausquartiert. Man rief es mit Klingelzeichen. Denn nun konnte man in der Erziehung etwas falsch machen.

Aber das bürgerliche Zeitalter sah nicht nur die Geburt der Erziehung. Jetzt trat auch eine Figur ins Rampenlicht, die der mittelalterliche Familienhaushalt so nicht kannte und die dem Kind größte Aufmerksamkeit widmete – die *Mutter*. Sie war nicht nur die Gebärerin, sondern erhielt eine soziale Rolle als Sorgen- und Hausfrau. Sie war die neue, auf das Kind bezogene Autorität.

Noch folgenreicher: Es bildete sich um das Kind herum eine kleine Gruppe von Menschen, die das Kind als Zentrum ihres Zusammenhalts begriff – die *Familie*. Die Familie war eine historisch bislang unbekannte Institution. Damit tritt das Kind aus seiner Beiläufigkeit heraus und erhält eine sozial formgebende Bedeutung, die sich bis heute zuspitzt.

Zuspitzt in paradoxer Weise. Zu beobachten ist nämlich eine historische Rolle rückwärts: Heute werden Kinder wieder als kleine Erwachsene betrachtet! Man begegnet ihnen »auf Augenhöhe«, respektiert ihre »Identität«, relativiert das Gewaltmonopol der Eltern, bezweifelt den Erziehungsauftrag, will sogar »von Kindern lernen«. Der Unterschied zu früher: Das Kind läuft nicht mehr nebenbei mit, sondern steht im Mittelpunkt, wird geradezu zur Identitätsquelle einer Familie. Die Entwicklung kann man in den USA schon im Sprachlichen verfolgen. Dort sprach man jahrhundertelang von *raising kids*, von »Kinder großziehen«. Seit einigen Jahrzehnten ist das abgelöst vom Neologismus *parenting*, dem »Beeltern«. Und das hat eine viel umfänglichere Bedeutungsaura.

Wir sehen, Jahrtausende der Menschheitsgeschichte waren ohne Erziehungsbewusstsein, bis es sich Ende des 18. Jahrhunderts langsam herausbildete und erst in der jüngsten Neuzeit zu voller Blüte entfaltete. Wir können davon ausgehen, dass Erziehung zukünftig auch wieder anders aussehen wird. Wie – das wissen wir nicht.

Aber wir können die Erziehungsziele betrachten, die für die *gegenwärtige* Elterngeneration wichtig sind. Starten wir mit jenem Ziel, das für nahezu alle Mütter und Väter evident ist: »Dass mein Kind glücklich wird!« Und schauen wir genauer hin: Ist das wirklich wünschenswert?

Erziehungsziele
Glücklich werden

Von dem Philosophen Karl Popper stammt die Warnung, dass der Wunsch, Menschen glücklich zu machen, gefährlich ist. Er wies darauf hin, dass dieses Ansinnen unvermeidlich versuche, anderen Menschen »höhere Werte« aufzuzwingen. Und diese Werte seien fremddefiniert – *andere* Menschen legen fest, was Glück bedeutet. Zum Beispiel Eltern.

Dagegen mögen wir einwenden, dass wir unserem Kind ein *selbstdefiniertes* Glück wünschen. Dann bleibt dennoch die Frage: Ist Glücklichsein überhaupt möglich? Stellen wir uns vor, ein Leben bestünde nur aus glücklichen Momenten, Tag für Tag, Jahr für Jahr. Wäre das auszuhalten? Nein, natürlich nicht. Das Glücklichsein bestimmt sich durch den *Kontrast*, bestimmt sich also durch das Unglücklichsein. Ohne Trauer wüssten wir nicht, was Glücklichsein bedeutet; das eine ist nicht zu haben ohne das andere. Selbst wenn wir uns mit *Zufriedenheit* begnügen – auch das wäre, auf Dauer gestellt, ein lahmes Leben, ohne Neugier, ohne Entwicklung, ohne Energie. Vielmehr sollten wir uns freuen, wenn die Unzufriedenheit irgendwann ganz von alleine kommt. Weil sie uns vitalisiert, zum Handeln drängt. Ohne Willenskraft wird sich Zufriedenheit nicht zum Glück aufschwingen.

Aber sollte es nicht wenigstens »gelingen«, das Leben, wie wir überall lesen und hören? Hm. Es kommt darauf an, was wir darunter verstehen. Klar ist: Kein Leben gelingt immer! Im Gegenteil: Nur ein Leben, das auch mal misslingt, gibt einer Person Kontur. Dazu braucht es eben auch schlechte Erfahrungen, dazu braucht es Misslingen, Fehlschläge, Irrtümer, Sackgassen, Umwege, Abwege, Holzwege. Ein Leben, das den Ehrentitel »Leben« wirklich verdient, besteht aus dem lebendigen Wechselspiel von

Lust und Last, Freude und Ärger, Erfolg und Misserfolg. Wer diesen Kontrast nicht erfahren hat, wer mithin nicht gelernt hat, dass zum Glück auch das Unglücklichsein gehört, der hat völlig überzogene Erwartungen ans Leben, die, je höher sie sind, einen umso tieferen Fall heraufbeschwören. Und läuft deshalb umso mehr Gefahr, in die Depression abzugleiten. Wollen wir als Eltern das verhindern, müssen wir dem Kind schon früh Gelegenheit geben, mit Enttäuschung umzugehen. Deshalb noch einmal, weil es so wichtig ist: Das Kind muss einen Preis zahlen, um die Fähigkeit zu entwickeln, glücklich zu sein. Und dieser Preis ist: zu bestimmten Zeiten wirklich unglücklich zu sein. Frei ist nur, wer enttäuscht wurde.

Was können wir daraus ableiten? Es ist unmöglich, ein Kind zu einem glücklichen Menschen zu machen. Niemand weiß, was Glück für einen anderen Menschen bedeutet. Allenfalls kann das Kind ein eigenes Konzept von Lebensglück entwickeln. Zudem kann man Glück nicht direkt anstreben; es ist eine *Begleiterscheinung* sinnvollen Tuns. Das Kind muss etwas finden, das es als sinnvoll erlebt, das seinen Tagen Bedeutung gibt. Jedoch, wie immer auch die Antwort des Kindes ausfällt – wer will, dass sein Kind ein glückliches Leben führt, kommt um die kindliche Erfahrung von Unglück nicht herum. Woher soll das Kind wissen, was Glück ist, wenn es nicht den Kontrast erlebt? Es geht also nicht um das in unseren Breiten so beliebte Entweder-oder, sondern um ein Sowohl-als-auch. Ein kontrastreiches Leben ist die Bedingung der Glückserfahrung.

Zukunftsfähig werden

Angelehnt an Martin Heidegger ist Erziehung ein Handeln, das strukturiert wird durch

- »Vor-Gabe« – gestützt auf die Sedimente der Erfahrung,
- »Vor-Sicht« – gestützt auf Erwartungen und Prognosen,
- »Vor-Griff« – gestützt auf ein Ergebnis, das als erstrebenswert gilt.

In irgendeiner Form lebt Erziehung immer von einem Zukunftsentwurf. Und erzeugt damit Sorge, von der wir schon eingangs dieses Buches sprachen. Das gilt in besonderer Weise für die elterliche Sorge um das Kind, welches ja personifizierte Zukunft ist. »Was soll aus unserem Kind mal werden?« Hier zeigt sich die Sorge als Besorgnis, das Kind »richtig« zu erziehen, in die »richtige« Schule zu schicken, die »richtigen« Freunde zu finden und das »Richtige« zu lernen.

Paradoxerweise war früher die Referenz für dieses zukunftsweisend »Richtige« die Vergangenheit. »Anständige Menschen« sollten Kinder werden, und was Anstand war, zeigte die Tradition. Damit war Zukunft die Weiterführung des Hergebrachten. Um das Kind vorzubereiten, schaute Erziehung »nach hinten«. Was heißt: mit dem Vergangenen in Kontakt zu treten. Wie wir als quintessenzielle Erziehung auch heute noch das Balancieren der Zeitdimensionen ausweisen können: Traditionen der Vergangenheit, Forderungen der Gegenwart und Vorausschau der Zukunft.

Was die Zukunft anbetrifft, so lag es in früheren Zeiten auf der Hand, dass man sie für prognostizierbar hielt. Man musste ein einigermaßen klares Bild von der Zukunft haben, zumindest in Umrissen wissen, was das Morgen bringt. Das war damals durchaus realistisch, weil die Zukunft sich weitgehend aus der *Herkunft* speiste. Können wir aktuell noch davon ausgehen? Weiß jemand, welche Zukunft die Kinder zu »gewärtigen« haben? Nein, niemand weiß das. Heute weniger denn je. Nicht einmal mehr »unsicher« ist die Zukunft, das war sie immer. Heute ist sie »ungewiss«. Wir können nicht einmal mehr Wahrscheinlichkeiten kalkulieren. Deshalb schauen wir umso sorgenvoller »nach vorne«, in eine Zukunft, die etwas unklar Neues erfordert, weil die Idee von »Normalität« sich verflüchtigt hat. Wahrscheinlich wird die Zukunft sogar überraschender sein, als wir es uns derzeit vorstellen können. So unvorstellbar wie noch von wenigen Jahrzehnten das Internet, der 3-D-Drucker, das iPhone … oder dass eine Pandemie in Europa flächendeckende Ausgangssperren legitimiert.

Die jungen Menschen kommen also in eine Welt, in der jede Möglichkeit nützlicher Vorhersage schrumpft. Sie stehen, wie schon Paul Valéry wusste, dem *Unvorhersehbaren* gegenüber, was etwas ganz anderes ist als einst das *Unvorhergesehene.* Ist es unter diesen Bedingungen nicht an der Zeit, sich auch in der Erziehung auf ein neues Weltzeitalter einzulassen? Verben wie »aufgleisen« oder »auf die Schiene setzen« ins Archiv zu bannen?

Diese Fragen sind besonders virulent, wenn wir an die Arbeitswelt der Zukunft denken. Als Eltern wollen wir ja, dass unser Kind dort nicht »abgehängt« wird. Also wagen wir einen Blick.

Arbeiten können

Vor einigen Jahren noch hat man ungefähr gewusst, welche Fertigkeiten und Fähigkeiten sich in der Arbeitswelt von morgen vermarkten lassen. Heute ist das nahezu unmöglich. Die träumerische Jakobsleiter aus dem 1. Buch Mose (28. Kapitel) – sie findet »dort oben« nichts mehr, an das sie sich anlehnen könnte.

Wo wäre denn die prognostizierbare Arbeitswelt, die als Gegenlager diente? Wir wissen einfach nicht, was im digital-globalen Zeitalter das Einkommen sichert. Und selbst wenn wir es wüssten, wir müssen heute davon ausgehen, dass Chancen sich nur kurzzeitig eröffnen. Zu schnell haben sich Märkte und Produkte überlebt, zu gravierend sind die technisch-sozialen Umbrüche. Studien legen nahe, dass etwa die Hälfte der Jobs, von denen Kinder heute vielleicht noch träumen, es in 20 Jahren nicht mehr geben wird. Und über 60 Prozent aller heutigen Grundschulkinder werden in Berufen arbeiten, die es aktuell noch gar nicht gibt.

Mithin können wir auch nicht empfehlen, dass junge Menschen diese oder jene Ausbildung wählen sollten. Denn das, was die Ökonomen »Schweinezyklus« nennen, gibt es auch auf dem Ausbildungsmarkt: Wenn es beispielsweise wenig Ingenieure gibt, die Nachfrage sich entsprechend erhöht, steigen die Gehälter. Es liegt dann nahe, Kindern zu raten, Ingenieur zu werden. Wenn diese nach einigen Jahren ihr Studium beendet haben, gibt es plötzlich zu viele Ingenieure, das Angebot ist hoch, die Gehälter sinken, Arbeitslosigkeit droht, weniger Ingenieure werden ausgebildet – das Spiel beginnt von vorn. Und dieser Zyklus dreht sich immer schneller. Man kriegt ja heute keinen Heizungsinstallateur mehr, aber jede Menge Klangschalen-Therapeuten. Insofern scheint eine Berufswahl fragwürdig, die sich ausschließlich an der *Verwertbarkeit* einer Ausbildung orientiert. Ausbildungen sind heute Würfe ins Blaue, die Eltern bilden dabei die Katapulte.

Wir brauchen daher eine pädagogische *Ethik des Nichtwissens*, um unser Erziehen nicht an falschen Zukunftsbildern auszurichten. Die zu erwartenden sozialen Bedingungen sind viel zu komplex, um sie voraussagen zu können. Deshalb: nicht die Straße für das Kind präparieren, sondern das Kind für die Straße.

Was heißt das für uns Eltern? Zunächst gibt es Gründe zur Gelassenheit. Wenn wir uns an unsere eigene Kindheit erinnern – sie mag behütet gewesen sein, aber war sie nicht auch erfüllt mit Wirrnis, Turbulenzen, Bedrohungen, Widersprüchen, Ungewissheit? War sie nicht auch sorgenvoll, herausfordernd, ebenso glorios wie enttäuschend? Wir haben das vielleicht vergessen. Gleichzeitig hat sich in den letzten Jahren technologisch so viel und so schnell verändert, dass wir die Übersicht verloren haben. Unsere Kinder hingegen wachsen auf mit dieser Dynamik. Schauen wir unsere Kinder an! Sie kommen in der Regel mit den Alltagsanforderungen gut zurecht, bewegen sich souverän in den medialen Welten und erklären uns die neuesten Gadgets. Überforderung werden wir bei ihnen nur selten entdecken. Jedenfalls leben Kinder nicht in dem permanenten Ausnahmezustand, den viele Eltern für die Zukunft fürchten.

Die Arbeitswelt, in die unsere Kinder hineinwachsen, hat – im Gegenteil! – eine frohe Botschaft parat: Es wird kaum mehr Arbeitslosigkeit geben. Stattdessen Arbeit*er*losigkeit. Es werden Fachkräfte fehlen an allen wirtschaftlichen Ecken und Enden. Die Hauptursache dafür ist das Ausscheiden der Babyboomer aus dem Erwerbsleben. Diese Entwicklung wird auch nicht durch Migrationsströme kompensiert werden, die politisch ohnehin strittig sind. Auch die Digitalisierung wird nicht das Muster brechen, dass bei jedem technologischen Schub immer *mehr* Arbeitsplätze geschaffen werden, als zuvor vorhanden waren. Die Arbeitsplatzchancen unserer Kinder sind also grundsätzlich kein Grund zur Sorge.

Wie sie dann vorbereiten? Antwort: Gar nicht! Jedenfalls nicht in dem Sinne, dass wir unserem Kind berufliches Handwerkzeug geben, mit dem es die spätere Gegenwart bewältigen kann. Auch ein Studium ist heute nicht mehr der Passierschein zum sozialen Aufstieg. Wir sollten unserem Kind stattdessen zurufen: Tue das, was du *gerne* tust! Was du wirklich willst und kannst. Wo deine Leidenschaft dich hinzieht. Lass von allem die Finger, was gegenwärtig nachgefragt wird. Damit kämst du ohnehin immer zu spät. Wenn du deine Leidenschaft noch nicht kennst: Probiere aus, soviel du nur kannst. Mach viele Praktika, schau, wo du dich wohlfühlst. Und dann brauchst du *Glück*. Glück, dass der Markt gerade das verlangt, was du zu bieten hast. Planen kannst du es nicht. Falls sich jedoch der Zyklus von Angebot und Nachfrage von dir weggedreht hat, dann hast du wenigstens eine Zeit lang das getan, was du gerne tust. Andernfalls wärst du doppelt gekniffen. Kurzum: Es ist kein Kitsch, wenn man seinem Herzen folgt.

Kompetenzen der Zukunft

Lässt sich nicht doch etwas Erwartbares über die Zukunft aussagen? Was ein Kind lernen soll, um zukünftig »mithalten« zu können? Können wir ihm nicht doch etwas mitgeben? Kein Ziel vielleicht, aber einen Kompass? Sollen wir beispielsweise in die soziale Intelligenz investieren, weil Maschinen das schlecht beherrschen? Sollen wir das Kind endlos gamen lassen, weil das die Anpassung an Unvorhersehbares schult und schnelle Entscheidungen trainiert? Oder sollen wir es gar Mandarin lernen lassen (gute Nachricht: braucht es nicht, wird demnächst eine Smartwatch übersetzen)?

Dazu Folgendes mit allem Vorbehalt.

Alles, was digitalisiert werden kann, wird digitalisiert werden, und die Künstliche Intelligenz (KI) wird in vielen Bereichen der Arbeitswelt Aufgaben übernehmen, die heute von Menschen erledigt werden. Dennoch werden nicht so viele Arbeitsplätze durch Digitalisierung und KI verloren gehen, wie wir heute zuweilen befürchten. Auf der erwartbar sicheren Seite wird unser

Kind sein, wenn es eine Aufgabe wählt, die ein Computer oder eine KI nicht besser oder schneller erledigen kann. Es ist also klug, Berufe anzustreben, die zwischenmenschliche oder gar körpernahe Fähigkeiten erfordern. Steigende Beschäftigung ist überdies zu erwarten in den Bereichen Gesundheit, Bildung und Management.

Sodann können wir riskieren, ein paar *Kompetenzen* einzukreisen, die aller Wahrscheinlichkeit nach zukunftsfähig sind. Es ist ausgeschlossen, den ganzen Kanon an Fähigkeiten aufblättern, der dazu relevant sein könnte. Denn natürlich steht auch unser Kind vor denselben Herausforderungen, vor denen wir einst standen: Selbstwirksamkeit entdecken, Ich-Stärke aufbauen, Einfühlungsvermögen entwickeln. Das war immer so, das wird immer so sein. Was aber wird besonders sein? *Metakompetenzen*! Das sind Kompetenzen, die so universal sind, dass sie in unterschiedlichen Berufsbereichen nützlich sind. Welche wären das?

Um zu ihnen zu gelangen, müssen wir die Idee von Normalität hinterfragen, die allem Wahrnehmen und Bewerten zugrunde liegt. Nicht zuletzt Corona und der russische Einmarsch in die Ukraine haben uns gezeigt, dass die Idee der »Normalität« zunehmend bröckelt. Es reicht nicht mehr, uns auf erwartbare Regelmäßigkeiten vorzubereiten. Wir müssen lernen, nicht das Vertraute linear in die Zukunft zu verlängern. Das kann man üben: Möglichkeitsbewusstsein, Vorstellungskraft und Phantasie werden durch Kunst, Malerei, Gedichte, Theater und Musik *gebildet*. Nicht durch wissensbasiertes Training. Die scheinbar überflüssigen Ballaststoffe der letzten Jahrzehnte sind heute Übungsstätten der Zukunftsfähigkeit. *Bildung* unterscheidet Urteil und Meinung, Verstand und Gefühl, Faktum und Deutung. Bildung arbeitet mit Leitdifferenzen wie Ursache/Wirkung, Inhalt/Form oder Kausalität/Korrelation. Und sie kann Zusammenhänge erkennen und Unverbundenes verbinden, wie es ja die Digitalisierung praktiziert.

Wenn wir uns einen kurzen Seitenblick in die Reichenforschung erlauben, dann machen den entscheidenden Unterschied weder Erbe noch Ausbildung noch konjunkturelle Faktoren aus. Es ist die *Persönlichkeit*. Self-made-Millionäre sind im Vergleich zur Allgemeinbevölkerung risikobereiter, emotional stabiler, gewissenhafter und offener für neue Erfahrungen. Für all das können wir als Eltern ein günstiges Klima schaffen. Persönlichkeit schlägt Ausbildung – das ist keine schlechte Meldung.

Ferner: Wenn der Zusammenhang zwischen idealer Ausbildung und Berufserfolg sich immer mehr auflöst, wird die Fähigkeit zur *Kurskorrektur* umso wichtiger. Die dürfen wir nicht als Planungsfehler interpretieren, sondern als Neuanpassung an Situationen, die nie vollständig im Voraus zu berechnen sind. Neugierig zu sein und zu bleiben, Lernfreude zu entwickeln, flexibel zu sein und zu bleiben – das zählt unter den zu erwartenden wirtschaftlichen Bedingungen mehr als formale Zertifikate. Denn die haben ein rasches Verfallsdatum. Wer das Korrigieren gelernt hat, der braucht vielleicht eine Ausbildung als Grundlage, aber keine ideale, keine »richtige«. Es gibt diese ebenso wenig wie die perfekte Partnerwahl, den perfekten Job oder die perfekte Unternehmensstrategie. Das sind Mythen. Was zukünftig unerlässlich wird, ist die Kunst des Korrigierens, zügig und ohne Bedauern. Diese Fähigkeit sollte in der Schule gelehrt werden.

Die Metakompetenz der Korrekturfähigkeit hat eine hohe Schnittmenge mit pragmatischem Entscheiden, dem Umgang mit Unschärfe, Elastizität bei Ambivalenzen. Gerade aus diesem Punkt erwächst ein Lernziel, das wir etwa ab dem zwölften Lebensjahr unserer Kinder anstreben sollten: der Umgang mit *Mehrdeutigkeit*. Nur wenige Fähigkeiten werden in einer globalisierten Zukunft so notwendig sein wie die Fähigkeit, gelassen und situationsangemessen zwischen Alternativen und Widersprüchen zu pendeln.

Wenn wir diese Fähigkeit des Kindes entwickeln wollen, dann ist die Mindestbedingung, *alternative Wertvorstellungen* nicht zu ächten. Menschen wenigstens nicht abzuwerten, die andere Werte vorziehen. Seien es Werte kultureller, religiöser oder sozialer Art. Wir sollten das Kind für unkonventionelle Lebensentwürfe sensibilisieren, also nicht bestimmte Konzepte als alternativlos vorgeben. Wenn wir diese Mindestbedingung überschreiten wollen, dann können wir dem Kind verschiedene *Projekte* vorschlagen. Projekte als Gelegenheit, bestimmte Werte zu schätzen oder auch abzulehnen. Zum Beispiel ein Baumhaus zu errichten, einen Garten zu pflegen, Gemüse anzubauen, ein Tier zu versorgen, in einem Orchester zu musizieren, bei einem Feriencamp mit behinderten Kindern zu helfen, mal eine Woche in einer Firma zu arbeiten. So kann das Kind lernen, seinen eigenen Kompass zu entwickeln und auf dieser Basis sein Leben später nicht nur zu leben, sondern selbst zu »führen«.

In einer Multioptionsgesellschaft muss ein Kind befähigt werden, trotz einer Überfülle an Möglichkeiten Entscheidungen zu treffen und zu ihnen zu stehen – im Guten wie im Schlechten. Und nicht nach Lust und Laune zur nächstbesten Option zu greifen. Sonst wird es später aus Furcht, ein besseres Leben zu verpassen, genau das Leben verpassen, das gerade stattfindet.

Werden, was man ist

Wenden wir uns nun einigen Erziehungszielen zu, die auf einer abstrakten Metaebene angesiedelt sind. Vielleicht sind das keine Ziele im engeren Sinne, eher *Richtungen*. Interessanterweise haben sie lange historische Wurzeln, widerhallen daher aktuell nur schwach, mischen sich aber als Hintergrundrauschen in unser tägliches Erziehen. Beginnen wir mit der Vorstellung von einem unverrückbaren »Selbst« des Kindes.

»Singularisierung des Kindes« – so kann man, angelehnt an den Soziologen Andreas Reckwitz, die gegenwartstypische Überzeugung nennen, dass jedes Kind nicht nur *anders* ist, sondern auch *besonders*. Schon die Frühförderung zielt darauf ab, das Kind zur Selbstentfaltung anzuregen und ihm Einzigartigkeit beizubringen. Gesamtgesellschaftlich mündet das in Hyperindividualisierung mit dem Imperativ »Sei ganz du!«.

Für die Erziehung hat dieser Trend eine vergangenheitskritische Spitze: Die totalitäre Vergemeinschaftung im Nationalsozialismus und in der DDR bilden den traumatischen Hintergrund, von dem man sich absetzen will. Der kritische Akzent richtet sich jedoch auch auf die Gegenwart: In der Priorisierung der kindlichen Individualität verbirgt sich eine Widerstandsformel gegen die Zwänge der bürgerlichen Gesellschaft. Man solle, so die Forderung, treu dem *Wesenskern* des Kindes erziehen. Das setzt voraus, dass es diesen Kern tatsächlich *gibt*.

Stellvertretend für jene, die an das »wahre Selbst« des Kindes glauben, stehen Michel de Montaigne und insbesondere Jean-Jacques Rousseau, der Genfer Generalkritiker alles Künstlichen. Sie plädieren für das »wilde« Kind, für Repressionsfreiheit und reine Gegenwart – befreit von der Last der Zukunft. Das Motto: »Werde, was du bist!« Man spricht dann von der »Natur« dieses Kindes, vielleicht sogar von dessen »Seele«. Das Kind sei zu etwas »berufen«, sollte daraus auch einen »Beruf« machen, weil nur dieses eine Kind den »Ruf« hören könne. Entsprechend steht Erziehung im Verdacht des »Verbiegens« und »Entartens«, ist also Gefahr für das Kind.

Moderne Eltern werden dem insoweit zustimmen, als dass das Kind die Chance haben soll, sein Eigenes zu entfalten. Man müsse im Kind immer das Individuelle sehen, vom Kind her denken, den »Schlüssel« zum Kind finden. Dann könne man es seiner »natürlichen Bestimmung« zuführen.

Die Absicht ist sympathisch. Sie setzt jedoch nicht nur voraus, dass ein Wesenskern des Kindes existiert, sondern dass man ihn auch beobachten kann – dass ein Kind *verstehbar* sei. Da dürfen wir mutig von Mystizismus sprechen. Niemand kann in einen anderen Menschen hineinsehen. Über den Kern eines Kindes können wir nur spekulieren. Das, was wir da vielleicht zu erkennen meinen, ist eher eine Projektion unserer eigenen Innenwelt. Wir können ohnehin beim anderen nur erkennen, was wir selber kennen. Es ist daher mehr als fragwürdig, wenn wir das, was wir selber kennen, dem Anderssein des Kindes überstülpen.

Sollte es tatsächlich eine unbeeinflussbare Essenz der Kindespersönlichkeit geben, dann ist die allenfalls *retrospektiv* erkennbar. Vielleicht erkennen wir später eine Lebenslinie, die ein gleichbleibendes Muster aufscheinen lässt. Wir können deshalb im Nachhinein nur sagen, dass ein Kind ein bestimmtes Potenzial *hatte*. Es muss diesen Kern schon realisiert haben, um ihn beobachten zu können.

Es mag sein, dass ein Kind einen eigenen, unverwechselbaren Charakter hat, etwa durch Prägungen, die möglicherweise weit in die familiäre Vergangenheit zurückreichen. Wenn das der Fall ist, dann wird sich der Charakter zwangsläufig in bestimmter Weise entwickeln. Mit oder ohne unser Zutun. Aus dieser Perspektive wären wir als Eltern aus dem Schneider … doch halt! Nicht ganz. Im Schlepptau der Schlüssel-Idee schleift nämlich eine Unterstellung: Wenn wir diesen vermeintlichen Schlüssel nicht finden, sind wir als Eltern unsensibel, bemühen uns nicht ausreichend. Da ist er wieder: ein illusionsgeborener Anspruch, der Eltern das Gefühl des Ungenügens gibt.

Wir sollten uns zurücklehnen. Schon aus ethischen Erwägungen. Ein Kind »aufschließen«? Ist das überhaupt menschenmöglich? Nein, das ist nicht nur unrealistisch, sondern auch übergriffig. Praktischer ist es, Abstand zu halten vom Wunsch des Verstehenkönnens. Wir sollten das Kind in seiner Unverstehbarkeit ehren. Als einen Menschen, der zu ganzer Unbegreiflichkeit reift. Bestenfalls können wir Hypothesen bilden, spielerisch damit umgehen und vielleicht finden, was wirkt oder passt. Wir können unserem Kind einen nährstoffreichen Raum bieten und ihm Zeit für seine Entfaltung lassen. Ein zurückhaltendes Lassen und Zulassen. Gut für das Kind. Und für uns Eltern weniger schweißtreibend.

Werden, was man werden kann

Nicht wenige Menschen können mit Rousseaus Vorstellung einer innewohnenden Substanz des Kindes nichts anfangen. Ihrer Auffassung nach kann das Kind im Grunde alles werden, es ist umfassend formbar, hat allgemeine Potenziale, die sich in nahezu jede Richtung entwickeln können. Das Motto dazu: »Werde, was du *werden* kannst!« Was immer das sei: Schriftsteller, Wimbledonsieger, Ministerpräsident. Das Kind sei auch nicht zu etwas »bestimmt«, sondern könne die Fülle des Lebens ausschöpfen. Nichts ist unmöglich! Erziehung (wieder: vorrangig durch die Eltern) sei entsprechend aktiv zu gestalten. Bis zur Extremform des Drills von »Tigermüttern«.

Das moderne Erziehungsdenken irrt hin und her zwischen dem Kind als »Naturwesen« und dem Kind als »Kulturprogramm«. Beleuchten wir das Thema, indem wir uns dem Schweizer Kinderarzt Remo H. Largo zuwenden – einem der großen Erziehungsautoritäten der letzten Jahrzehnte.

Remo H. Largos zentrales Erziehungsziel lautet, ein Kind solle »selbstbestimmt zu dem einzigartigen Wesen werden, das in ihm angelegt ist«. Es lohnt sich, diesen Satz Wort für Wort zu lesen. Er scheint einer magistralen Sphäre zu entstammen, in der kein Einwand erlaubt ist. Er könnte sich sogar auf Martin Heidegger stützen, der Erziehung als eine Weise des »Entbergens« beschrieb, des Hervorbringens der verborgenen Persönlichkeit.

Mit allem gebotenen Respekt: Wir wagen dennoch einen Einspruch. Denn dieser Satz erhebt hohe Forderungen – wie mir scheint, überhöhte. Nicht nur, dass er sich in einer hinnehmbaren Paradoxie verstrickt: Wenn etwas angelegt ist, kann es mit der Selbstbestimmung nicht sehr weit her sein. Er überzieht aber in allen genannten Dimensionen: in der Selbstbestimmung, in der Einzigartigkeit, im Angelegtsein.

Selbstbestimmung: Wir Eltern haben einen Erziehungsauftrag. Damit ist Erziehung wesentlich Fremdbestimmung. Die Gesellschaft hat ein Recht auf ein sozial akzeptables Verhalten seiner Mitglieder. Es steht uns nicht frei, dieses Recht zugunsten eines »selbstbestimmten« Kindes zur Seite zu schieben. Entsprechend wäre es ein Irrweg, moderne Erziehung nicht mehr vom großen Ganzen her zu denken, sondern vom Einzelnen. Selbstverständlich müssen wir das Kind in seiner Eigenart respektieren, auch in seiner Normabweichung. Aber alle fremdbestimmenden Soll-Vorgaben gegenüber dem Kind aufzugeben, hieße, Erziehung als solche aufzugeben.

Einzigartigkeit: Jedes Kind ist zweifellos und vollumfänglich ein Individuum. Dennoch sollten wir die Frage zulassen: Sind wir als Menschen wirklich *nur* einzigartig? Sind wir nicht ebenso *ähnlich*? Ähnlich im Sinne von biologischer Grundausstattung? Ähnlich im Sinne von verbindenden Elementen wie Mitgefühl, Solidarität und Verantwortung? Haben wir nichts Gemeinsames mehr, etwas, was uns aufeinander bezieht – Menschlichkeit etwa,

Leidensfähigkeit, Würde? Wir müssen uns nicht dauernd in unserer Singularität feiern. Wir geben nicht gleich unsere Individualität auf, wenn wir das Verbindende betonen.

Angelegtsein: Was Vererbung angeht, schlagen sich die weltanschaulichen Lager seit Jahrzehnten die Köpfe ein. Was ist vorherbestimmt, was ist formbar? Kann wirklich niemand »aus seiner Haut raus«? Wird unser Geschlecht durch kulturelle Einflüsse »konstruiert«, oder ist es biologisch festgelegt? Nietzsche, voller Entschiedenheit: »Ergreife, gestalte dich, mache dich neu.« Aristoteles würde mit den Augen rollen: »Du kannst nicht selbst bestimmen, wer du bist. Erkenne dich und handle entsprechend.« Man sieht: Die Diskussion ist ebenso alt wie müßig. Zudem politisch vergiftet, zerrissen zwischen lechts und rinks. Wie damit umgehen? Wir sollten beides beachten. Unsere Gene brauchen eine Umwelt, um sich überhaupt auszuprägen. Aber auch alle kulturelle Entwicklung findet in einem biologisch bestimmten Einzelwesen statt. Es gibt da keine scharfe Trennung. Es reicht also, von Persönlichkeitsanteilen auszugehen, die wir uns als genetische Voraussetzungen denken dürfen, als *Potenziale*, die im Lebenslauf aktualisiert werden können. Angelegt ist der Möglichkeit nach vieles; was sich aber davon entwickelt, ist nicht vorherbestimmt.

Wir können und dürfen nicht bestreiten, dass es ein stabiles Ich des Kindes gibt. Sollte es aber einen solchen unwandelbaren Kern geben, dann können wir diesen nicht *beobachten*, ohne dass wir uns als Beobachter wahrnehmend und bewertend »einmischen«. Und Wahrnehmen und Bewertung sagen nun mal mehr *über uns* als Beobachter aus als über das Kind. Das Kind passt sich zudem unterschiedlichen Beobachtern und Umwelten an. Deshalb können wir nicht sagen, wer oder wie es »ist«. Jedenfalls nicht ohne den Kontext zu benennen. Denn mit jedem anderen Menschen, den es in einem ernst zu nehmenden Sinn auf sich bezieht, tritt es in *Resonanz*, wird es ein »anderer«. Wir können ein Kind nicht wie in einem Reagenzglas isolieren und betrachten.

Das ist der Einsprüche noch nicht genug. Denn schließlich bemüht Largo den Unterschied zwischen *Werden* und *Sein*. Also: Das Kind soll werden, was es ist. Ein berühmtes philosophisches Dilemma: Wie kann man schon sein, wenn man noch wird? Unsere Antwort: Indem wir ein »und« hinzufügen. Dass wir werden *und* sind. Dass sich eine Person *wechselwirksam* bildet. Wechselwirksam heißt: Alle Menschen werden mit unterschiedlichem Material geboren, und nicht alle Menschen reagieren auf eine identische Situation in gleicher Weise.

Unsere Persönlichkeit basiert damit auf einem Grundwiderspruch. Wir sind gleich und unterschiedlich zugleich, wir sind uneindeutig, wir sind eine Vereinigungsmenge (wie die Mengenlehre sagen würde). Anders ausgedrückt: Wir sind das, was passiert, wenn man fünfe gerade sein lässt.

»Selbstbestimmt zu dem einzigartigen Wesen werden, das in ihm angelegt ist« – dieser Satz gibt uns also Gelegenheit, auf das hinzuweisen, was er außer Acht lässt: gesellschaftliche Forderungen, biologische Ähnlichkeiten und umweltbedingte Wechselwirksamkeiten. Sonst wäre die Botschaft des großen Kinderarztes geeignet, bei Eltern eine Erwartung zu bilden, der niemand gerecht werden kann. Zu viel würde diese Forderung uns aufbürden, zurück bliebe ein Gefühl des Unzureichenden. Deutlicher noch: Einem heroischen Erziehungshandeln *dürfen* wir gar nicht entsprechen. Weil es Mehrdeutigkeiten ausblendet. Es hätte sich in eine Wirklichkeit verirrt, in der Erziehung nichts zu suchen hat.

Werden wie die Kinder

»Kinder-Idolatrie« – so nennt der Philosoph Peter Sloterdijk die Verehrung alles Kindlichen in unserer Gesellschaft. Für diesen Befund gibt es viele Belege. Bestseller preisen die »Weisheit von Kindern«, von denen Erwachsene lernen könnten: Menschlichkeit und Spontanität (oder ungezügelten Egoismus?). Amerikaner warnen einander auf Grußkarten: »Don't grow up, it's a trap.« Kinder werden als Weltenretter verehrt, sie seien die wahren Philosophen, an deren tiefgründige Fragen kein Erwachsener heranreicht. »Kinder an die Macht«, irrlichterte schon Herbert Grönemeyer, sentimental nur noch überboten von »Sind so kleine Hände« von Bettina Wegner. Und dass Kindermund die berühmte »Wahrheit« kundtut, ist schon erkenntnistheoretisch unwahrscheinlich. Besonders gefallen uns ernst dreinblickende Wunderkinder am Schachbrett, fünfjährige Klaviervirtuosen oder greisenhafte Greta-Thunberg-Jahrgänge. Wahlrecht für Pubertierende! Ernsthaft? Auch wenn wir anerkennen, dass die Sorgen der Jugend berechtigt sind: Waren heutige Erwachsene nicht auch mal Kinder? Warum haben sie damals nicht die Welt gerettet? In solchen Parolen äußert sich die Sehnsucht nach dem Noch-nicht-aus-dem-Paradies-vertrieben-Sein, dem Reinen, Ursprünglichen. So wie es uns Rousseau gelehrt hat. Zweifellos, wir sollten die Perspektive von Kindern respektieren – ohne sie als bessere Menschen vorzuführen.

Aber hatte Jesus nicht im Markusevangelium gefordert: »Lasst die Kinder zu mir kommen …, denn Menschen wie ihnen gehört das Reich Gottes.« Was könnte er gemeint haben? Wir können uns dem nähern, indem wir einen kleinen Umweg machen und uns an Großes wagen – etwa fragen nach dem *Sinn des Lebens.* In der Wirrnis eines menschlichen Lebenslaufes, in dem Flickenteppich unserer Ziele, Erwartungen, Hoffnungen und Irrtümer, in dem Hin und Her zwischen Erfolg und Misserfolg, das schließlich mit unserem Tod endet – gibt es da etwas Grundsätzliches, das dem Ganzen eine unbestreitbare Wahrheit unterlegt? Beantworten können wir diese Frage letztlich nicht. Den Sinn des Lebens kann man nicht finden, sondern nur *suchen* (außer man hat sich einer Religion angeschlossen). Und wir können ein Element herausstellen, welches zumindest sagt, wie wir ihn *nicht* finden werden. Denn viele Kulturen sind sich einig in der Antwort: Den Sinn des Lebens verfehlen wir garantiert, wenn wir das Leben unter die *Herrschaft des Sekundären* stellen.

Damit ist gemeint, dass wir etwas tun, um etwas *anderes* zu erreichen. Etwas, was jenseits dieses Tuns liegt. Unser Tun ist dann nur Mittel zu einem anderen Zweck – und damit nichts Primäres mehr. Es geht dabei meist um ein »Später«, das angstbesetzt ist. Etwa: Was braucht mein Kind, um später im Beruf und Leben erfolgreich zu sein? Schon in der Kita wird deshalb nicht gespielt, um zu spielen, sondern um den Zahlenraum zu erweitern. Das Kind soll auch nicht Hockey spielen, um Hockey zu spielen, sondern um Fähigkeiten zu entwickeln, die später einmal nützlich sein könnten – zum Beispiel um »Mannschaftssport« im Lebenslauf ausweisen zu können; das verweist auf Teamfähigkeit. Es soll auch nicht Klavier spielen, um Klavier zu spielen, sondern um bestimmte Gehirnareale zu aktivieren. Kurzum: Auch wenn wir nicht überkritisch sind, so wird doch vieles, was getan wird, nicht um der Sache selbst willen getan, sondern um es später mal »zu etwas zu bringen«.

Wenn wir nach dem Sinn des Lebens suchen, dann nach Tätigkeiten, die ihren *Zweck in sich* tragen. Tätigkeiten also, die nicht auf ein Außerhalb zielen. Was kann das sein? Das gedankenverlorene *Spiel* fällt uns wahrscheinlich zuerst ein, Tanz, Gesang, vielleicht auch noch künstlerisches Gestalten. Aber kann es nicht auch etwas ganz Profanes sein? Hemdenbügeln etwa?

Kartoffelschälen? Treppenputzen? Oder was ist mit Windelwechseln? Was ist mit La-le-lu-Singen zum 1000. Mal? Wir wissen, nicht alles in den Elternjahren ist großartig; und dennoch: *Alle* Handlungen können zum Selbstzweck werden, auch wenn dies auf den ersten Blick absurd erscheint. Es ist eine Frage der *Haltung*. Es kommt auf die innere Einstellung an, auf den Grad der Bewusstheit, mit dem wir die Dinge tun – ob wir wirklich »bei der Sache« sind. Dann können wir »werden wie die Kinder«. Dann kann sich der Mann bei aller Männlichkeit die Begeisterungsfähigkeit des Kindes erhalten. Dann kann sich die Frau bei aller Fraulichkeit den mädchenhaften Charme erhalten. Menschen, die der Gegenwart zugewandt sind, wirken immer jung. Egal, wie alt sie sind.

Anders ausgedrückt: Wir bekommen das vom Leben zurück, was wir in jedem Augenblick hineingeben. Beispielsweise, wenn wir uns bewusst *entschließen*, scheinbar Nebensächliches zu tun. Dann erleiden wir es nicht. Wenn wir es aber lediglich hinter uns bringen wollen, wenn wir wünschen, dass es vorbeigeht, dann erleben wir auch nicht die Befriedigung, die dem *Augenblick* entspringt.

Zugegeben, es gibt Elternarbeit, die eine Verwandlung in einen Selbstzweck erschwert. Es gibt jedoch auch kein Naturgesetz, das ein solches Hingegebensein an das Tun ausschlösse. Sinn gibt es nicht ohne Willenskraft! Albert Camus hat diese Einsicht in einem Satz zusammengefasst: »Wir müssen uns Sisyphos als einen glücklichen Menschen vorstellen.« Wie das? War nicht sein Tun völlig sinnlos, weil der mühsam auf den Berg hinaufgerollte Stein jedes Mal auf der anderen Seite wieder hinabrollte? Nein, sein Handeln wäre nur dann sinnlos, wenn er die *Erwartung* gehabt hätte, der Stein bliebe oben. Dann aber wäre sein Spiel vorbei gewesen. Da es aber weiterging, müssen wir uns Sisyphos als glücklichen Menschen vorstellen.

Es ist tragisch, wenn Erziehung die Frische kindlicher Hingabe der Last des Sekundären unterjocht. In gleicher Weise tragisch, wenn wir den Sinn der Erziehung nur von ihrem Ziel her denken, von ihrem Ergebnis, vom Ende. Und nicht als Prozess des Wege-Gehens und Sich-entwickeln-Lassens.

Aus diesen Überlegungen können wir einen Leitsatz für die Elternjahre ableiten: »Unterlasse alles, was du nicht um seiner selbst willen tun willst.« Das ist ein Erziehungsziel für uns Eltern. Das kann auch als Erziehungsziel für das Kind gewendet werden. Unsere Erziehung sollte bewirken, dass dem Kind die angeborene Fähigkeit zum Primären nicht abhandenkommt. Dass nicht das »um zu« alles dominiert. Sondern die Hingabe an den Augenblick erhalten bleibt, in der der Mensch seine Zeitlichkeit vergisst. Wo er ganz bei sich ist. Kein Vorher und kein Nachher kennt. Daraus haben Denker seit Jahrhunderten den Vorschlag abgeleitet, mehr in der Gegenwart zu leben: von den Stoikern im 3. Jahrhundert v. Chr. über das »Sorge dich nicht, lebe« bis zum »Power of Now«. Kein dummer Hinweis, auch wenn er nie vollständig gelingt.

Kind sein

Von klein auf werden wir dazu erzogen, auf das Glück der Gegenwart zu verzichten und an die Zukunft zu denken. »Opfer des Augenblicks an die Zukunft« nannten es die beiden Philosophen Horkheimer und Adorno. Neigen wir deshalb dazu, mit unserem Handeln auf ein »Danach« zu zielen – etwa, wenn wir studieren, weil wir »danach« ein Examen haben wollen und »danach« Arzt werden und »danach« Chefarzt und uns »danach« auf den Lorbeerblättern unserer Rente ausruhen wollen? Neigen wir dazu, auch in den Elternjahren die Gegenwart zu überspringen, die

Kinder großzuziehen, sie zur Eile anzutreiben? Sind wir nicht permanent dabei, das Kind *vorzubereiten*?

Aus dieser Haltung heraus ist das Kind irgendwie unvollständig, ein Noch-Nicht. Sowohl sachlich wie zeitlich. Dadurch bekommt Kindheit einen *Brückencharakter*. Kindheit ist dann kein Lebensabschnitt eigenen Rechts, sondern ist lediglich der Vorspann für das eigentliche Leben, das danach kommt.

Was auf der Strecke bleibt, kaum überraschend, ist das Hier und Jetzt. Die Konsequenz für die Elternjahre wird immer übersehen: Damit wird der *Konflikt* mit dem Kind zum Dauerprogramm. Kinder sind ja in beneidenswerter Weise *gegenwärtig*, leben in einer Jetzt-Welt. Sie sind vollständig präsent, kennen keine Zukunft, interessieren sich nicht für das, was morgen sein wird. Wie schön es ist, ihnen dabei zuzusehen … wenn da nicht die Hintergedanken wären, mit denen wir die Zukunft unserer Kinder entwerfen, ihre Wege planen – und dann ihre Hingabe im zweckfreien Spiel bald als »nutzlos« erleben. Folglich spicken wir sie mit pädagogischen »Herausforderungen«.

Diese Analyse kommt nicht ganz ohne Drohung aus. Denn Kinder werden immer unglücklicher – zu diesem Urteil kommen unisono die Weltgesundheitsorganisation WHO, die UNICEF und das Deutsche Kinderhilfswerk. Verglichen mit älteren Generationen können Kinder heute weniger vertieft spielen, dürfen sie weniger Kind sein. Hingegen werden vermehrt *depressive Symptome* an Kindern festgestellt. Und selbst wenn wir gegenüber den zugrunde liegenden Daten skeptisch bleiben sollten – eine Tendenz ist unabweisbar.

Wenn wir diese bedrückende Aussicht für unser Kind vermeiden wollen, dann sollten wir der Kindheit wieder einen *Eigenwert* zusprechen. Wir sollten uns erinnern, dass Kindheit ein *Wert an sich* ist. In mancher Hinsicht ist es vielleicht sogar der Höhepunkt unseres Lebens. Wenn wir spielen dürfen – um zu spielen, nicht um irgendeine Intelligenz zu stimulieren. Wenn wir gegenwärtig sind, von Sorge ungetrübt. Wenn wir dem nachgehen dürfen, was spontan unsere Aufmerksamkeit erregt. Die Zeit ist ohnehin kurz, in der wir Kind sein dürfen. Die Welt der Erwachsenen kommt früh genug.

Das Leben lässt sich anschauen als ein verrinnender Fluss von ersten Malen. Deshalb ist die Kindheit oft golden. Alles ist neu. Aber auch wir Erwachsene können in den Elternjahren diese immer seltener werdenden Momente wieder vermehrt erleben, sie frisch und erstmalig im Netz unserer Erinnerungen auffangen. Erst danach beginnt wieder der Abstieg zum Ende des Lebens. Deshalb hier der Gegenentwurf für die Elternjahre: Nicht immer animieren, sondern betrachten. Zeit- und Ziellosigkeit leben. Ein Leben aus dem Wollen führen, nicht aus dem Sollen. Lassen wir dem Kind Zeit, Kind zu sein! Im Augenblick zu leben. Und lassen wir uns als Eltern Zeit, uns an diesem Augenblick zu erfreuen. Der Augenblick zeigt das Singuläre des Kindes. Es ist eine tragische Paradoxie, dass Eltern, die das Besondere des Kindes fördern wollen, es genau dadurch verschleifen, dass sie das Kind in den Mainstream des zukünftig Gewünschten einschleusen!

Das Band, das Eltern und Kind verbindet, ist nicht zuletzt eine Form des *Genießens*. Dieses Genießen stellt sich nicht von alleine ein, dafür muss man was tun. Vor allem müssen wir vieles lassen, welches das Genießen vereitelt: Leben unter der Dauerdrohung der Zukunft, Dominanz des »Sollens«, sich vom Erleben der Alltäglichkeit ablenken lassen, verbissen auf morgen starren, die Vielfalt der Möglichkeiten ignorieren. Kein Ziel muss notwendig erreicht werden. Wenn das Kind es verfehlt, war der Weg dorthin es trotzdem wert, gelebt zu werden. Das beinhaltet auch das Behagen an Alltäglichkeit, Mitfreuen, Mitleiden, Spielen, Raum für Muße, nicht nur an Wochenenden, Glück des Entdeckens, des

»Unbedingte-Liebe-Spürens« und, älter werdend, das Gespräch genießen, das mit Kindern oft so fundamental wird. Sternstunden der Elternjahre. Kleine Siege über die Endlichkeit.

Bürger werden

Beenden wir dieses Kapitel mit einem Erziehungsziel, das in den letzten Jahrzehnten einiges an Ansehen verloren hat: Bürger werden.

»Wir werden schwach geboren und bedürfen der Kräfte; wir werden hilflos geboren und bedürfen des Beistands; wir werden dumm geboren und bedürfen des Verstandes.« Schon wieder Jean-Jacques Rousseau, zu Beginn seines Romans *Émile oder Über die Erziehung*. Ergänzen dürfen wir, dass uns etliches an sozialer Grundausstattung fehlt: Alle Kinder sind Radikalegoisten. Weshalb wir Geschöpfe sind, die zur Sozialität erzogen werden müssen.

Dafür sind die gegenwärtigen Bedingungen ungünstig. Tendenziell leben wir ein gemeinschaftsloses Dasein. Da gibt es über die familiären Kleinzellen hinaus kaum ein lebendiges Wir, auf das wir uns tatkräftig beziehen. Das merkt man insbesondere daran, dass bei Verlust eines geliebten Menschen oft eine ganze Welt zusammenbricht. Zudem leben wir in einer Gesellschaft, die kaum mehr daran glaubt, gemeinsam an einem gesellschaftlichen Projekt zu arbeiten. Wir haben – wie mir scheint: unbegründet – die Verheißung einer prosperierenden Zukunft aufgegeben. Deshalb machen wir das Individuum zum Projekt. Und das beginnt beim Kind. Entsprechend rangiert in der gegenwartstypischen Erziehung das vermeintliche Kindesinteresse *vor* den Sozialinteressen. Wer aufmerksam ist, spürt das am schleichenden Niedergang von Anstand und Autorität. Überall sichtbar sind die Phänomene der Missachtung fundamentaler Übereinkünfte, die das

Handeln von Individuen unter ein übergeordnetes Wohl stellen. Stattdessen erleben wir eine Hyperkultur der Selbstverwirklichung, die keine persönliche *Chance* mehr ist, sondern eine gesellschaftliche *Norm*.

Wir können mithin nicht über Erziehung nachdenken, ohne gleichzeitig über unser Zusammenleben nachzudenken. Wir sind nämlich in weit höherem Maße soziale Wesen, als das gemeinhin anerkannt wird. Nicht nur als Familie, sondern auch als Gesellschaft. In beiden Fällen sind wir voneinander abhängig, sind wir wechselseitig verpflichtet. Es geht langfristig niemandem gut, wenn es anderen schlecht geht. Immanuel Kants zweiter Grundsatz zur Erziehung lautet entsprechend: Man müsse dem Kind zeigen, »daß es seine Zwecke nicht anders erreichen könne, als nur dadurch, daß es Andere ihre Zwecke auch erreichen lasse …« Genau diese Verpflichtung muss die Erziehung unseres Kindes leiten. Das Kind soll sich als soziales Wesen wahrnehmen, welches das Gemeinsame als Bedingung des Individuellen ehrt. Jeder Akt der Erziehung entscheidet über die Frage: Welche Gesellschaft wollen wir?

Seit alters her ist das Ziel von Erziehung die *Sozialisation*, also ein Kind gesellschaftlich anschlussfähig zu machen. Es muss zunächst die Spielregeln einer Gesellschaft lernen und beherrschen, bevor es seine Individualität zur Geltung bringen kann. Wir sollten mithin darauf bestehen: Die Gesellschaft hat ein Recht darauf, dass Kinder zu sozialen Wesen erzogen werden. Insofern repräsentieren Eltern und Erziehungsinstitutionen gesellschaftliche Ordnung und Üblichkeit. Eine rein personenzentrische Erziehung, die sich ausschließlich an den Bedürfnissen des Kindes orientiert, ist mithin verantwortungslos: Falls das Kind asozial wird, müssen wir alle mit den Folgen leben. Selbst wenn man einräumt, dass der Einfluss der Eltern begrenzt ist, sind Eltern nicht nur Erziehungsberechtigte, sondern auch *Erziehungspflichtige*.

Was heißt nun Sozialisation für das konkrete Verhalten des Kindes? Dieses: Wechselseitigkeit anerkennen. Rücksichtnahme. Die Rechte anderer respektieren. Für Ausgleich zu sorgen; nicht nur nehmen, sondern auch geben. Freundlichkeit gegenüber jedermann und jederzeit. Freiheit als allgemeines Prinzip achten, nicht nur als individuelles – denn die individuelle Freiheit endet dort, wo die Freiheit anderer beginnt.

Dieses Sozialisieren meint kein »Abrichten« oder gar »Dressieren« eines »Staatsbürgers« (wie es etwa um 1750 im Prozess der europäischen Staatenbildung hieß, oft mit dem Zusatz »gottesfürchtig«). Es meint kein »Schreien lassen stärkt die Lungen!« im Dienst für Volk und Vaterland. Es meint keine Konformität, meint keine Entindividualisierung, meint kein Mitläufertum. Dennoch sei diese Bemerkung erlaubt: Etwas mehr elterliche Stärke täte der gesellschaftlichen Dimension von Erziehung gut.

Unsere Überlegungen stoßen nun auf einen Dreieckskonflikt: Die Gesellschaft will brauchbare Bürger, Eltern wollen autonome Persönlichkeiten, Kinder wollen Anarchie. Das erzeugt automatisch Spannungen. So gibt es Denker, die den Anspruch der Gesellschaft bestreiten, ein konformes Individuum im Sinne von »Bürger werden« erziehen zu dürfen. Der französische Philosoph Michel Foucault zum Beispiel ist nicht bereit, sich mit einem »gesellschaftlichen Wohlergehen« als Erziehungsziel anzufreunden. Er lehnt disziplinierende Praktiken in jeder Form ab, spricht von der »Kerkerstruktur der Gesellschaft«. Auf Schritt und Tritt sieht er die Gefängnisse des Lebens.

Diese Denkfigur trifft auch heute noch den Zeitgeist. Maß man früher erfolgreiche Erziehung daran, wie sich das Besondere des Kindes zugunsten des Allgemeinen aufgab, so ist es heute eher das Aufgaben des Allgemeinen zugunsten des Besonderen. Ein perfektes Individuum ist das Ziel. Nicht mehr das allgemein Gebotene wird betont, sondern das individuell Wünschenswerte.

Nicht mehr das Gemeinsame, sondern das Trennende. Nicht mehr der Bürger, sondern das Identitäre – auch wenn es sich wieder zu Merkmalsgruppen zusammenschließt, die paradoxerweise allesamt Haufen von Ichlingen bilden, die Sonderbehandlung erwarten. Elitewerden ist zur Massenbewegung geworden. Lauter Individuen, ganze Heerscharen. Ignoriert wird – dürfen wir sagen: unaufrichtig? – das sonst so angehimmelte Wissen indigener Völker, das seit Urzeiten die sozialen Bezogenheiten hervorhebt.

Nun, wie ist die Spannung zwischen »Bürger sein« und »selbst sein« auszuhalten? Es ist, wie meistens im Leben, eine Gratwanderung. Fraglos ist das Individuelle im Kind wahrzunehmen, zu respektieren und zu mehren. Aber wenn Eltern diese Seite übergewichten, dann dürfen wir uns nicht wundern, wenn das Verbindende aus dem Blick gerät, auf welches das Kind als soziales Wesen angewiesen ist und auf das im Erwachsenenalter zu verzichten sich nur die wenigsten leisten können.

Naturgemäß können wir nicht Individuum und Gesellschaft gegeneinander ausspielen, aber doch die Gewichte verschieben. Treffen wir beherzt eine Wahl: Im Zielkonflikt zwischen den Interessen der Zivilgesellschaft und der individuellen Förderung des Kindes ist es elementarer, das Gemeinsame zu priorisieren. Schon Aristoteles sprach von einem »natürlichen Vorrang« der (Polis-)Gemeinschaft gegenüber dem Individuum. Das Individuum braucht die Gesellschaft mehr als umgekehrt die Gesellschaft das Individuum. Wem das zu weit geht, der denke an die *soziale Gesundheit* des Kindes. Ein Kind, das aufmerksam ist, sich fair und höflich verhält, sich an die Regeln hält, andere mitgewinnen lässt, nicht auf Kosten anderer lebt – dieses Kind wird Freunde finden, wo immer es hingeht. Und wie elementar Freunde sind für ein langes und gesundes Leben, das bestätigen nicht nur alle einschlägigen Forschungen, sondern auch die langen Listen alter und alternder Menschen, an deren Spitze konkurrenzlos »Familie und Freunde« als Grund für ein geglücktes Leben steht.

»Den Menschen zu erziehen heißt, ihn an der ›freien Entfaltung seiner Persönlichkeit‹ zu hindern.« Ja, genau so ist es, wie es der Aphoristiker Nicolás Gómez Dávila ironisiert. Und das ist gut so – denn »freie Entfaltung« ist nur möglich innerhalb eines allseits akzeptierten Rahmens friedlichen Zusammenlebens selbstverantwortlicher Bürger.

Fragen wir also, was einen selbstverantwortlichen Bürger ausmacht und was wir als Eltern dazu beitragen können. Da mir dieses Erziehungsziel besonders am Herzen liegt, wechsele ich kurz ins personale »Ich«.

Erziehungsziel Selbstverantwortung

Ich gehe mit Descartes und Kant davon aus, dass die Fähigkeit zum selbstverantwortlichen Denken und Handeln die »bestverteilte Sache der Welt« ist. Damit meine ich kein plattes »Alles ist möglich! Du musst nur wollen!« und auch kein heroisches »Never stop fighting!«, sondern einen Menschen, der selbst am Steuer seines Lebensautos sitzt. Der weder die Umstände fahren lässt noch das Wetter, weder das Sternzeichen noch eine mächtige konspirative Vereinigung mit dem Namen »die anderen«. Der den aufrechten Gang der Gängelung vorzieht. Der jede Form von Opfermentalität von sich weist. Als Autor, der ein ganzes Berufsleben über Erfolg gearbeitet hat, habe ich nicht den Schatten eines Zweifels: Das Lebensglück eines Menschen kommt nur dann zur Fülle, wenn er sich selbstverantwortlich weiß. Nur selbstverantwortlich öffnet sich die Chance auf ein materiell wie immateriell erfolgreiches Leben.

Was können wir als Eltern tun, um unser Kind zur Selbstverantwortung zu erziehen? Ist das überhaupt möglich? Oder landen wir in einem Dickicht von Widersprüchen, aus denen es kein Entrinnen gibt? Im Folgenden trage ich einige Aspekte zusammen, die uns beim »Erziehungsziel Selbstverantwortung« helfen können. Das tue ich nicht zuletzt deshalb, weil die daraus resultierende Mentalität für die Zukunft unserer westlichen Gesellschaften von unschätzbarer Bedeutung ist.

Wahlmöglichkeiten erhöhen

Wenn wir wollen, dass ein Kind sich verantwortlich fühlt, müssen wir das Kind *wählen lassen*. So häufig wie möglich. Das kann es etwa ab dem vierten Lebensjahr tun, abhängig vom Reifegrad. Nur wenn es eine Situation als *selbstgewählt* erlebt, besteht die Chance, dass es mit ganzem Herzen bei der Sache ist. Dann besteht die Chance zum Wollen. Sonst bleibt es beim Sollen.

Den natürlichen Selbstbestimmungswillen des Kindes gilt es aber mit der Erziehungsnotwendigkeit zu balancieren. Je nach Entwicklungsalter kann es daher sinnvoll sein, die Wahlmöglichkeiten pädagogisch einzuschränken. Statt »Was magst du essen?« besser: »Magst du lieber Kartoffeln oder lieber Nudeln?« Wir können auch dem Kind mögliche Konsequenzen der Alternativen schildern, soweit wir sie überblicken können. Wir können ausgewogen veranschaulichen, welche Vor- und Nachteile zum Beispiel Ferien am Meer oder Ferien in den Bergen haben. So können wir das Kind autonom lassen, ohne den Erziehungsauftrag zu vernachlässigen.

Selbstverantwortung kann sich grundlegend nur entwickeln, wenn das Handeln des Kindes nicht übermäßig durch Ge- und Verbote eingeengt ist. Jede Regel ist daher auf ihre Notwendigkeit zu überprüfen. Im Zweifel sollten wir sie unterlassen. Das bedeutet für uns Eltern bewusst akzeptierte Unsicherheit. Deshalb mag es zwar ineffizient sein, die Wahlmöglichkeiten des Kindes sukzessive zu erhöhen, weil wir Eltern ja meistens den *one best way* kennen. Aber dieser »einzig richtige Weg« ist oft nur gegen den Widerstand des Kindes durchzusetzen. Was wiederum Folgekosten erzeugt. Wenn wir zudem alle Alternativen von vorneherein ausschließen, übernimmt das Kind keine Verantwortung für das Ergebnis. Dann entwickelt es keinen Leistungsstolz.

Wir können unserem Kind auch Gelegenheit geben, persönliche Projekte zu finden, und dies mit Geld, Zeit und Freiraum unterstützen. Solche Projekte, wir sprachen es zuvor schon an, können vielfältiger Natur sein. Wichtig ist, dass sie selbstgewählt sind, dem Kind wertvoll erscheinen und es herausfordern. Dann kann das Kind lernen, dass es zwischendurch auch zähe Phasen gibt und wie es das Projekt trotzdem zu Ende bringt. Wir Eltern können diese Projekte anstoßen, anbieten, sogar empfehlen – zwingen oder nötigen sollten wir nicht. Auf diese Weise kann es gelingen, dass unser Kind sagt »Ich will!« und nicht »Ich soll!«. Je älter, je mehr, selbst wenn wir es sprachlich zu »Ich möchte« zivilisieren. Das »Ich soll« hat keinen langen Atem.

Selbstständige Suchprozesse anregen

Nehmen wir an, unser Kind kommt zu uns und beklagt sich über ein anderes Kind. Wir hören aufmerksam zu, reagieren vielleicht mit einem bestätigenden »Hm«. Aber wir sind gut beraten, zunächst nichts weiter zu tun. Es ist nicht automatisch notwendig zu handeln. Üben wir uns in der Kunst des Zögerns! Denn oft hat sich das Problem bereits erledigt. Vielleicht ging es dem Kind vor allem darum, Kontakt zu suchen und einen Zuhörer für seinen

Frust zu finden. Falls nicht, können wir gemeinsam Optionen prüfen: »Was kannst du jetzt tun? Was wären Vorteile und Nachteile? Was geschieht, wenn du nichts tust?« Abhängig von möglicher Gefahrenlage müssen zwei Dinge prinzipiell klar sein: 1) Das Kind entscheidet. 2) Das Kind handelt. Das aktiviert die eigenen Ressourcen der Problemlösung. Weil jeder, der ein Problem hat, auch eine Lösung kennt. Mindestens eine. Das gilt auch schon für ein Kleinkind, ist aber abhängig von dessen Umsicht und Fähigkeiten. Als Eltern können wir gegebenenfalls weitere Lösungsmöglichkeiten ergänzen. Als Ansprechpartner sollten wir also zur Verfügung stehen und den Blick auf Alternativen lenken. Aber wir sollten das Kind nicht aus der Verantwortung nehmen. Es kann vieles schon früh selbst entscheiden und selbst handeln.

Wenn es das nicht tut, ist es oft nicht wichtig genug. Deshalb noch einmal ein alltägliches Praxisbeispiel: Luna will auf die Geburtstagsparty einer Freundin gehen. Sie ist aber unsicher und will der Mutter die Verantwortung zuschieben: »Glaubst du, dass die Party gut wird?« Mit der Antwort »Aber ganz sicher!« nehmen wir dem Kind die Entscheidung ab und letztlich auch die Verantwortung für den Spaß, den sie aus der Teilnahme ziehen könnte. Wenn wir aber freundlich antworten: »Was meinst du denn?«, belassen wir die Verantwortung da, wo sie hingehört. Wichtig ist: Eine Frage mit einer Gegenfrage zu kontern, ist hier kein rhetorischer Trick, sondern schlicht die Ablehnung einer Verantwortungsverschiebung, die ja nicht selten in gelernter Hilflosigkeit mündet. Das ist die Regel: Entscheide nichts, was das Kind selbst entscheiden kann.

Wenn ich mich selbstkritisch erinnere, dann neigte (und neige) ich dazu, bei Fragen und Problemen meiner Kinder sofort aktiv zu werden, also schnell zu antworten oder das Problem zu lösen – anstatt mich zurückzuhalten und erst einmal das Kind Lösungen vorschlagen zu lassen. Maria Montessoris »Hilf mir, es selbst zu tun« kam mir oft erst hinterher in den Sinn. Seien wir also zurückhaltend mit Ratschlägen. Ratschläge sind bekanntlich auch Schläge – und erschlagen Selbstverantwortung.

Wenn wir uns aber dem zuwenden, was Selbstverantwortung schwächt, dann müssen wir auch einen klaren Blick werfen auf ein Erziehungskonzept, das wie kaum ein zweites ein Kind verdirbt: Motivierung.

Nicht durch Belohnung bestrafen

Was kann ich kurz und bündig zur Motivation schreiben? Zu einem Thema, mit dem ich mich seit über 35 Jahren befasse? Am besten diese kleine Anekdote: »Du, Mama, mein Freund Niko spielt Fußball. Er bekommt von seinem Papa für jedes geschossene Tor fünf Euro. Ich bin ja Schwimmer. Ich habe mir überlegt, wenn ich die 50 Meter unter einer Minute schwimme – bekomme ich dann auch fünf Euro?« Darauf die Mutter, beiläufig: »Die fünf Euro sind schön für Niko. Ich möchte aber, dass du schwimmst, weil es dir Spaß macht. Und wenn es dir keinen Spaß mehr macht, möchte ich, dass du aufhörst zu schwimmen. Ich möchte aber nicht, dass du weiterschwimmst, um die fünf Euro zu bekommen.«

Das ist in einer Nussschale, was ich hier sagen will. Denn wenn wir 40 Jahre in die Zukunft schauen, dann finden wir dort vielleicht einen Niko, dem sein Job schon lange keinen Spaß mehr macht, der aber verharrt, weil das Schmerzensgeld gut ist. Wollen wir das?

Gehen wir zurück zu Niko als Kind. Wie alle Eltern kennen auch Nikos Eltern den täglichen »Kampf« um die Lust und die Lustlosigkeit ihres Kindes. Was tun, damit Niko die Freude am Fußball behält? Nicht den Spaß an der Schule verliert? Auch auf schwierigen Wegstrecken durchhält? Wie schaffen wir es, dass Niko sagt »Ich will!«?

Zunächst müssen wir unterscheiden zwischen einer *allgemeinen* Motivation, die die »Kraft, etwas zu wollen« beschreibt, und einer *spezifischen* Motivation, die genau auf dieses »etwas« zielt.

Betrachten wir zunächst die allgemeine Motivation. Die Verhaltensforschung sagt uns seit Langem, dass jedes Kind ein großes Aktionspotenzial hat, das nach Entfaltung drängt. Eine kreative Energie, die abgebaut werden will, wenn sie nicht in aggressive Langeweile umschlagen soll. Forscher fanden heraus, dass schon Babys lächeln, wenn sie es fertigbringen, einen Gegenstand zu bewegen.

Angeboren sind Niko zwei Aktionspotenziale: 1) *Funktionslust* – alle Kinder sind von Grund auf aktiv, wollen eine wahrnehmbare Reaktion erzeugen. Wer keine Resonanz spürt, verliert früher oder später die Lust. 2) *Neugieraktivität* – alle Kinder sind von etwas Neuem angezogen, wollen ausprobieren, eigenständig variieren. Dazu gehört auch das Lernen, das für eine dauerhafte Motivation unerlässlich ist.

Vor dem Hintergrund dieser biologischen Anlagen sagt uns die Anthropologie: Grundsätzlich ist jedes Kind motiviert! Die Kraft, etwas zu wollen, variiert zwar von Kind zu Kind, aber sie ist vorhanden und sucht sich einen Gegenstand, an dem sie sich entfalten kann. Man spricht sogar von einem Motivations-*Überschuss* des Menschen: Wir alle wissen, wie schwer es vielen fällt, zwei Stunden bei vollem Bewusstsein nichts zu tun. Für ein Kind ist das gänzlich unmöglich.

Das führt uns zu einer Weggabelung, die zunächst als sprachliches Problem aufscheint. Mit Motivation wird nämlich einerseits ein »Zustand« bezeichnet, das Kind »ist« motiviert. Man spricht auch von *intrinsischer*, von innen kommender Motivation. Das Kind handelt, weil es ihm Freude macht und sein Handeln in sich selbst belohnend ist. Andererseits ist mit Motivation auch eine »Lenkung« gemeint, das Kind »wird« motiviert. Letztere ist also, um sprachlich korrekt zu sein, keine »Motivation«, sondern eine »Motivierung«. Man spricht dann auch von der *extrinsischen*, von außen kommenden Motivation: Das Kind tut etwas, was von anderen in irgendeiner Form belohnt wird.

Greifen wir die klassische Erziehungsfrage noch einmal auf: »Wie bekommen wir es hin, dass Niko das tut, was wir als Eltern wollen?« Die Antwort der Motivierung lässt sich in sechs Worten zusammenfassen: »Tue dies, dann bekommst du das!« Mit dieser Strategie disziplinieren Lehrer ihre Schüler, spornen Chefs ihre Mitarbeiter an, dressiert die Politik den Bürger, richten Hundebesitzer ihre Vierbeiner ab – und erziehen eben auch Nikos Eltern ihr Kind. Sie greifen zu *Belohnungen*. Die fünf Euro für jedes geschossene Tor. Oder: »Wenn du beim nächsten Test eine bessere Note schreibst, darfst du am Wochenende so lange gamen, wie du willst.« Oder die negative Version: »Mach jetzt endlich deine Hausaufgaben, sonst gibt es heute keine Bildschirmzeit.«

Belohnungen sind aber in mehrfacher Hinsicht nicht »kostenlos«. Eine große Zahl experimenteller Befunde zeigt: *Belohnungen zerstören Selbstverantwortung.* Sie unterdrücken langfristig jeden Eigenantrieb. Die psychologische Mechanik lässt sich so beschreiben: Wenn Niko mit Belohnungen auf ein bestimmtes Verhalten gelenkt wird, verliert er schnell das Interesse an der Sache. Er erbringt schon bald geringere Leistungen als jenes Kind, das dieses Verhalten ohne versprochene Belohnung zeigt. Eine Studie unter vielen: Ältere Schüler unterrichteten jüngere Schüler; der Hälfte der »Lehrer« versprach man für die Leistungen der jüngeren Schüler Belohnungen, der anderen Hälfte nicht. Die Leistungen der Schüler von belohnten Lehrern waren signifikant niedriger. Der Grund dafür: Diese Lehrer handeln nicht, weil sie das Handeln für *sinnvoll* halten, sondern weil eine Belohnung ihnen diesen Sinn »ersetzt«. Belohnungen verbiegen das Handeln und drängen zu einem »unnatürlichen« Verhalten. Die Botschaft »Tue dies, dann bekommst du das« fokussiert Niko also auf »das«, nicht auf »dies«.

Die Wissenschaft nennt das den »Verdrängungseffekt«: Belohnungen zerstören die Freude an der Sache selbst und ersetzen sie durch Bindung an die Belohnung. Motiviert also Belohnung? Absolut! Belohnung motiviert, belohnt zu werden! Die Strategie »Belohnen« kümmert sich nicht um Sinn, sie kümmert sich nicht um Gründe. Sie will Anpassung. Das mag kurzfristig helfen. Aber welche Spätwirkung hat das beim Kind? Es lernt sehr schnell, dass es nicht mehr darum geht, etwas Sinnvolles zu tun, sondern sich für etwas womöglich Sinnloses »auszahlen« zu lassen.

Springen wir ins Erwachsenenalter. Niko ist daran gewöhnt, dass man ihn verwöhnt. Er erwartet von seiner Umgebung, motiviert und bei Laune gehalten zu werden. Er erwartet sein Gehalt dafür, dass er morgens pünktlich am Arbeitsplatz einstempelt, hält es aber für bonusrelevant, sich dann auch noch zu bewegen. Und die Belohnungsschraube muss immer weitergedreht werden, um die gleiche Wirkung zu erzielen. Gibt es keinen Bonus, strengt sich Niko nicht mehr sonderlich an.

Aber die mentalen Folgen reichen noch weiter: Derjenige, der ein Handeln belohnt, sagt unterschwellig: »Du hast etwas getan, was *ich* will. Sonst hätte ich dich nicht belohnt.« Und wer sich belohnen lässt, bestätigt diese Fremdbestimmung: »Ich tue, was du willst – nicht das, was ich will.« Er erlebt sich mehr und mehr als reizgegängelt, als Erfüllungsgehilfe fremder Absichten, wie Ameisen abhängig von vibrativen Signalen. Dadurch fühlt er sich berechtigt, dieses System auszubeuten. Korruption.

Die paradoxen Folgen des Belohnens sind also vielfältig: Belohnungssucht, immer höhere Reizniveaus, intensiv erlebte Sinnlosigkeit, Selbst-Abwertung, verringerte Kooperationsbereitschaft,

Ausbeutungsneigung. Letztlich stirbt der Eigenantrieb vollständig. Im Extremfall ähnelt Niko einem Esel, dem man fortwährend die Möhre hinhalten muss, damit er sich überhaupt bewegt. Wobei bald weder die grüne noch die blaue Möhre wirkt. Die Wissenschaft diskutiert das unter dem Begriff *moral hazard* – »moralisches Risiko«, das man auch übersetzen kann als »nach uns die Sintflut« oder auch »Nicht zu Ende gedacht!«.

Bei all dem schießt man mit Kanonen auf Spatzen. Denn die Bedeutung der Motivation für erfolgreiches Leisten wird überschätzt. *Leistung* resultiert aus Wollen, Können und Chancenhaben. Das Wollen ist dabei vergleichsweise unwichtig. Das zeigen zum Beispiel Studien über das Bildungssystem Südkoreas. Dort überraschen die sehr tiefen Werte auf den Skalen für Motivation und Interesse. Trotzdem spricht man mit Blick auf die Resultate vom südkoreanischen »Bildungswunder«. Man kann also auch unmotiviert lernen und Topleistungen erbringen. Deshalb funktioniert Belohnung nur bei *einfachen* und *quantitativen* Aufgaben. Etwa Säcke schleppen. Dort geht es nur um das Wollen. Zudem ist Motivation eine *Folge*, keine Voraussetzung. Nur Babys und Kleinkinder sind richtungslos und »einfach so« motiviert. Später wird Motivation eine Konsequenz des Erfolgserlebens, eine Begleiterscheinung. Wer erfolgreich ist, ist motiviert. Nicht umgekehrt.

Bei der Überschätzung der Motivation sollten wir einen Augenblick verweilen. In der neueren Erziehungsliteratur wie auch bei Elterngesprächen fällt auf, dass fast nur noch von den Bedürfnissen des Kindes und seiner Motivation gesprochen wird. Das klingt immer einfühlsam und menschenfreundlich. Ist es aber nicht. Das Kind muss lernen, Dinge zu tun, die es nicht mag oder zu denen es keine Lust hat. Vieles, was der junge Mensch im Laufe seines Lebens zu lernen hat, lernt er nicht freiwillig. Das »Ich« steht nicht immer im Zentrum.

Das gilt umso mehr für die Schule. Die Schule repräsentiert eine Kultur des Wissens und Könnens. Das ist ihre Aufgabe. Es herrscht Schulzwang, weil es Dinge gibt, die zu lehren die Gesellschaft ein Anrecht hat. Der Schüler ist daher auch kein »Kunde« der Schule. Ebenso wie der Lehrer kein »Lernbegleiter« ist, sondern eben ein »Lehrer«. Das Betonen der Motivation unterstellt hingegen eine Freiheit, die der Schüler gar nicht hat. Wenn Schüler mit Freude lernen, dann ist das wunderbar. Aber die Schule hat auch die Aufgabe, Dinge zu lehren, die Schüler nicht für bedeutsam halten bzw. dessen Bedeutung sie nicht ermessen können – was nicht heißt, dass der Unterricht langweilig sein muss. Wenn die Schüler das nicht mögen, schade. Pech gehabt! Sie müssen trotzdem kommen. Daher die Elternbotschaft: »Gewöhn dich dran, auch Dinge zu tun, die du nicht magst!«

Als Eltern haben wir also zu entscheiden, ob wir ständig in immer neue »Drogen« investieren, um ein Kind bei Laune zu halten. Oder ob wir es zur Selbstverantwortung unterstützen. Wenn Letzteres: Hände weg von Belohnungen! Stattdessen: Handeln einfordern. Wir sind nicht die Entertainer unseres Kindes. Wir müssen nicht ständig unser Kind animieren. Das Kind wird schon selbst initiativ, wenn wir nicht sofort aufspringen und für Abwechslung sorgen. Ab einem gewissen Alter können wir unserem Kind auch explizit sagen »Ich bin nicht dafür da, dich bei Laune zu halten!« – »Aber Mamaaaaaa, mir ist so langweilig!« – »Ja, dann tu was dagegen.«

Immer wieder wird erörtert, ob Kinder sich mit kleinen Dienstleistungen (z. B. Autowaschen) innerhalb der Familie etwas Geld verdienen sollen. Das stellt die Frage nach dem Wesen der Familie. Was ist in der Familie selbstverständlich, was nicht? Die Gründe dafür und dagegen sind bekannt; es gilt, sie zu entscheiden. Aus der hier vertretenen Position ist es in Ordnung, wenn das Kind von Nachbarn oder Freunden Geld für Dienstleistungen erhält. Aber innerhalb einer Familie sollte das tabu sein. Die Familie ist eine Solidargemeinschaft – da darf man das Geben und Nehmen nicht monetarisieren. Wobei … ganz so konsequent müssen wir das nicht handhaben. Als mein ältester Sohn vor vielen Jahren sein erstes Zeugnis mit Schulnoten nach Hause brachte, sagte ich zu ihm: »Ich sehe, dass dir das Lernen Spaß macht. Ich freue mich für dich.« Dann setzte ich nach: »Du weißt, wieso du kein Geld für dein Zeugnis bekommst, nicht wahr?« – »Das weiß ich«, antwortete er, »weil du möchtest, dass ich für mich lerne und nicht für das Geld. Aber nächste Woche kommt ja die Oma!«

Und das sollten wir Niko noch zurufen: »Wenn du dich belohnen lässt, dann steuern andere dein Lebensauto. Dann können sie dich auch in eine falsche Richtung lenken. Also lass dich nicht verführen, Dinge zu tun, nur weil *andere* sie für richtig halten. Wenn du allerdings selbst entscheidest, welche Sportart zum Beispiel für dich richtig ist und warum du trainierst, dann sitzt du selbst am Steuer. Dann wird es dir auch leichtfallen, die Energie für dein Training aufzubringen. Dann hast du Verantwortung für dich übernommen, dann bist du dein eigener Chef.«

Schauen wir zum Schluss noch auf uns als Eltern. Wir kommen um die Erkenntnis nicht herum, dass *wir* – und nicht das Kind! – das Hauptproblem hinter der Motivierung sind. Je schwächer wir in der Durchsetzung unserer Ansprüche sind, desto intensiver die Suche nach Belohnungen. Der Rückgriff auf Anreize ist mithin der Offenbarungseid der Erziehung. Souveräne Erziehung verzichtet auf Belohnungen.

Tadel des Lobens

Nadine, heute Mitte 20, ist das Kind engagierter Eltern und ausgesprochen behütet aufgewachsen. Sie leidet an Motivationsproblemen. Sie ist permanent lustlos, nichts macht ihr so richtig Spaß. Alles fängt sie an, nichts bringt sie zu Ende. Und wenn sie das Gefühl hat, nicht wertgeschätzt zu werden, wendet sie sich ab. Zitat: »Man soll mich so nehmen, wie ich bin.« In der Tat: Wenn Nadine als Kind ihre durchaus vielfältigen Talente einsetzte, blieb kein Fortschritt unbeachtet, wurde sie selbst bei kleinsten Erfolgen überschüttet mit Lob. An Misserfolge kann sie sich kaum erinnern, kritisiert wurde sie selten. Nun aber, als Erwachsene, kollidiert das so geformte Selbstbild mit der realen Welt. Nicht aus allen Ecken schallt Applaus, nicht jede Leistung wird bewundert. Und so fällt sie von einem Motivationsloch ins nächste. Wir dürfen Nadine durchaus bedauern. Sie hat die Konsequenzen einer Erziehung zu tragen, die in der Falle der »positiven Verstärkung« steckt.

»Hast du heute schon dein Kind gelobt?« Ein Aufkleber auf dem Heck eines Autos. Kaum ein Vater oder eine Mutter, die da nicht schuldbewusst nickt, mindestens aber glaubt, noch »Luft nach oben« zu haben. Denn Loben ist »in«. Manche Eltern steigern sich zu wahren Lobwurfmaschinen. Da wird gelobt, was das Zeug hält: »Du machst das großartig, mein Liebling!«, »Ich bin unglaublich stolz auf dich!« – kein Superlativ scheint groß genug, um dem Kind ein Ego einzuimpfen, von dem es eigentlich nur noch herunterpurzeln kann. Viele Eltern sind geradezu von Tollwut befallen – sie finden alles toll, was ihr Kind tut. Toll, er geht aufs Töpfchen. Toll, er kann das ABC. Toll, er malt ein Bild. Offenbar haben wir es nicht mit einem normalen Kind zu tun, sondern mit einem Hochbegabten. In den USA ist der häufigste Satz von Eltern »Good job!« (wenn das Kind sich die Hände wäscht) oder »Well done!« (wenn es die Tür hinter sich schließt).

Ich habe Zweifel, ob Lob dem Kind nützt. Lob ist die Fast-Food-Zuwendung der Zeitmangelgeneration – und bei genauerem Hinsehen ein tückisches Erziehungsmittel, dessen verhängnisvolle Wirkung nicht sofort zutage tritt. Langfristig schadet es dem Kind. Warum?

Weil Lob süchtig macht. Das ist der Weg in die Abhängigkeit: Auf die Frage »Wie schaffen wir es, dass das Kind tut, was wir für richtig halten?« heißt die Antwort unzähliger Erziehungsbücher: »Erwische das Kind dabei, wenn es etwas gut macht, und lobe es dafür!« Die *unbeschränkte* Zuwendung der Eltern im Babyalter wandelt sich also; sie wird nach einer gewissen »Schonzeit« an bestimmte *Bedingungen* geknüpft: *Wenn* das Kind brav und artig ist, erhält es ein Lächeln. Wenn es nicht folgsam ist, wird mit Liebesentzug reagiert: ärgerliches Gesicht, laute Stimme. Das Kind kann zunächst nicht verstehen, wieso sein natürliches Verhalten plötzlich nicht mehr die bekannte positive Reaktion erzeugt. Aber es lernt sehr schnell, wie die Wenn-dann-Mechanik funktioniert. Es spürt, dass Liebe und Wärme nicht mehr selbstverständlich zur Verfügung stehen, sondern dass es sich jetzt die Zuwendung der Eltern »erarbeiten« muss. Es erfährt die Liebe mehr und mehr als *bedingte* Liebe, für die es Voraussetzungen zu erfüllen hat.

Lob ist also ein Tausch. Lob der Eltern gegen Wohlverhalten des Kindes. Fällt das Wohlverhalten weg, fällt das Lob weg. Lob ist damit eine bedingte Form der Zuwendung. Ganz im Gegensatz zu einer *unbedingten* Form der Zuwendung, die dem Kind als solchem gilt – unabhängig davon, was es tut. Später als Erwachsene glauben wir dann, es seien gute Gefühle, wenn wir gelobt werden; dabei sind es nur *bekannte* Gefühle. Es sind Erinnerungen daran, dass wir nicht taten, was *wir* wollten, sondern was unsere Eltern wollten.

Es ist etwas kompliziert: Ein Kind will dazugehören – und Lob vermittelt genau dieses Gefühl. Lob vermittelt aber gleichzeitig, dass das Kind Zugehörigkeit nur durch Leisten und Anpassen erreichen kann. Wenn wir unser Kind mit Lob erziehen, tragen wir also dazu bei, alles das aus seiner Persönlichkeit zu löschen, was keine äußere Anerkennung findet. Diese Erfahrung begleitet es bis ins Erwachsenenleben. Dann sehnt es sich nach bedingungsloser Liebe; aber es bekommt sie nur bedingt. Oberflächlich scheinen dann die Dinge in Ordnung. Trotzdem ist es nie richtig glücklich. Weil es sich nach der unbedingten Liebe sehnt – dem weichen Kuscheltuch ... aber nur das Lob bekommt – den kalten Nesselfetzen. Der verhindert zwar, dass es seelisch stirbt, aber es bleibt doch eigenartig kühl.

Später im Berufsleben verschwindet der Eigenwert einer Leistung angesichts der möglichen Zuwendung einer Autorität. Wir mögen dann zwar unser Handeln immer noch nicht, aber wir mögen das Lob. Und wir strengen uns an bis zur »Lob-Barriere«. Damit machen wir das Lob eines anderen und mithin dessen Bewertungskriterien zum Maßstab unserer Leistung. Hingegen fehlt uns der Antrieb, wenn wir nicht permanent gelobt werden. Es ist ja allseits bekannt, dass gerade die jüngeren Generationen in der Arbeitswelt verrückt nach Lob sind – sie nennen es Feedback. Und die allumfängliche Feedbäckerei im Arbeitsleben ist eine riesige Konformitätsmaschine, die kaum ein Mensch unbeschadet übersteht, ohne zur Anpassungsruine zu schrumpfen. Wer also glaubt, durch Lob entsteht Selbstvertrauen, irrt. Das Gegenteil ist der Fall: Es stärkt die Unterwerfungsbereitschaft unter jedwede Fremdsteuerung.

Wer sein Kind lobt, lehrt es, Dinge wegen der Anerkennung anderer zu tun. Wir wissen heute, dass das Kind so anfällig für Suchterkrankung wird. Und einige Forscher schließen nicht aus, dass die – sich statistisch überschlagende – Neigung zu Depression größer wird, wenn das Lob späterhin spärlicher oder gar ganz ausfällt. Wie auch soll ein mit Lob überschüttetes Kind seine

Fähigkeit realistisch einschätzen? Wie soll es sich später eingliedern in eine Gemeinschaft, egal ob in der Schule oder am Arbeitsplatz?

Bleibt die Frage: Wie denn besser? Wie sollten wir auf gutes Verhalten oder eine außergewöhnliche Leistung unseres Kindes reagieren?

Geboten ist nicht ein »Weniger« an Zuwendung, sondern ein »Mehr«. Wenn wir mal die üblichen Substitute wie »Anerkennung« und »Wertschätzung« konkretisieren, dann geht es um das Wertvollste, was wir haben – unsere *Lebenszeit*. Die sollten wir unserem Kind widmen. Das meint Kontakt, Beachten im Sinne von »aufmerksam sein«, wirklich präsent sein (nicht nur körperlich anwesend), sich aktiv zuwenden, nicht nur passiv reagieren. Ein Kind ist wie die Pflanze lichtwendig; alles in ihm öffnet sich zu dem Gesicht, das sich ihm zuwendet.

Das also ist dem Lob entgegenzusetzen: aktives Interesse am Kind, sich mitfreuen mit seinem Erfolg, gemeinsam einen Erfolg feiern, bei Misserfolg auch mitleiden, und wieder aufmuntern. Das Wichtigste aber: Ein Kind muss erfahren, dass es geliebt wird, auch ohne etwas geleistet zu haben. Einfach, weil es da ist. Besser also: »Schön, dass es dich gibt.«

Nun sollten wir hier nicht alles Lob in Grund und Boden rammen. Es kommt auf das Maß an. Das griechische Wort *pharmakon* meint ja beides: Heilmittel und Gift. Es geht daher nicht um Alles-oder-nichts. So ist auch bei Jugendlichen nicht jeder Lernbereich intrinsisch motiviert, sondern benötigt äußere Einwirkung und kurzzeitige Verstärkung, um Einstiegshürden zu überwinden. Aber dieses Verstärken ist nur in homöopathischen Dosen angezeigt. Weil es sich schnell abnutzt: Die ersten drei Male laufen Jugendliche tatsächlich strahlend los; beim vierten Mal zögern sie; beim fünften Mal hören sie kaum noch hin.

Wenn wir also das Lob nicht gänzlich meiden wollen, dann sollten wir wenigsten die Art und Weise bedenken: Es ist ein Unterschied, ob wir sagen: »Das hast du gut gemacht!« oder ob wir bei uns selbst bleiben: »Ich freue mich darüber!« Es ist ein Unterschied, ob wir das Kind als ganze Person lobend ausstellen (»Du bist ein kluges Mädchen!«) oder ob wir auf eine konkrete Situation Bezug nehmen (»Deine Hilfe hat mich sehr entlastet!«). Beim Beurteilen nicht verallgemeinern, sondern sich auf ein konkretes Verhalten beziehen: »Es freut mich, dass du für den Test so gut gelernt hast.« Nachdem das Kind aufgeräumt hat, nicht »Prima gemacht!« sagen, sondern beschreiben: »Schau mal, wie ordentlich dein Zimmer jetzt aussieht.« Oder: »Jetzt kann ich problemlos putzen.« Wenn wir also dennoch loben, dann sollten wir eher beschreiben und auf eine allgemeine Tugend verweisen (hier: geteilte Last). Grundsätzlich aber: Die Liebe und Zuwendung der Eltern darf nicht von guten Leistungen abhängen. Denn ein Kind kann gar nicht genug Liebe bekommen. Aber auf Lob sollten wir verzichten.

Das hat auch eine wünschenswerte Wirkung für uns als Eltern. Oft gelobte Kinder werden egozentrisch, fordern dauernd Aufmerksamkeit. Das ist ermüdend für uns. Es findet ein permanentes Schaulaufen statt. Und wenn wir mal nicht so genau hingucken, findet gar nichts mehr statt. Was wiederum unseren Einsatz fordert. Wir haben also nicht allzu viel falsch gemacht, wenn unser Kind sich nicht fortwährend Streicheleinheiten holt. Es zeigt, dass es zu einem höheren Maß an Selbstverantwortung fähig ist. *Well done!*

- Die Erde war früher eckig. Dann haben ein paar Eltern sie abgerundet. Zu gefährlich! Sackhüpfen zum Beispiel. Was da alles passieren kann! Deshalb gibt es heute nur noch Sacksitzen. Und beim Memory-Spiel wird der Fahrradhelm aufgesetzt. Beim Klettern: »Sei vorsichtig! Nicht so hoch! Komm, ich halte dich fest!«

- Der Vater, der sein Kind auf einer Überwachungsmatte schlafen lässt, das Eis in der Mikrowelle anwärmt und Zusatzstoffe in Trinkbechern prüft. Fernsehen vor dem fünften Lebensjahr geht gar nicht. Auch Wettbewerbe sollen möglichst schonend gestaltet werden, die unterlegenen Sportteams bekommen wenigstens Trostpreise, und falls die Schulnoten nicht den Erwartungen entsprechen, wird bei der Schule interveniert.

- Die Mutter, die mit dem Auto täglich jedes einzelne ihrer drei schulpflichtigen Kinder morgens zur Schule bringt, nachmittags auch jeweils einzeln von der Bushaltestelle abholt und nach Hause fährt – etwa 400 Meter eine leichte Anhöhe hinauf. Ob die Kinder sich verlaufen könnten?

- Man verabschiedet die Teenager-Tochter, gibt der Scheidenden noch eine Bitte mit: »Melde dich, wenn du angekommen bist.« Außerdem: Nicht die Abkürzung durch den Tunnel nehmen! Abholdienst am Wochenende bis in die frühen Morgenstunden. Der prüfende Blick auf die Kleidung – sind die Shorts nicht zu kurz?

- Einige Tage vor dem Schulausflug erhält die Klassenlehrerin die Mail eines besorgten Vaters. Joel vertrage keine Kritik, man solle seinen Sohn im Fall der Fälle nur vorsichtig zurechtweisen. Kurz darauf eine zweite Mail, man solle auch dafür sorgen, dass Joel immer ausreichend zu essen bekomme, er wäre sonst übellaunig. Und noch eine dritte Mail: Joel könne kein Blut sehen – sollte er sich verletzen, müsse man ihn ablenken, um Überreaktionen zu vermeiden. Weiter wörtlich: »… außerdem kann Joel nur teilnehmen, wenn die Lehrer den Rucksack tragen.«

Wir hätten noch etliche Beispiele hinzufügen können. Sie alle zeigen: Eltern heute sind oft ängstlich, wittern überall Gefahren. Das Grundvertrauen in ihren Nachwuchs haben sie verloren. Oder nie gehabt. Sie verhalten sich entsprechend *überfürsorglich*, sind bemüht, ihrem Kind jeden Wunsch von den Lippen abzulesen, jeder Verstimmung zuvorzukommen. Das sattsam bekannte Bild der Helikopter-Eltern, die mit GPS über dem Kind kreisen und es ständig kontrollieren – Transporthubschrauber, Kampfhubschrauber und Rettungshubschrauber in einem. Diese Eltern halten ihre Kinder für fragil-emotionale Wesen, denen man alles Negative ersparen muss. Schon zu Hause schaffen sie *safe spaces*, die die Konfrontation mit der Vielfalt der Welt puffern. Selbst bei der Auswahl der Freunde wird gesiebt, möchte man im Stammesdenken bleiben, sollen alternative Sicht- und Lebensweisen ausgeblendet werden. Erziehung als »fürsorgliche Belagerung«, um einen Romantitel Heinrich Bölls für ein Wortspiel zu nutzen.

In den USA werden junge Leute dieser Generation als »snowflakes« bezeichnet, als »zarte Seelchen«. Vordergründig wirken sie oft erwachsen und selbstbewusst, ziehen sich aber bei den kleinsten Kränkungen in die Schneekugeln elterlicher Geborgenheit zurück. Diese jungen Menschen sind auf die Arbeitswelt der Zukunft schlecht vorbereitet. Sie wachsen derart luftgepolstert auf, dass sie nach dem Verlassen des Elternhauses einen Wirklichkeitsschock erleben. Schauen wir, wie wir das verhindern können.

Gefahr von Risiko unterscheiden

Ein Kind, das man »verwöhnt« nennt, hat viel bekommen von dem, worauf es gerade Lust hatte – aber wenig von dem, was es wirklich nötig gehabt hätte: Verantwortung zu übernehmen, auch für die eigene Langeweile, auch für die unliebsamen Verrichtungen, die das Leben bisweilen im Übermaß fordert. Vor allem aber hat man es vor Risiken geschützt. Dem liegt die Verwechslung von »Risiko« und »Gefahr« zugrunde. Was ist der Unterschied?

Ein *Risiko* kann man messen. Es kalkuliert die Wahrscheinlichkeit, mit der ein bestimmtes Ereignis eintritt. Es fragt nüchtern: Wie gewiss ist es, dass etwas passiert? Tritt es mit hoher Wahrscheinlichkeit ein oder nur möglicherweise? In der Pandemie konnte zum Beispiel errechnet werden, mit welcher Wahrscheinlichkeit ein Kind sich nicht nur infiziert, sondern sogar stirbt. Sein Tod war möglich, aber extrem unwahrscheinlich. Die *Gefahr* fragt anders, nein, sie fragt gar nicht. Sie wird nicht konkret, sondern bleibt im Ungefähren. Sie wägt keine Angemessenheiten ab – für sie ist die *ganze* Welt bedrohlich. Überall lauern Katastrophen. Wahrscheinlichkeiten und Grenzwerte spielen keine Rolle. Und sie liebt den Konjunktiv. Etwas *könnte* Allergien erzeugen. Was dann durch relative Steigerung aufgebauscht wird: Wenn bislang jährlich zwei von 100 000 Kindern an einer Krankheit sterben, aus irgendeinem Grund aber plötzlich drei, dann ist das eine Steigerung um 50 Prozent! Und weil das Leben nun mal lebensgefährlich ist, weil ja immer mal etwas passieren kann, kalkuliert man nicht mehr nüchtern Risiken, sondern sieht das Kind rundum bedroht. Folglich schließt man die Freiräume vollständig.

Null-Risiko ist eine Illusion, absolute Sicherheit gibt es nicht. Es gibt sie nur zwei Meter unter der Grasnarbe. Das heißt nun aber nicht, die Sicherheit eines Kindes vollständig dem Zufall zu überlassen. Ein Kind ist uns schutzbefohlen. Fahrlässigkeit ist daher keine Option. Es geht also wieder einmal um eine vernünftige Mitte. Und da hilft nicht die Angst, die allgemeine Lebensgefahr. Denn wenn etwas möglich ist, dann ist es noch lange nicht wahrscheinlich. Pragmatischer ist das Abwägen von Risiken. Wie groß sind die Chancen, dass wirklich etwas Schlimmes passiert? Wie wahrscheinlich ist es, dass unser Kind zu Tode stürzt? Und kennen wir jemanden persönlich, der schon mal in den Fluss gefallen ist? Gefahren mit geringer Wahrscheinlichkeit müssen wir in Kauf nehmen. Sonst könnten wir gleich ganz auf das Leben verzichten.

Auf eigene Faust und draußen

Richten wir unsere Aufmerksamkeit kurz auf ein weiteres Motiv, das Selbstverantwortung schwächt: »Du sollst es mal besser haben.« Wir wollen dem Kind die Entbehrungen ersparen, die wir als Kinder erlebt haben. Wir hatten vielleicht selbst eine »harte Kindheit«, kennen aus eigener Erfahrung, wie sich das anfühlt. Eine gemäßigte Ausgabe davon lautet: »Das Leben meint es gut mit uns. Dann soll auch unser Kind etwas davon haben.« Deshalb will man ihm Leid ersparen – zum Beispiel das klassische Arbeitsleid: »Unser Sohn muss nicht in den Ferien arbeiten!«

Ob wir damit dem Sohn einen Gefallen tun? Nein, man fördert das Kind, wenn es in den Ferien etwas Geld verdient. Es weiß dann um den Wert des Erarbeiteten. Es erfährt, dass das Geld nicht von der Bank kommt, der Strom nicht aus der Steckdose und das Wasser nicht aus dem Wasserhahn. Überfürsorgliche Eltern aber verhindern, dass das Kind seine Welt auf eigene Faust entdeckt. Es lernt nicht, sie ohne Unterstützung elterlicher Autorität zu erkunden. Kleine Übung: Wir sollten uns einmal an unsere fünf schönsten Kindheitserlebnisse erinnern. Ich wette, die meisten haben *draußen* stattgefunden. Wie oft waren Erwachsene dabei? Nie! Im Gegenteil: Wir haben vielmehr unser Spiel unterbrochen, wenn sich ein Erwachsener näherte. Wir spielten erst weiter, wenn wir wieder unter uns waren und unbeaufsichtigt.

Viele Kinder wachsen unter den permanent umsichtigen Augen der Eltern auf, umspült von einem unaufhörlich sprudelnden Anweisungsstrom. Und das beginnt schon früh. Gegen Ende des ersten Lebensjahres macht das Kind seine Umgebung unsicher – und verunsichert die Eltern gleich mit. Seine kindlichen Erkundungen werden von den Eltern sorgsam überwacht und eingeschränkt. Auch mal ohne Aufsicht im Freien spielen? »Wie, ganz allein?« Jedes Abenteuer mit ungewissem Ausgang wird ausgesiebt. Was aber nicht nur vor Beulen und Schrammen schützt, sondern vor Erfahrung überhaupt. Das Kind wird vorsichtig, teilweise übervorsichtig, schöpft seine Möglichkeiten nicht aus. Wir überbehüten unsere Kinder dermaßen, dass sie kein Abenteuer mehr kennen. Wir müssen aber an unser Kind glauben, sonst glaubt es nicht an sich selbst. Wir müssen unseren Kindern etwas zutrauen, sonst entwickeln sie kein Selbstvertrauen.

Unendlich viele Studien belegen, dass Kinder sich negativ entwickeln, wenn man ihnen das freie Spielen versagt. Oder sie permanent im Haus sind. Denn die wahre Unterscheidung ist nicht draußen/drinnen, sondern draußen/Bildschirm. Drinnen bedeutet Bildschirm. Alle Kinderärzte weisen darauf hin, dass Kinder anfälliger werden für Unfälle und Krankheiten wie Bluthochdruck, Übergewicht und Diabetes, wenn sie sich draußen nicht risikoreich bewegen. Nur wenn sie ab und an Risiken eingehen, lernen Kinder, sich zu schützen: Je ungeschickter sie bleiben, desto größer ist die Gefahr, dass sie sich richtig böse verletzen. Das größte Risiko ist es demnach, das Kind kein Risiko erleben zu lassen. Nur nebenbei: Kinder draußen spielen zu lassen, so das Ergebnis der einschlägigen Sydney-Myopie-Studie von 2008, ist das beste Mittel gegen Kurzsichtigkeit.

Kinder brauchen unbeaufsichtigte und ungeregelte Gehversuche jenseits der elterlichen Filterblasen und sozialen Netzwerke. Das freie Spiel mit Gleichaltrigen ist kaum zu ersetzen. Risiken eingehen, sich raufen, Kratzer bekommen, hinfallen, wieder aufstehen. So lernt man verhandeln, Kompromisse eingehen, Niederlagen einstecken. Die Überbehüteten laufen sonst schnell zurück zu Mama und Papa, wenn sie ins Leben »entlassen« werden und ihnen die Vielfalt der Welt um die Ohren fliegt.

Misserfolgsarmut verhindern

Der Sohn hat bei einem Schwimmwettkampf den fünften Platz belegt. Bei sechs Teilnehmern. Wie ist die Reaktion der Mutter? »Hauptsache, du hast dein Bestes gegeben!« Das ist sicher gut gemeint. Aber das Kind hört bei einer schwachen Leistung wahrscheinlich nie »Das reicht nicht!« oder »Das war Mist!«. In einem solchen Fall leidet das Kind an *Misserfolgsarmut*. Warum »leiden«? Weil der Sohn später im Arbeitsleben ebenso bemuttert werden will. Und nicht versteht, dass es um Leistung und Gegenleistung geht. Um *absolute* Leistung, nicht um relative. Was er für unfair hält, wenn er dabei schlecht abschneidet. Misserfolge sind für ihn Kränkungen, weil er nicht gelernt hat, mit Misserfolgen elastisch umzugehen.

Facettenreicher wird die Misserfolgsarmut noch im folgenden Beispiel: Ein Junge spielt im Sandkasten mit Förmchen und Schaufeln. Meine Tochter sieht das, läuft hinzu und will dem Jungen eine Schaufel wegnehmen. Der Junge hält schreiend an der Schaufel fest, es kommt zu einem Handgemenge. Die Mutter des Jungen läuft auf das Geschehen zu und redet beschwichtigend auf die Kinder ein. Sie fordert ihren Sohn auf, die Schaufel abzugeben, er hätte ja noch eine andere Schaufel; so könnten doch alle gemeinsam spielen. Klingt gut. Ist es aber nicht. Erstens: Dieser Junge wird später selten die Erfahrung machen, von einem Spielkameraden angerempelt zu werden, ohne dass sofort ein Erwachsener herbeieilt und das glattbügelt. Zweitens: Nein, der Junge ist berechtigt, seine Schaufel – und genau *diese* Schaufel – zu verteidigen. Man mag das nicht sonderlich sympathisch finden, aber das Kind hat ein Recht, andere Kinder vom Gebrauch seines Eigentums auszuschließen. Oder wollen wir, dass ein Fremder kommt und uns einfach unser Eigentum wegnimmt? Drittens: Meine Tochter muss lernen, das zu respektieren. Sie muss lernen, zu fragen, zu bitten – und eben auch abgelehnt zu werden.

Kein Kind lernt laufen, ohne hinzufallen; kein Kind lernt rennen ohne ein aufgeschürftes Knie. Durch Schutz, Schonen und Überfürsorge ist keine widerstandsfähige Entwicklung möglich. Wie soll ein Kind damit umgehen, wenn später mal etwas misslingt? Wie soll es mit den Enttäuschungen des Erwachsenseins klarkommen? Oder gar mit den großen kalten Duschen des Lebens? Dann wird es rasch kapitulieren, weil es nicht mehr ohne elterliche Filter klarkommt. Schiffe sind sicher, wenn sie im Hafen sind; aber dafür wurden sie nicht gebaut.

Wer früh auf Bäume klettern durfte, fällt nicht so schnell herunter. Wer das erst spät übt, braucht ein Sicherungsnetz. Wir kommen als Eltern deshalb nicht drum herum, Kinder auch Erfahrungen machen zu lassen, die wehtun. Die Frage ist daher nicht, wie wir das Kind vor Misserfolgen bewahren können (sodass es keinen Schmerz und kein Scheitern erfahren muss), sondern wie wir *zu minimalen Kosten sinnvolle Lernerfahrungen* ermöglichen können.

Das ist dann gegeben, wenn ein Kind gelernt hat, sich selbst zu helfen. Wenn es erfahren durfte, dass es eine helfende Hand zunächst am Ende seiner Arme findet. Es erwartet sonst, dass bei irgendeinem Konflikt sofort eine offizielle Autorität einschreitet. Von dort aus ist es nicht weit bis zu einer Verabsolutierung der Opferperspektive, die jedem, der dem Opferkonsens widerspricht, sofort einen Gewaltakt unterstellt. Ein Steigerungsmechanismus, den der Psychologe Nick Haslam *concept creep* nennt: Wenn jemand etwas sagt oder tut, was mir nicht gefällt, dann ist das verletzend; und wenn es verletzt, dann ist das Gewalt; und wenn es Gewalt ist, dann will er mich töten; und wenn er mich töten will, dann verweigert er mir das Existenzrecht als Vertreter einer Gruppe, jedweder Gruppe. Absurd. Aber nicht zuletzt ein Ergebnis überfürsorglichen Elternverhaltens.

Das also müssen wir unserem jüngeren Kind zeigen durch unser Handeln und unserem älteren Kind zudem sagen: »Man wird dich vielfach zurückweisen, man wird dich nicht leiden können, deine Liebe bleibt unerwidert, Kinder können grausam sein, Erwachsene auch, du wirst hart arbeiten müssen, um etwas gut zu können, und andere können etwas immer noch besser, Arbeit ist manchmal toll und manchmal schrecklich, es mangelt dir vielleicht an Talent, du wirst übergangen, Menschen leiden, erkranken, altern, sterben.« Ein Kind braucht die Erfahrung, mit Widrigkeiten konfrontiert zu sein. Das dürfen wir ihm nicht verheimlichen. Sonst nehmen wir unserem Kind die Fähigkeit, ein Scheitern zu bewältigen. Ein Scheitern, dass unvermeidbar kommen wird. Spätestens, wenn wir älter werden.

Der 2021 mit fast 100 Jahren verstorbene Prinz Philip war ein Schüler des Reformpädagogen Kurt Hahn, zu dessen Charakterpädagogik das Erleben von Triumph und Niederlage im Wettkampf gehörte. Bei einer Duke-of-Edinburgh-Preisverleihung im Jahr 2013 sagte der Prinz zu den versammelten Jugendlichen: »Ihr solltet leiden, es ist gut für die Seele.«

Was hat er gemeint? Sieht man von extremen Erlebnissen ab, dann ist Leid nichts Schlechtes. Es gehört zum Leben wie sein Gegenteil, die Lust oder das Glück. Ja, es ist dessen Voraussetzung. Man stelle sich vor, man wäre dauernd glücklich. Nicht auszuhalten! Oder anders: Man würde es als Glück gar nicht mehr wahrnehmen. Erst das Leid macht das Glück zum Glück.

Dasselbe gilt für Erfolg. Jeder erfolgreiche Mensch wird uns versichern, dass sein Erfolg das Ergebnis vieler kleiner Misserfolge ist. Studien weisen darauf hin, dass gescheiterte Gründer beim zweiten Anlauf erfolgreicher sind und dass zweite Ehen statistisch gesehen als glücklicher gelten. Den Käse kriegt halt immer die zweite Maus. Das nimmt nichts davon weg, dass das Kind nach einer Niederlage Trost braucht, dass Wundenlecken seine Zeit hat und Gespräche heilen. Manchmal hilft es auch, das Hadern zu beenden, indem wir mit dem Kind auf das schauen, was schon gelungen ist, nicht auf das, was danebenging.

Wie dem auch sei: Niederlagen sind ein Glück. Sie lehren uns aufzustehen. Wie soll ein Kind Niederlagen überstehen, wenn es sie erst spät zum ersten Mal mit voller Wucht erfährt? Wenn es *ohne Verletzungsgedächtnis* auf dem Boden der Tatsachen landet? Man prüfe den Gedanken: Jedes Kind hat das Recht, diskriminiert zu werden – es darf nur nicht dauerhaft sein.

Unsere Gesellschaft versucht mit allen Mitteln, Schmerz zu vermeiden. Das ist nicht immer klug. Schon die Alltagserfahrung zeigt uns, dass sich das Positive kaum einprägt. Das Leid schreibt sich in uns ein, die Schmerzen, von denen einige unvergesslich sind. Deshalb werden in der Weltliteratur Leidensgeschichten erzählt, keine Lustgeschichten. Friedrich Nietzsche, der Psychologe unter den Philosophen: »Nur was nicht aufhört, weh zu tun, bleibt im Gedächtnis.« Also nicht die Lust, sondern der Schmerz. Man braucht dabei nicht gleich an körperliche Gewalt zu denken. Denn im Grunde tut alle Erziehung weh. Erziehung bedeutet Korrektur. Diese ist mit schmerzhaftem Verlust verbunden, Verlust von Gewissheit, Gewohnheit, Lust, Egoismus. Diesen Zusammenhang von Schmerz und Erinnerung hat man heute weitgehend vergessen. Heute lernt man schnell und vergisst ebenso schnell. Es darf nicht wehtun, es muss Spaß machen. Aber was Spaß macht, bleibt nicht »hängen«. Es gilt also, das Kind vor den Schützern zu schützen. Vor uns selbst?

Dies ist kein Plädoyer für eine schwarze Pädagogik. Aber doch ein Hinweis darauf, dass die Erinnerung an schmerzhafte Niederlagen wesentlich richtungsweisender sein kann als ein Sieg. Vor allem, wenn wir zeitlich nach vorne schauen. Wir gehen in eine Zukunft, die dynamischer ist als die Vergangenheit, in der Ungewissheit wächst und tradierte Prozesse erodieren. Entsprechend wird die Erfahrung des Scheiterns *normaler* werden. Die Welt wird nicht nur Schönes für unser Kind bereithalten, sondern auch Probleme und Schmerz.

Es ist mithin unsere Pflicht, in den Elternjahren unserem Kind das Rüstzeug für schwierige Zeiten mitzugeben. Das ist nicht leicht vor dem Hintergrund vieler Jahrzehnte guter, stabiler Aufwärtsentwicklung nach dem Zweiten Weltkrieg, die uns in ein gesellschaftliches Wachkoma hineingepäppelt haben. Dabei haben wir das vernachlässigt, was die Forscher »Antifragilität« nennen. Also die Fähigkeit, gestärkt aus schwierigen Situationen hervorzugehen. Dabei hilft die Überzeugung eigener Selbstwirksamkeit.

Selbstwirksamkeit erfahren

Eine »unbeschwerte« Kindheit ist ein Missverständnis. Sie ist weder möglich noch wünschenswert. Weder möglich: Wir können ein Kind nicht vor allem beschützen. So war es uns nicht vergönnt, unser Kind zu schützen vor der Einsamkeit in der Pandemie und vor der Ohnmacht im Krieg gegen die Ukraine. Wir können zwar um Schutzengel für unser Kind bitten, aber Kummer, Krankheit und Trauer sind unausweichlich. Noch wünschenswert: Nichts verhindert die Entwicklung von Selbstvertrauen so sehr wie ständige elterliche Sorge und Kontrolle. Das Kind muss lernen, mit den Schattenseiten des Lebens umzugehen. Weil es für sein seelisches Gleichgewicht als Erwachsener ungeheuer wichtig ist. Denn die moderne Gesellschaft ermuntert zu mehr Erwartungen, als sie erfüllen kann. Im Unterschied zu Klassengesellschaften kann heute prinzipiell jeder Mensch gesellschaftliche Spitzen erklimmen. Aber nicht alle schaffen es. Es gibt die Ablehnung, das Nicht-gewählt-Werden, die Scheidung, die Entlassung – auf einen Normalmenschen kommt in einem durchschnittlichen Leben eine hohe *Enttäuschungslast* zu. Darauf sollte man vorbereitet sein. Wie? Durch die innere Überzeugung der Selbstwirksamkeit.

Selbstwirksamkeit ist das individuelle Vertrauen eines Kindes, dass es eine bestimmte Leistung erbringen kann. Dieses Vertrauen ist die Voraussetzung für eine erfolgreiche Lebensführung. Fehlt es völlig, kann ein Mensch sein Leben vielleicht leben, aber nicht führen.

Wie schaffen wir es, unserem Kind Selbstwirksamkeit zu vermitteln?

Als das wirkungsvollste Konzept dafür galten seit den 90er Jahren die *Erfolgserfahrungen* des Kindes. Fortan ging es in der Erziehung vorrangig darum, dem Kind genau diese zu verschaffen.

Dadurch intensivierte sich der elterliche Zugriff auf die Entwicklung des Kindes. Lernziele wurden nicht mehr nur langfristig angestrebt, sondern wurden heruntergebrochen in gut dosierte Nahziele und kleine Aufgabenpakete, die leicht zu bewältigen waren. Erfolge erzeugen Selbstwirksamkeit – so die These.

Dieser scheinbar kinderfreundlichen Theorie fehlt jedoch ganz Wesentliches: der Umgang mit *Niederlagen*. Ein Leben ist nun einmal nicht immer eine aufsteigende Linie. Da ist es gut, auch auf das Verlieren und die Rückschläge vorbereitet zu sein. Wenn wir das mit unserem Kind üben wollen, können wir uns auf vier Säulen stützen:

Erfolg und Niederlage als gleich-gültig anerkennen. Zunächst die triviale Tatsache, dass es keinen Sieg ohne Niederlage gibt. Dass das Leben keine endlose Strecke von Erfolgsmeldungen ist. Von einem Erfolg kann man nur sprechen, wenn man ihn gegen einen Misserfolg absetzt. Ununterbrochener Erfolg ist keiner.

Selbstverantwortung für die Niederlage übernehmen. Niederlagen sind Chancen, Selbstverantwortung zu übernehmen. Nicht anderen Schuld in die Schuhe zu schieben: nicht dem Wetter, dem Sternzeichen oder der Mondphase. Oder gar den Eltern. Sich nicht als Opfer zu erleben. Statt zu klagen sich zu fragen: »Was habe ich dazu beigetragen, dass die Situation so ist, wie sie ist?«

Lektion lernen. Jede Niederlage hält Botschaften in den Händen. Welche wären das? Die erste: Nicht sofort die Flinte ins Korn werfen. Niederlagen bieten Gelegenheit, das zu trainieren. Die zweite: Misserfolg kann das Kind umdenken lassen. Das Kind kann sich fragen: »Ist der Misserfolg ein Hinweis, dass ich mich auf dem falschen Weg befinde?«

Wieder aufstehen. Hänsel und Gretel glauben, sie seien schlau, und markieren mit Brotkrumen den Weg. Es funktioniert nicht, Vögel picken die Krümel auf. Der Plan ist gescheitert, eine Katastrophe droht. Aber die Geschwister geben nicht auf. Sie nehmen ihren Mut zusammen und überlisten die Hexe. Sie scheitern »erfolgreich«. Hinfallen ist kein Problem, nur Liegenbleiben.

Das kann im Kleinen beginnen. Wenn wir uns auf Kinderspielplätzen umschauen: Wie viele Fahrräder mit Stützrädern können wir sehen? Keine mehr. Es sind heute Laufräder ohne Pedale. Irgendwann kam offenbar jemand auf die Idee, dass Kinder am besten »auf eigenen Füßen« stehen, um Fahrradfahren zu lernen. Und dazu gehört eben auch das Hinfallen.

Wir wissen aus der Forschung, dass Selbstwirksamkeit sich vorrangig einer Quelle verdankt: der Erfahrung, *sich aus eigener Kraft aus Schwierigkeiten befreit zu haben*. Sich an den eigenen Haaren aus dem Sumpf gezogen zu haben. Nicht durch fremde Hilfe! Damit verbunden ist die Gewissheit, es daher auch künftig zu können. »Es wird schon gut gehen!«, und wenn es schiefgeht, werde ich es schon irgendwie wieder hinkriegen. Eine Fähigkeit, die das Kind immer bei sich trägt.

Das Kind weiß dann von sich, dass es sich selbst trauen, sich selbst-vertrauen kann. Es geht mit einer ganz anderen Haltung durchs Leben – mit einer mentalen Haltung, aber auch mit einer körperlichen Haltung. Man »sieht« ihm seine Souveränität förmlich an.

Die Überzeugung der Selbstwirksamkeit ist also nicht nur eine Art, die Welt zu betrachten, sondern eine Kraft, das Leben zu bewältigen. Was wiederum das psychische Wohlbefinden steigert. Julian B. Rotters Forschungen über »interpersonales Vertrauen« zeigen, dass Menschen mit einem hohen Selbstvertrauen in der Regel glücklicher und weniger konfliktbeladen sind. Als Freunde werden sie mehr geschätzt als ihre weniger selbstvertrauenden Zeitgenossen.

Sind das Leitmotive für die Elternjahre? Auf der Suche nach den Gründen für Lebenserfolg hat die Wissenschaft lange Zeit eine »kognitive Hypothese« verfolgt. Danach sind verantwortlich für Lebenserfolg vor allem Wissen, Kommunikationsfähigkeit und Abstraktionsvermögen. Das Input-Output-Modell: Wer mehr lernt, wird schlauer; wer mehr übt, wird besser als andere. Neuere Forschungen halten das nicht für hinreichend. Zum Beispiel der Nobelpreisträger James Heckman: »Es ist eindeutig falsch, den Fokus in der Förderung von Kindern überwiegend auf die kognitiven Fähigkeiten zu legen.« Für dauerhaften Lebenserfolg seien Frustrationstoleranz und Durchhaltevermögen wichtiger. Seine Studien legen nahe: Wer früh lernt, sich von Fehlschlägen nicht entmutigen zu lassen, ist langfristig erfolgreicher. Die Fähigkeit der Selbstwirksamkeit entwickelt man nur im Umgang mit Rückschlägen, vereitelten Plänen, gescheiterten Versuchen. Kinder müssen erleben, dass sie auch in schwierigen Situationen etwas bewirken können, dass sie auch Entscheidungen korrigieren können und immer wieder eine Chance haben. Im Grunde also eine Plattitüde: Aus Fehlern wird man klug. Entsprechend bleiben Kinder dumm, wenn Eltern alles daransetzen, sie vor Niederlagen zu bewahren.

Aber so einfach ist das für uns Eltern nicht. Es für die meisten von uns schwer zuzusehen, wie Kinder scheitern, Fehler machen, abgelehnt werden. Sie leiden, wenn ihr Kind leidet. Es gibt keine größere Ohnmacht für Eltern als die, ihr Kind leiden zu sehen, ohne helfen zu können. Weil ihre Empathie es nicht zulässt, der Niedergeschlagenheit ihres Kindes etwas Positives abzugewinnen. Aber genau darum geht es: sich zurückhalten, genau beobachten, entscheiden, was in *dieser* Situation die Selbstwirksamkeit stärkt. Dem Kind zugewandt bleiben, seine Gefühle wahrnehmen. Und sprechen: Dem Kind erklären, dass die heutige Frustration ihm zukünftig Vorteile bringen kann. Auch auf unsere Wortwahl können wir achten. Worte wie »scheitern« oder gar »versagen« sind zu endgültig, zu dramatisch. Besser: Der Versuch ist »missglückt«, es hat eben »nicht funktioniert«. Besser als »Du kannst es nicht«

ist: »Du kannst es *noch* nicht.« Denn ohne den Glauben, dass es irgendwann gut wird, können wir alle nicht leben. Nicht zuletzt deshalb gibt es auch Situationen, da ist Trösten die einzig angemessene Reaktion.

Üben

Ein Meister ist, der übt. Ein alter Zen-Sinnspruch. Warum aber soll jemand üben, wenn er schon Meister *ist*? Weil wir uns mit jedem Handeln verbessern können – sei dieses Handeln nun explizit als Übung ausgewiesen oder nicht. Das erzeugt einen Zirkel des Immer-besser-Könnens, der – wie die Trainingswissenschaft schon seit Jahrzehnten nachgewiesen hat – irgendwann eine Überkompensation erzeugt und geradezu »Sprünge« der Leistungssteigerung ermöglicht. Gelingen mündet in höherem Gelingen, Erfolg in noch steilerem Erfolg. Unter einer Bedingung allerdings: solange wir nicht aufhören zu üben. Wie der Basketballer Dirk Nowitzki, der jeden Sommer mit seinem Jugendtrainer Holger Gschwendner stundenlang Korbwürfe trainierte – da war er schon längst ein NBA-Star.

Ein übendes Leben schließt das Misslingen ein. Aber viele Menschen scheinen nicht nur vergessen zu haben, wie sehr das Misslingen die Voraussetzung für den Erfolg ist, sondern auch die Voraussetzung für *Freude*. Schauen wir uns ein Kind an, das etwas versucht, scheitert, neu beginnt, wieder scheitert, es erneut versucht … und es plötzlich schafft. Diese Freude! Dieser Jubel! Wie wichtig für ein intensives Leben ist die Erfahrung des Erfolges nach Phasen des übenden Scheiterns! Eine realistische Einschätzung der Entwicklungsstufe des Kindes ist dafür hilfreich. Dieses *individuellen* Kindes, sollten wir hinzufügen, nicht, was *ein* Kind im fünften oder sechsten Schuljahr alles können sollte. Auf der

Basis dieser Einschätzung sind Herausforderungen mittlerer Schwierigkeit angezeigt. Das Kind muss erfahren dürfen, dass es irgendwann funktioniert, wenn es sich anstrengt. Auf jeden Fall ist eine Überforderung zu vermeiden. Wenn wir unserem Kind überzogen ambitionierte Ziele setzen, haben wir uns zu wenig mit der Lernrealität durchschnittlich begabter Kinder beschäftigt. Freilich ist auch Unterforderung wenig hilfreich. Im Zweifelsfall ist die Unterforderung jedoch weniger schädlich als die Überforderung. Wir sollten von Zeit zu Zeit sogar bewusst Frustrationen aufbauen, Hindernisse schaffen und Niederlagen herbeiführen, um dem Kind zu helfen, damit umzugehen. Also: nicht im Spiel »gnädig« gewinnen lassen! Selbstverständlich in dem Sinne, dass das Kind eher gestärkt als demoralisiert wird.

Ein Letztes noch. Wir vergessen oft, wie stark Kinder sind. Wenn wir uns vor Augen führen, was Kinder in früherer Zeit erlebten und bisweilen durchlitten, dürfen wir von einer hohen natürlichen Widerstandskraft von Kindern ausgehen. Ich erinnere die erschütternde Lebensbeschreibung eines heute 55-jährigen Mannes, an dem offenbar kein Kelch vorübergegangen war. Vor mir stand jedoch ein voll lebensfähiger Geschäftsführer einer erfolgreichen Firma, in der fast 2000 Menschen arbeiteten. Und auch wenn sich nicht alle Schicksale so glücklich wenden – grundsätzlich können wir unseren Kindern eine weit höhere Widerstandskraft zubilligen, als eine schutzhysterische Gegenwart einräumen will.

Erziehen zur Selbstverantwortung – ein verträgliches Dilemma

Wer bis hierher gelesen hat, wird ein Dilemma im Hinterkopf haben: Wo ist die Grenze zwischen *vernünftiger* Sorge und *Überfürsorge*? Niemand kann diese Grenze allgemein verbindlich ziehen – altersangepasst und situationsspezifisch ist das allerdings möglich.

Der polnische Kinderarzt und Pädagoge Janusz Korczak meinte bereits vor über 100 Jahren in seinem Buch *Wie man ein Kind lieben soll*, dass Kinder gegenüber ihren Eltern das Recht auf Risiko einklagen können. Sein Argument: Elterlicher Schutz vor Risiko verhindere grundsätzlich jede Erfahrung.

Da ist was dran. Die gegenwärtige Elterngeneration wittert überall Gefahren. Sie verhält sich entsprechend überbeschützend. Damit nimmt sie dem Kind die Möglichkeit, Lebenskompetenz zu entwickeln. Und damit Selbstvertrauen – einen Wert, den es immer bei sich trägt und der in vielen Situationen ausgesprochen nützlich ist. Manchmal sogar lebensrettend. Eltern, die ihren Kindern ständig »Pass gut auf!« nachrufen, machen das auch mehr zur Selbstberuhigung. Ihren Kindern sind sie eher peinlich. Oder glaubt jemand ernsthaft, dass ein Unglück nicht geschieht, weil die Eltern zum Aufpassen auffordern? Grundsätzlich ist jeder Mensch abhängig von der Gnade des fallenden Dachziegels. Nicht zuletzt die Pandemie hat uns gezeigt: Unseren Allmachtphantasien sind Grenzen gesetzt durch Unvorhersehbares.

Und man kann nicht nicht Fehler machen. Fehler passieren. Sie gehören zum Leben. Ein Kind muss auch mal etwas »Dummes« ausprobieren. Das beantwortet aber nicht die Frage: *Wann* müssen wir Kinder daran hindern, sich zu gefährden? Immer? Ab und zu? Können Kinder Gefahren abschätzen? Nein, das können sie erst allmählich. Dass wir Kinder warnen, ist deshalb selbstverständlich. Wir Eltern haben nämlich auch ein Recht – das Recht einzugreifen, wenn wir glauben, Schlimmes verhindern zu können.

Was aber ist Schlimmes? Das hier: Wenn das Kind nicht die Möglichkeit hätte, einen Fehler zweimal zu machen! Wenn ein einziger Fehler auch der letzte wäre. Das gilt natürlich bei Lebensgefahr. Wir halten das Kind von der Bahnsteigkante fern. Oder sorgen dafür, dass es nicht blind hinter seinem Ball her auf die Straße rennt. Zeit für einen *wake-up-call* ist aber auch, wenn eine Prüfung die letzte Chance ist, bevor das Kind von der Schule fliegt. Oder die Exmatrikulation erfolgt. Dann ist kein Platz für Selbstzweifel und Freiheitsdünkel.

Es reicht also nicht, den Willen des Kindes zu respektieren und es tun zu lassen, was es will. Wir haben dafür zu sorgen, dass das, was das Kind will, nicht seinen grundlegenden Interessen zuwiderläuft. Das müssen wir als Eltern selbstbewusst bestimmen – da dürfen wir nicht zaudern. Dazu gehört auch Zwang – und den sollten wir auch so nennen. Und nicht verhüllen. Wir kommen deshalb schlichtweg nicht umhin, uns einzugestehen, dass im Kindesalter elterliche Sorge bevormundend ist. Diese Sorge sagt, was der Fall ist und welcher Unfall droht. Sie setzt nicht an der »Unverwechselbarkeit« des Kindes an, nicht am Pathos seiner »Autonomie«, sondern an den vitalen Funktionen des Überlebens. Als Bedingung dafür, dass es überhaupt weitergeht. In allen *Coming-of-age*-Romanen kommt es ja darauf an, dass der Heranwachsende seine Fehler selbst macht und daraus lernt – wenn er dazu noch in der Lage ist.

Aber wir landen wieder in einem fundamentalen Widerspruch: Erziehung setzt grundsätzlich den Entzug von Freiheit voraus. Erziehung ist Grenzsetzung, ist Freiheitsentzug. Freiheit heißt nicht »alles ist möglich«. Freiheit heißt nicht Unabhängigkeit – ihr Name ist nicht »Pippi Langstrumpf«, Astrid Lindgrens unsterbliche Anarchistin. Wir müssen also wieder ein Dilemma entscheiden. Insbesondere, wenn wir unser Kind zu einem selbstverantwortlichen Menschen erziehen wollen, zu einem Freiheitswesen. Dann müssen wir Eltern entschlossen zu unserer Erfahrung und unserem Überblick stehen. Und nichts hat so viel Autorität wie selbstbewusste Subjektivität. Selbstverständlich gibt es den Unterschied zwischen den aktuellen Wünschen eines Kindes und seinen tatsächlichen Bedürfnissen (die man vielleicht besser als »Notwendigkeiten« bezeichnen sollte). Diesen Unterschied kann ein Kind nicht sehen. Deshalb ist das Kindesinteresse elterndefiniert! Es liegt im Interesse des Wohlergehens und der Entwicklung des Kindes, dass wir diesen Unterschied markieren. Ab etwa anderthalb Jahren muss das Kind lernen, dass nicht alles nach seinen Wünschen läuft. Sonst bekommt es zwar viel von dem, was es will, aber wenig von dem, was es braucht.

Bringen wir es auf einen kurzen Satz: Kinder sind unmündig. Erziehung umschließt deshalb auch Manipulation und Zwang. Auch. Nicht nur, das wäre despotisch. Es ist auch *keine* Entmündigung. Weil man Kindern ihre Mündigkeit gar nicht wegnehmen kann! Sie sind nicht mündig, und deshalb ist da nichts wegzunehmen. Entsprechend wartet auf Eltern eine Herausforderung, wenn die Kinder älter werden. Von der Lenkung des Kindesalters mehr und mehr abzusehen und die Autonomie des Jugendlichen und jungen Erwachsenen hervortreten zu lassen. Sich angemessen und überlegt zurückzuziehen. Dies in dem Wissen, dass das Kind Selbstverantwortung lernen muss. Und dass es wieder Raum und Zeit für uns Eltern geben muss, wenn wir ein Paar bleiben wollen. Auch nach den Elternjahren.

5 Wie erhalten wir das Elternwohl?

Die Veränderlichkeit des Liebens im Lauf der Zeiten

Verliebtsein ist nicht Liebe. Liebe ist nicht Ehe. Ehe ist nicht Freundschaft. Und Sex unterscheidet sich von allen vieren. Was bedeutet das für die Elternjahre?

Elternjahre kann man in fünf Phasen einteilen: die erste Phase ohne Kind, die zweite Phase mit dem Baby bis zum Alter von etwa zwei Jahren, die dritte Phase mit dem Kleinkind bis zum siebten Lebensjahr, die vierte Phase bis das Kind aus dem Haus geht, die fünfte Phase ohne das Kind. Natürlich bleiben wir in einem biologischen Sinne immer Eltern, insofern enden Elternjahre nie. Dennoch ist eine solche Phaseneinteilung nützlich. Vor allem, wenn wir an einer langen Paarbeziehung interessiert sind.

Es stellen sich dabei vorrangig Fragen nach den *Erwartungen*, die wir mit den Phasen verbinden – also konformistische Vorstellungen über ein gelingendes Beziehungsleben; das, was wir für »selbstverständlich« halten. Es sind ja nicht die Dinge selbst, die unser Erleben bestimmen, sondern die Erfüllung bzw. Nichterfüllung von Erwartungen. Erst unsere Erwartungen etikettieren unsere Partnerschaft als gelungen bzw. nicht gelungen. Insofern sind die Elternjahre ein Exerzitium in Erwartungsmanagement. Dies gilt vor allem für unsere Erwartungen an Liebe, Ehe und Sex. Beginnen wir mit dem Verliebtsein.

Verliebtsein ist wunderschön, die Hormone schießen wild durcheinander, Schmetterlinge fliegen im Bauch, der Himmel hängt voller Geigen. Aber es ist eine situative Bewusstseinstrübung. Häufig als einseitiger Affekt ohne Widerhall – im Teenager-Alter das leidenschaftliche Entbrennen für das schöne Mädchen aus der höheren Klasse. Selten kommt es zu einer echten Verbindung. Und wenn doch, legt sich der Hormonsturm mit der Zeit. Es mag diese Leuchtturm-Paare geben, die zumindest dem Anschein nach über Jahrzehnte »You are my everything« leben. Aber der Praktiker weiß: Das Verliebtsein kann zwar andauern, durchaus auch sehr lange dauern, aber in der Regel endet es irgendwann, glättet sich zumindest. Dann kann etwas Neues in die Partnerschaft kommen, etwas Stabileres. Was kann das sein?

Das Ende der Phase des Verliebtseins ist die Wiederaufnahme der Individualität. Man wird wieder ein Eigener. Vielleicht sind wir dann bereit zur – *Liebe*?

Liebe ist … tja, was denn? Angeboten werden unzählige Definitionen. Seit der Mensch Liebe empfindet, versucht er dafür

Worte zu finden. Es kann ein toller Refrain aus einem Song sein. Oder ein Satz aus der Bibel, ein klassisches Gedicht oder ein altes Volkslied. Esin, sieben Jahre, definiert Liebe so: »Wenn man sich mag, obwohl man eigentlich nicht genau weiß, warum überhaupt.« Paulus schreibt über die Liebe: »Sie erträgt alles, sie glaubt alles, sie hofft alles, sie duldet alles. Die Liebe hört nimmer auf.« Ein Stein, wen das nicht berührt.

Es gibt aber noch unzählige Bestimmungen, die hier zu nennen ins Uferlose führte. In diesem Buch haben wir uns diesem Durcheinander entzogen, indem wir sagten: Liebe erfüllt einen *Zweck in Beziehungen*. Das kann alles Mögliche sein – nicht nur ein Kind zu haben und eine Familie zu gründen. Wer aber ein Kind als Liebeszweck gewählt hat, muss in der Regel mindestens einmal Sex gehabt haben. Was nicht heißt, dass Sex unbedingt zur Liebe gehört. Denn auf dem Feld der Beziehungsformen heißt die aktuelle Tendenz eher »ohne«: Sex ohne Liebe, Liebe ohne Sex, Ehe ohne Liebe, Liebe ohne Ehe, Familien ohne Ehe, Ehe ohne Familien, Ehe ohne Sex, Sex ohne Ehe, Mütter ohne Männer, Väter ohne Frauen. Nichts ist ausgeschlossen. Dass ein Kind Mutter und Vater brauche, mag wünschbar sein, lässt sich aber aus historischer Perspektive nicht halten. Wenn sich der Zweck in einer Beziehung erfüllt, wenn, wie man im Baugewerbe sagt, »die Sohle gegossen ist«, dann ist es nicht so wichtig, welche Lebensform man wählt.

Ein Kind kann also den Zweck einer Beziehung erfüllen. Was aber, wenn das Kind geboren ist, die ersten Jahre überstanden sind und jetzt dieser Zweck nicht mehr den Sog entwickelt, den er zuvor hatte? Nachdenkliche Menschen haben seit jeher bezweifelt, ob die notorische Zerbrechlichkeit und das Leid in der Liebe dem Lebensglück zuträglich sind. So schreibt der argentinische Dichter Antonio Porchia: »Die Liebe, die nicht ganz Schmerz ist, ist nicht die ganze Liebe.« Das hindert viele Menschen nicht daran, nicht nur das Verliebtsein verstetigen zu wollen, sondern auch die Liebe. Zumindest erhoffen sie dauerhafte Bindung – meistens im Korsett der *Ehe*.

Eine trügerische Hoffnung, wie die Statistiken uns wissen lassen. Die Scheidungsraten haben sich seit den 60er Jahren verdreifacht, etwa 40 Prozent der Ehen werden geschieden, die Dunkelziffer der offenen oder verdeckten Trennungen bleibt spekulativ. Wiederum die Hälfte der Scheidungen betreffen auch minderjährige Kinder. Selbst alte Liebe rostet: Immer häufiger trennen sich Paare, die 20 und mehr Jahre verheiratet waren. Sogar bei den über 75-Jährigen steigen die Scheidungsraten. Das wirft die Frage auf: Wie erklärt sich diese Entwicklung?

Schnell kommt ein ganzes Bündel an möglichen Ursachen zusammen. Viele davon sind kultureller Natur. Der tiefere Grund aber ist ein anderer, ein biologischer, ein selten ausgesprochener: Menschen sind nicht dafür gemacht, jahrzehntelang zusammenzuleben! Das hat die Natur nicht vorgesehen. Nur die ungeheuren Fortschritte der Medizin ermöglichen es uns, über viele Jahrzehnte ein Paar zu sein – weit über die Notwendigkeit der Nachwuchsfürsorge hinaus. Diese Erfolge haben entsprechend dazu geführt, dass wir in Langzeitbeziehungen sexuell mehr dürfen, als wir wollen.

Vor diesem Hintergrund lohnt ein kurzer Abstecher in die Geschichte dessen, was wir heute »Ehe« nennen – Experten mögen mir Vergröberung nachsehen.

Das Zusammenleben von Mann und Frau und Kind war historisch schon immer ein großes Drunter und Drüber. Jedenfalls gab es keine Standardversion. Und auch keine lineare Entwicklung, sondern viele Sprünge und Rücksprünge. Insofern ist die »heilige« Familie ein Mythos. Eher scheinheilig: Wir wissen von Gesellschaften, die stabile Paarbeziehungen kannten und sich dann nach einigen Jahrzehnten kollektiv wieder davon abwandten. In diesem Zusammenhang ist es wichtig zu beachten, dass das Leben der Menschen bis weit ins Mittelalter hinein *kurz* war. Paare lebten, wenn überhaupt, durchschnittlich kaum mehr als zwölf Jahre zusammen. Dann wartete der Tod durch Kriege, Krankheiten und Hungersnöte. Das Problem der Versorgung der Hinterbliebenen spitzte sich zur Zeit der Kreuzzüge im 12. Jahrhundert zu, als die freien Ritter das Grab Christi rückerobern wollten und selten heimkehrten. Viele zurückgelassene Frauen und Kinder der »riddere« verarmten. Niemand trieb mehr die Abgaben ein; die lehnspflichtigen »Meier« entzogen sich schleichend ihrer Schuld. In einem Verzeichnis, das oft in der Dorfkirche verwahrt wurde, dokumentierte man daher die materiellen Unterstützungsverhältnisse. Mit der Verrechtlichung der Besitzverhältnisse in Europa seit dieser Sattelzeit befreite sich der Staat von der Versorgungspflicht, lud sie dem Erzeuger auf die Schultern und integrierte somit den Vater in die Familie. Daraus formte sich allmählich die Institution der heutigen Ehe, die in Deutschland erst im Artikel 6 des Bürgerlichen Gesetzbuches von 1899 als staatlich schützenswertes Modell festgeschrieben wurde. Das ordnete die Verhältnisse, hatte also mit romantischen Motiven nichts zu tun.

Die Ehe ist daher eine Rechtsinstitution, die unter Bedingungen entwickelt wurde, die mit den heutigen unvergleichlich sind. Die katholische Kirche und der Kitsch des 19. Jahrhunderts haben sie schwärmerisch und religiös überzuckert, um ihre nüchterne Funktion als staatliches Selbstberuhigungsritual zu verdecken. Damit machten sie aus einem Mittel zur Vermeidung von materieller Not das, was die Ehe heute ist: eine Überforderung.

Das war den meisten Menschen offenbar schon sehr früh klar, vielleicht sogar klarer als heute. Deshalb wurden Erotik und Ehe von der Antike bis weit ins 18. Jahrhundert hinein nicht zusammengedacht. Sie wurden sogar als *Gegensatz* behandelt. Erotik suchte man außerhalb der Ehe. Und die Ehe als auf Dauer angelegter Bund folgte nicht der Leidenschaft, sondern materiellen Interessen, sozialem Ansehen und der Nachfolgeregelung. Sie war im Grunde eine ökonomische Unternehmung, eine Arbeitsgemeinschaft.

Vor diesem Hintergrund war eine Scheidung der Eheleute kein emotionales Problem, sondern bedrohte vorrangig die Stabilität der *ökonomisch-sozialen* Strukturen. Noch der preußische Staatsphilosoph Georg Wilhelm Friedrich Hegel warnte davor, Ehe und Leidenschaft zu vermengen, weil das die staatliche Ordnung unterhöhle. Vergeblich. Um 1800, mit dem romantischen Lebensgefühl, änderte sich diese Sichtweise geradezu bruchhaft. Die ständischen Ordnungen, die die Anbahnung von Beziehungen regelten, waren kraftlos geworden. Hinzu kam ein ökonomischer Faktor: Die Wirtschaft begann zu blühen, die Erwachsenen hatten mehr frei verfügbare Zeit, konnten sich um ihre Kinder kümmern. Das machte man besser zu zweit, der Wunsch nach emotionalem Zusammenhalt kam auf. Die leidenschaftliche »Liebe des Lebens« avancierte nun zum Selbstverständnis verheirateter Paare. Aus einer Versorgungsabsicherung wurde eine Liebesgemeinschaft – die Liebesheirat war erfunden. Eine Scheidung der Ehe, der neu definierte Phänomene wie »Fremdgehen« oder »Seitensprung« vorausgegangen waren, bedrohte jetzt primär die *emotionale* Dauerhaftigkeit. Für unseren Zusammenhang ist das eine wichtige Risslinie. Sie führte zu zwei Ausweitungen: Eheliches Zusammenleben dehnte sich – erstens – weit über das kindgerecht Notwendige hinaus, und – zweitens – erwartete man sexuelle Erfüllung durch den Ehepartner über sehr lange Zeiträume.

Wir müssen uns das klar vor Augen halten: Zum ersten Mal versuchten Menschen, Erotik und Zusammenleben mit demselben Partner dauerhaft zu verknüpfen. Jedermann weiß heute um die Probleme dieser Entwicklung. Öffentlich sind sie jedoch immer noch weitgehend tabuisiert. Der Anspruch »Für immer und ewig« oder »Bis dass der Tod euch scheidet« wird auch noch bei der dritten Heirat beteuert. Monogamie, also die romantische, (möglichst) lebenslange sexuelle Treue zu einem Partner, wird weiterhin idealisiert und zur Norm erklärt. Obwohl ständig gegen sie verstoßen wird. Ohne Doppelmoral kommt sie deshalb nicht aus. Man praktiziert Gnadensex oder lenkt das erotische Verlangen in Dunkelzonen: sequenzielle Seitensprünge, dauerhafte Nebenbeziehungen, Prostitution, Pornokonsum. Wenn sich Paare tatsächlich trennen, werden sie von Freunden und Eltern oft verurteilt. Nichts scheint so unerträglich wie die Freiheit des anderen.

All dies wird Romantiker, die gegen alle Wahrscheinlichkeit auf Ewigkeit schwören, nicht davon abhalten, mit einer Heirat ihre Verbundenheit zu symbolisieren. Aber ein vorurteilsloser Blick kommt um die Erkenntnis nicht herum, dass die vorindustrielle Form der Liebe bis in die frühe Neuzeit hinein nicht die schlechteste war: Trennung von Romantik und Reproduktion. *Alles* von einer Person zu erwarten, die Idee, dass zwei Menschen allzeit füreinander bestimmt sind und alles miteinander teilen – sie mag schön sein, aber sie ist auch: kindlich. Hingegen entlasten weniger überschwängliche Beziehungsformen von naiver Kontinuitätserwartung. Sie verhindern den Scheintod aus Gewohnheit. Vor allem aber Kinder profitieren von einer klar geregelten Elternschaft ohne die Erwartung immerwährender Großgefühle.

Weshalb diese zeitraffende Rückblende? Weil sie wichtig ist für die Elternjahre, vor allem für die Phase nach der Geburt des Kindes. Denn mit diesem Zeitpunkt ändert sich nicht nur in sexueller Hinsicht vieles. Ein Baby schlägt oft wie ein Meteorit in die Partnerschaft ein. Schlaflose Nächte, Komplikationen nach der Geburt oder ständig zu dritt im Bett – das Wort »Beischlaf« wird abrupt umgedeutet. Zwar muss das erotische Feuer nicht erlöschen, es mag auch noch glimmen, aber es lodert nicht mehr. Hinzu kommen Hormone, die die erotische Neigung der Mutter verringern. Krank macht vor allem das Festhalten an der Erwartung, dass es einige Wochen nach der Geburt wieder leidenschaftlich zugeht – was selten der Fall ist. Und auch längerfristig lässt sich auf wechselseitiges Dauerverlangen kaum bauen.

Um es deutlich zu sagen: Mit der Geburt eines Kindes beginnt eine *neue Beziehung*. Die Phase des Eltern-werden-Wollens ist beendet. Können wir mit demselben Partner eine zweite Beziehung beginnen? Eine Phase des Eltern-*sein*-Wollens? Für eine langlebige Partnerschaft ist die Zeit nach der Geburt des Kindes entscheidend. Wer hier an den Ansprüchen der vorgeburtlichen Phase festhält, hat ein schmerzvolles Leben vor sich.

Wenn also der Kinderwunsch erfüllt ist, dann kann die *Familie* der Zweck der Liebe werden. Dann wird sich auch die Partnerschaft sanft von der Leidenschaft lösen, wenn sie sich nicht in Unlust verwandeln soll. Denn: Wie kann man langfristig begehren, was man schon hat? Einen Menschen, mit dem man seit Jahren Tisch und Toilette teilt? Begehren braucht Distanz; Begehren ohne Distanz begehrt nicht. Muss man deshalb den Partner wechseln? Nein. Aber man darf nicht an alten Wunschbildern festhalten, wenn das Zusammenleben nicht nur bloßer Umgang sein soll.

Unter der Bedingung einer Familie pendelt die Liebe weg von der Verschmelzung und hin zu einer parallelen Existenz zweier Individuen, die durch die Elternaufgabe vereint sind. Das Ungestüme kann nun zärtlich werden, zugeneigt, eine umarmende Anhänglichkeit. Man will eher erhalten als erobern. Das geht nicht ohne Distanz – die zuweilen auch eine erotische Wiederbegegnung ermöglicht. Dieses Ermöglichen darf aber nicht zum Müssen verengt werden. Durch das Müssen stirbt das Wollen. Sex ist in dieser Phase eher eine »Entscheidung«, die mitunter sogar geplant werden muss. Wenn Sex drei Funktionen hat – Fortpflanzung, Erregung, Kommunikation –, dann dominiert jetzt die beruhigende Kommunikation: »Es ist alles in Ordnung, mit uns kann es weitergehen.« Dieser Sex ist tendenziell eine *Folge* von Kontakt, von Gespräch, von In-den-Arm-Nehmen, von Wahrgenommenwerden. Lust ist dafür keine zwingende Voraussetzung. Allenfalls eine Konsequenz dessen, dass wir in der Welt des anderen weiterhin eine Rolle spielen wollen. Dass wir daraufhin wiederholt so handeln, ohne dass es zur Gewohnheit wird. Wenigstens der Absicht nach darf es nicht nur höfliche Ermüdung sein. In einem Wort: Nur stetige Aufmerksamkeit symbolisiert die Beständigkeit des Beziehungszwecks.

Diese Form von Kontakt kann eine Paarbeziehung sehr lange stabilisieren. Wir können für diese Phase der Elternjahre eher von *Freundschaft* sprechen. Sie beginnt, wenn die Schlachten der Liebe geschlagen sind. Sie blüht, wenn die Leidenschaft abkühlt. Mit Blick auf das Kindeswohl ist dieser Wechsel ein *Gewinn*. Denn Freundschaft ist stabiler, weil sie die Erwartung einer auf Dauer gestellten Leidenschaft entschärft. Weil Verlässlichkeit der Kern von Freundschaft ist. Weil Freundschaft etwas Innerlicheres besitzt als die erotische Anziehung. Freundschaft ist weniger anfällig für Enttäuschung und Abnutzung – und daher ein solideres Nest für ein Kind. Mehr noch: Dass Liebe für Elternschaft nicht notwendig sein muss, ist eine gute Voraussetzung dafür, dass sie es sein *darf*. Wenn sie es aber nicht ist oder nicht mehr ist, bricht für das Kind nicht gleich alles zusammen.

Wer ein Kind hat, dem sollte es daher gelingen, sich in seiner Partnerschaft/Ehe von der Verliebtheit über die Liebe hin zur Freundschaft zu entwickeln. Das ist eine Leistung: aufzugeben, was nicht mehr zu halten ist. Den Erwartungsdruck leerlaufen zu lassen. Einzusehen, dass wir den Partner aus anderen Perspektiven betrachten müssen, wollen wir mit ihm zusammenbleiben. Und sich wechselseitig zu versichern, dass wir verbunden bleiben und keine Erotik das beweisen muss. Ich möchte sogar noch einen Schritt weiter gehen. Liebe heißt im Kern: sich von Erwartungen trennen. Das ist die wahre Liebe. Diese Trennung von Erwartungen ist für die Liebe wie der Wind für das Feuer: Das schwache Feuer löscht er, das starke entfacht er. Deshalb ist Liebe eine Paradoxie: ein stabiles Gefühl ohne Besitzanspruch. Liebe will nicht besitzen. Ohne Besitzanspruch liebt man den anderen nicht, weil er einen Zweck erfüllt, sondern der andere erfüllt einen Zweck, weil man ihn liebt. Weil die Sorge um das Wohl des anderen höher steht als die Sorge um das eigene Wohlergehen.

Voraussetzung für eine reife und erfüllende Partnerliebe ist die Liebe zu sich selbst. Selbstliebe. Es ist mehr ein innerer Zustand des Vollständigseins. Sonst kommt man ins »Brauchen«. Wir dürfen Lieben nicht mit Brauchen verwechseln! Um vollständig zu sein, dürfen wir den anderen nicht brauchen.

Mit diesen Gedanken können wir weder Verliebtheit noch Liebe noch Freundschaft in einer Paarbeziehung vollumfänglich begreifen. Alle drei sind wunderschön, haben ihre Zeit, können individuell gelebt werden. Aber schon ein kurzer Blick in die Weltliteratur macht klar, dass die Liebe eher entfernt vom realen Leben ist, sondern näher am Tod: Shakespeares *Romeo und Julia*, Goethes *Werther*, Wagners *Tristan und Isolde*. Erst Friedrich Nietzsche wagte es laut auszusprechen: »Gebe dich mir hin, sei mein Tod! Töte mich!« Romantische Liebe muss sterben – sonst wäre sie nicht romantisch. Freundschaft hingegen ist eine einzigartige, freie Verbindung zweier Seelen, die kein Verfallsdatum kennt. Sie verschmilzt nicht, sondern bleibt gleichzeitig Individuelles und Gemeinsames. Weil sie Sie ist. Und er Er.

Wie überleben wir als Paar die Elternjahre? Ich fasse noch einmal zusammen, worum es mir hier geht. Begriffe wie »Liebe« und »Ehe« sind mit romantischen Erwartungen überfrachtet. Viele Partner erwarten zumindest am Beginn einer Beziehung, dass die

Intensität der Liebe auf immer bleibt »wie am ersten Tag«. Das Festhalten an diesem Ideal erzeugt unendlich viel Leid. Wenn wir möchten, dass unsere Liebesbeziehung Dauer hat, dann müssen wir sie von zerstörerischen Ansprüchen befreien. Nur dann können wir uns als Paar entwickeln. Es mag schmerzhaft sein, von Vorstellungen zu lassen, wie ein Partner und eine Partnerschaft idealerweise zu sein hat. Aber es ist ein realistischer Weg, einer Liebesbeziehung die Chance auf Bestand zu geben.

Den Blick zurück in die Geschichte haben wir gewagt, um die Zeitbedingtheit von Liebe und Ehe zu veranschaulichen und die Problematik überlebter Erwartungen aufzuzeigen. So können wir Gewordenes wieder verflüssigen, für uns Eltern einen Möglichkeitsraum öffnen. Damit wir uns nicht verlieren – wie dieses Buch untertitelt ist. Und dadurch auch dem Kind eine widerstandsfähige Basis geben.

Trennung

Paare leben zusammen, Paare trennen sich. Es passt dann nicht mehr. Gründe dafür gibt es unzählige. Aber selten wird so viel gelogen wie bei Trennungen. Viele Beziehungen werden auch nicht begraben, obwohl sie lange schon gestorben sind. Man hält sie »on hold«, oft der Kinder wegen. Will man sich jedoch tatsächlich trennen, wächst dieser Entschluss meist über viele Monate, manchmal über Jahre. Nur vereinzelt lässt sich ein eindeutiger Beginn dieses Prozesses festmachen. Über »Schuld« lässt sich schon gar nichts aussagen; beide Teile tragen Verantwortung für die Lebendigkeit einer Paarbeziehung. Der Weg nach unten läuft nämlich zirkulär: eine kleine Nachlässigkeit hier, eine kleine Abwendung dort, Reiz und Reaktion sind nicht zu unterscheiden. Wie sich ohnehin die Dinge entdramatisiert haben. Man trennt sich ja heute nicht mehr, weil es einem schlecht geht, sondern weil es einem *besser* gehen könnte. Nicht mehr glücklich will man sein, sondern glücklicher. Es ist dann vergleichsweise unerheblich, wer letztlich den Trennungswillen ausspricht. Frauen tun das heute häufiger als Männer. Männer neigen dazu, die Dinge auszusitzen und darauf zu hoffen, dass es von alleine besser wird. Wird es selten. Trennung ist dann allemal besser als stetiger Streit, Suchtprobleme oder häusliche Gewalt. Und als Eltern erweisen wir unserem Kind keinen Dienst, wenn wir nur seinetwegen zusammenbleiben. Keinem Kind hilft es, mit zwei Durchhalteakrobaten unter einem Dach zu leben.

Trennung der Eltern ist und bleibt aber ein Drama. Manche Kinder entwickeln deshalb besondere Bindungsstrategien. Einige behandeln ihre Eltern besonders vorsichtig und verhalten sich betont unauffällig: »Ich will nicht, dass sich meine Eltern streiten, sich vielleicht sogar trennen – schon gar nicht meinetwegen.« Andere extremisieren ihr Verhalten oder fliehen in die Krankheit, sodass die Eltern Grund haben zusammenzubleiben. Denn das Zerbrechen einer Familie *kann* für ein Kind traumatisch sein. Manche kämpfen noch als Erwachsene mit den mentalen Folgen. Das ist aufs Ganze gesehen jedoch eher selten, wie neuere Forschungen zeigen; die meisten Kinder verarbeiten die Trennung der Eltern langfristig gut – jedenfalls besser als eine Endlostragödie.

Dennoch: Was Kinder wollen, ist Stabilität, Zugehörigsein, ohne fürchten zu müssen, dass morgen alles ganz anders ist. Kinder brauchen Leitplanken, Kompass, Routinen, Rituale, Ordnung. Und verlässliche Bezugspersonen. Das können die leiblichen Eltern sein – auch wenn sie vielleicht nicht mehr unter einem Dach leben –, müssen es aber nicht. Es gibt auch soziale Mütter und Väter, es können auch Oma, Opa, Tagesmutter, Tagesvater oder auch Krippenerzieher sein.

Der Unterschied zu kinderlosen Partnerschaften: Partner können ihr einigendes Band auflösen, Eltern nicht. Sie bleiben Eltern, ob sie nun zusammenleben oder nicht. Manchmal ist es sogar im Sinne der Kinder, die Partnerbeziehung zu opfern, um die Elternbeziehung zu retten. Das Sorgerecht ist dafür nebensächlich. Deshalb muss man alles tun, um dem Kind den Kontakt zu beiden Elternteilen zu erhalten. Das in strittigen Fällen oft gerichtlich erzwungene Wechselmodell ist aber ein Vergehen am Kind. Es stimmt nicht, dass für eine gute Kindheit der gleiche zeitliche Anteil der Eltern notwendig ist. Dann wären Millionen von Kindern geschädigt, die ihren Vater oft erst abends oder an Wochenenden erleben. Das Kontinuitätsprinzip ist vorzuziehen: Für das Kind sollte sich durch eine Trennung möglichst wenig ändern.

Nun mag die Trennung durchaus ein Problem sein. Wichtiger aber ist, *wie* man sich trennt. Und wie die Zeit danach gestaltet wird. Getrennte Eltern, die weiter streiten, sind für ein Kind sehr belastend. Vor allem müssen wir verhindern, dass das Kind sich für die Trennung schuldig fühlt: »Papa geht weg, weil er mich nicht mehr mag … mein Bruder und ich uns zu häufig streiten.« Das müssen wir dem Kind versichern: dass wir es nicht verlassen – auch wenn wir als Paar nicht mehr zusammenleben. Dass es nicht der Grund für die Trennung ist. Dass es keinen Elternteil verliert, sondern sich nur die Betreuungssituation ändert. Dass es weiterhin von beiden Elternteilen uneingeschränkt geliebt wird und es beide Elternteile uneingeschränkt lieben darf. Geboten ist weiterhin, niemals den anderen Elternteil abzuwerten. Wir dürfen das Kind nicht auch noch zusätzlich in Loyalitätskonflikte stürzen. Und dann braucht das Kind ganz einfach Trost, Trost, Trost. »Ja, wir sind kein Paar mehr, aber wir bleiben beide deine Eltern. Das ändert sich nicht.«

Selbstachtung erhalten

Wir bewerten nicht nur andere Menschen, sondern auch uns selbst. Mit Blick auf unser Handeln in den Elternjahren können wir uns zum Beispiel fragen: Achten wir uns selbst für das, was wir tun? Oder verachten wir uns? Dabei kommt ein Begriff ins Spiel, der zunächst einmal abstrakt klingt, aber große praktische Konsequenzen hat: Selbstachtung.

Selbstachtung ist jenes »Organ« in uns, das wie ein Seismograph taxiert, wie wir uns selbst wert-, ein- oder abschätzen. Es nimmt sensibel auch das kaum Wahrnehmbare wahr, registriert Unbewusstes, spürt mit nimmermüder Wachsamkeit auch noch in den verdecktesten Handlungen auf, ob wir eigenen Ansprüchen genügen. Das beinhaltet Elemente von innerer Würde und Selbstkontrolle. Es ist das Selbst, das sich achtet. Etwa: »So möchte ich von mir denken, und so möchte ich auf mich schauen.« Unser Eigenwert, unser »bestes Selbst«, so wie wir uns selbst gerne sähen – das ist die Selbstachtung.

Nun mögen wir in der Regel nicht alles an uns. Aber doch etliches. Je mehr, desto besser. Ein alter Gedanke: »Liebe deinen Nächsten wie dich selbst.« Wer das für eine maßlose Forderung hält, liegt richtig. Denn der von Martin Luther pädagogisierte Text heißt im Original: »Nur wenn du dich selbst liebst, kann du deinen Nächsten lieben.« Das ist etwas anderes! Das macht die Selbstliebe zur Voraussetzung für die Fremdliebe. Wir können nur mit jemandem anderen gut umgehen, wenn wir mit uns selbst gut umgehen. Ich kann nur dann jemandes Schatz sein, wenn ich mich selbst schätze. Umgekehrt gilt das leider auch: Wer sich selbst nicht mag, revanchiert sich bei anderen. Die mangelnde Selbstachtung wird nach außen gewendet.

Und genau dieser Zusammenhang steht im Umgang mit unserem Kind täglich auf dem Spiel. Mit immensen Konsequenzen. Es besteht nicht der Schatten eines Zweifels, dass viele Erziehungsversuche an zu geringer Selbstachtung der Eltern scheitern. Deshalb müssen wir Eltern für uns selbst sorgen! Wenn ein namhafter Pädagoge schreibt, dass einem dauernervenden Kind »in gegenseitiger Achtung« zu begegnen sei, und es gehe dabei »nicht um mich, es geht um das Kind«, dann dürfen wir das berichtigen. Es geht auch um uns Eltern. Mehr noch: *Selbstachtung steht immer vor der Fremdachtung.*

Auf unsere Selbstachtung wirkt sich auch aus, wie wir zulassen, dass *andere* mit uns umgehen. Zum Beispiel unser Kind. Natürlich kann uns kein Kind die Selbstachtung nehmen. Dafür sind wir selbst verantwortlich. Aber die vielen kleinen Selbstabwertungen, die der Erziehungsalltag mit sich bringt, können dazu beitragen, dass wir unseren Selbstrespekt allmählich verlieren.

Wir bekommen Selbstachtung daher am besten zu fassen, wenn sie bedroht ist. Wann ist das der Fall?

1. Wenn wir gegenüber dem Kind unsere Souveränität verlieren.
2. Wenn wir unserem Kind gefallen wollen.
3. Wenn wir anderen Eltern gefallen wollen.

Der Reihe nach.

Nicht die Souveränität verlieren

Auf dem Spielplatz. Die Mutter hat die kleine Noemi schon zweimal eindringlich darauf hingewiesen, sie solle nicht mit Sand um sich werfen. Andere Kinder (und vor allem deren Eltern) hätten das nicht gerne. Noemi lässt sich davon nicht beirren. Als sie wieder ein Schaufelladung Sand niederregnen lässt, flippt die Mutter aus. Sie springt auf, läuft auf Noemi zu, »Wie oft muss ich dir noch sagen …«, zieht das Mädchen von den anderen Kindern weg, redet mit hysterisch überschnappender Stimme auf sie ein …

Es ist erstaunlich, wie oft Eltern in Stresssituationen ihre Selbstachtung opfern. Sie verlieren teilweise völlig die Contenance, wenn die Kinder sich unangebracht verhalten, fangen an zu schreien, laufen hektisch hinter ihren Kindern her. Für etliche von ihnen ist ein gestresstes Elternleben so »normal« geworden, dass sie glauben, das müsse so sein. Mehr noch: Viele freuen sich fast an ihrer Erschöpfungslust. Total gestresst fühlen sie sich wichtig. »Ich ächze, also bin ich.« Das Leben hat einen Sinn. Oder anders: Man kommt nicht ins Nachdenken. Den Preis dafür zahlt das Kind. Denn der Souveränitätsverlust der Eltern ist eine Störung der natürlichen Ordnung.

Psychologisch gesehen können wir nur dann souverän mit unserem Kind umgehen, wenn wir »über« den Dingen stehen, und nicht »in« der Situation verstrickt sind. Wir müssen uns selbst im Griff haben, um das Kind im Griff zu haben. Wir müssen uns selbst ans Steuer unseres Lebensautos setzen, und nicht das Kind fahren lassen. Sonst kegeln wir auf der Rückbank von einer Ecke in die andere.

Was können wir tun, um die Kontrolle zu behalten, uns nicht hinreißen zu lassen zu reflexhaftem Handeln? Zunächst einmal müssen wir für uns selbst ein Gefühl für Selbstachtung entwickeln. Wir können uns Situationen bewusst machen, in denen sie bedroht ist, Muster darin aufspüren, in denen wir uns nicht gefallen, die sich aber wiederholen. Sodann: Überlegen, wie wir uns alternativ verhalten können. Für das eigene Wohlbefinden sorgen. Ruhepausen einlegen. Unterbrechungen organisieren. Kontraste suchen. Rückzugsmöglichkeiten einrichten. Distanz gewinnen.

Das alles ist leichter gesagt als getan, aber nicht unmöglich. Wir sind jedoch oft so verclinched mit unserem Kind, dass uns gar nicht mehr auffällt, dass unsere Selbstachtung auf dem Spiel steht. Es ist letztlich eine Frage des Bewusstseins, wie viel uns unsere Selbstachtung wert ist. Wie auch immer: Nur wenn wir mit uns selbst gut umgehen, haben wir Ressourcen, mit unserem Kind gut umzugehen.

Nicht dem Kind gefallen wollen

»Du wirst nur geliebt, wenn du es anderen recht machst!« Falls wir von unseren Eltern diese Grundbotschaft empfangen haben, möchten wir anderen Menschen im besonderen Maß gefallen. Dann neigen wir dazu, unsere eigenen Bedürfnisse zu vernachlässigen. Dann hören wir immerfort eine innere Stimme: »Die anderen zuerst!« Vor allem die weibliche Sozialisation ist diesbezüglich noch druckvoller als die männliche. Mädchen wird häufig mit auf den Weg gegeben, dass sie nur dann in Ordnung sind, wenn sie anderen gefallen. Wenn der Beifall abebbt, erleben sie sich als minderwertig.

Menschen mit einer solchen Prägung haben durchaus Vorteile. Sie gelten als sympathisch, einfühlsam, im Berufsleben als teamfähig. Aber sie haben auch Nachteile. Sie leiden lieber, als sie handeln, ertragen oft Unerträgliches, scheuen den Konflikt, ignorieren ihre Bedürfnisse. Und wenn andere ihre Bedürfnisse nicht erahnen, sind sie frustriert und bestrafen die anderen heimlich für ihre Rücksichtslosigkeit – obwohl diese oft gar nicht wissen, worauf sie Rücksicht nehmen sollen. Im Hintergrund lauert die Hoffnung, für ihre Hingabe geliebt zu werden. Oder die Furcht, abgelehnt zu werden, wenn sie die Erwartungen anderer enttäuschen.

Der »andere« in »Mach's andern recht« ist bei Eltern oft ihr eigenes Kind. Eltern lesen ihm jeden Wunsch von den Augen ab.

Jede Bitte wird erfüllt, jede Aufgabe übernommen. Viele Eltern haben die Erwartungen ihres Kindes derart verinnerlicht, dass sie sie für ihre eigenen halten.

Hand aufs Herz: Wie viele Konflikte schlucken wir runter aus Furcht davor, dass unser Kind uns doof findet? Vielleicht sich sogar von uns abwendet? Wie oft weichen wir zurück, wo beherztes Einhaltgebieten unumgänglich wäre – aus Ignoranz gegenüber dem zivilisatorischen Anstand, den wir über Jahrhunderte errungen haben? Gerade in Zeiten des Wertrelativismus halten es viele Eltern für chic, sich zurückzuhalten, obwohl deutliches Positionbeziehen angezeigt wäre. Zugenommen hat auch die Neigung, für jede Provokation des Kindes Verständnis zu zeigen. Das Kind fühlt sich dann ermutigt, seine Provokationen überall auszuleben. Wir kommunizieren dem Kind implizit: »Nicht du musst dich ändern, sondern der Belästigte soll sich nicht so anstellen.« Bis hin zur einseitigen Parteinahme für den Belästiger, weil er ja nun mal unser Kind ist. Damit werden genau jene Werte verraten, für die die Aufklärung einst einstand. Viele glauben, am Leid der Welt sei die menschliche Härte schuld. Das überzeugt mich nicht. Ich glaube im Gegenteil, das wirklich Schlimme resultiert aus knochenloser Nachgiebigkeit, die sich als Kinderliebe tarnt, in Wirklichkeit aber mangelnde Selbstachtung ist.

Dabei könnten wir schon im Babyalter unterscheiden lernen. Mit der Zeit entwickeln wir ein Gespür dafür, wann das Schreien des Kindes auf ein ernst zu nehmendes Problem hindeutet oder wann es Tyrannei ist. Ab dem Kleinkindalter dann ist es mit Rücksicht auf unsere Selbstachtung unabdingbar, abfälliger Wortwahl und respektlosem Handeln resolut entgegenzutreten. Wir müssen unsere Würde wahren. Das vierte Gebot, nach dem man »Vater und Mutter ehren« soll, bündelt nicht zufällig jahrtausendealtes Erfahrungswissen. Negativ formuliert wäre es noch etwas konkreter: Du sollst Vater und Mutter nicht entehren.

Wir machen uns zum Spielball des Kindes, wenn unser Wohlbefinden davon abhängt, dass wir unserem Kind gefallen. Dann geben wir dem Kind zu viel Macht über uns. Wir verlagern unsere Steuerungsinstanz nach außen. Und das ist das Ende einer selbstverantwortlichen Lebensführung. Wir sind nicht auf der Welt, um die Erwartungen anderer zu erfüllen. Auch nicht die unseres Kindes. Dessen Erwartungen können wir prüfen – es kann ja sein, dass seine Ansprüche uns gegenüber berechtigt sind. Aber sie sind abzuwägen gegenüber unserem Recht auf Selbstbestimmung und Autonomie. Und dann ist im Einzelfall zu entscheiden. Weitergehend noch: Es hilft dem Kind oft mehr, wenn wir seine Wünsche gerade *nicht* erfüllen.

Dass aber ein Kind bisweilen maßlose Ansprüche erhebt, können wir ihm nicht verübeln. Erschöpft sind wir deshalb, weil wir sie nicht ablehnen – infolge einer Maßlosigkeit unserer Ansprüche an uns selber. Zu glauben, wir könnten *alles* leisten. Das ist die Einübung in die Erschöpfung als Dauerzustand.

Nicht anderen Eltern gefallen wollen

Man kann sich beim Eltern-Kind-Turnen und in PEKiP-Gruppen oft nicht des Eindrucks erwehren, dass Aussagen der Eltern gegenüber ihrem Kind nicht wirklich an das Kind adressiert sind. Das Gesagte wird vielmehr für die »Tribüne« gesprochen. Also für umstehende Erwachsene, von denen man sich beobachtet fühlt und deren Urteil offenbar wichtig ist. Die anderen Eltern sollen die eigene Reflektiertheit hören, die Sensibilität, die Erziehungskompetenz.

Offenbar fürchten viele Eltern, was andere Eltern über sie denken. Vor allem Mütter sind untereinander oft harsche Kritiker: »Waaaas, du isst Honig in der Schwangerschaft? Weißt du denn nicht, wie schädlich das ist?« – »Du willst nur ein halbes Jahr stillen?« – »Du gehst schon nach drei Monaten wieder arbeiten? Vollzeit, wirklich?« – »Du lässt das Kind tatsächlich alles essen?« – »Du weißt, ich habe nichts gegen Ausländer, aber der Betreuer in der Kita sollte doch gut Deutsch sprechen, oder?« Müttern wird von der einen Seite eingeredet, sie müssten zu Hause bleiben, sich um das Kind kümmern: »Kinder gehören zur Mutter!« Die andere Seite redet ihnen ein, ein »Heimchen am Herd« sei doch ein Auslaufmodell, die moderne Frau gehe gleich nach der Geburt ihres Kindes wieder arbeiten. Beklagenswerter noch: Sie wisse ja gar nicht, was sie verpasse, verzichtete sie auf eine Berufskarriere.

Das Wimmelbild des Rechthabens bleibt nicht ohne Wirkung. Es kann als umgebendes Meinungsklima einen so hohen Anpassungsdruck erzeugen, dass Eltern sich dem beugen, obwohl sie eigentlich anderer Meinung sind. Sie sind lieber still, um es sich mit den Umstehenden nicht zu verderben. Die berühmte Schweigespirale. Erwartungen an uns haben auch Bekannte, Freunde, Großeltern. Und obwohl wir nicht sicher sein können, *dass* sie Erwartungen an uns haben, unterstellen wir sie. Wir erwarten, dass andere etwas von uns erwarten. Das sind dann *Erwartungserwartungen*, die einen Zirkel der Anpassung und Gegenanpassung aufbauen. Und häufig geeignet sind, uns von unserem eigenen Weg abzubringen. Manche sprechen auch von vorauseilendem Gehorsam.

Unsere Elternjahre sehen heller und unverkrampfter aus, wenn wir aufhören, uns zu schnell den Meinungen anderer zu unterwerfen, unter ihrer Kritik zu leiden, sozialem Druck nachzugeben. Wir verfügen dann über ein unabhängiges Urteil. Dann wissen wir selbst, was zu tun ist. Dann haben wir Zuversicht in unsere eigene emotionale, intellektuelle und moralische Kompetenz. Wir glauben an unsere Absichten und Fähigkeiten. Wir glauben an unsere Zuverlässigkeit. Wir sehen uns als integre Person, sehen uns in einem positiven Licht. Selbst wenn wir Sichtweisen und Meinungen anderer berücksichtigen, löschen diese nicht unsere eigenen Einsichten aus.

Zum Elternsein gehört also auch ein *Trennungsprozess*, ein Sich-Trennen von den Normen und Werten, die andere uns als verbindlich vorgeben. Denn die Erwartungen anderer haben zunächst mit uns nichts zu tun. Oft schon richten wir uns nach diesen Erwartungen, ohne sie genau zu kennen. Und wenn wir sie kennen, hinterfragen wir nicht den Preis, den wir dafür zahlen, wenn wir ihnen entsprechen. So tragen viele Mütter ihrem vergesslichen Kind alles nach, weil andere Mütter es auch tun. So beuten sich viele Männer bis zur Selbstaufgabe aus, um der Rollenerwartung des »Ernährers« gerecht zu werden. So werden dem Kind die sündhaft teuren Sneakers gekauft, weil die Nachbarskinder auch welche tragen – obwohl das Monatsbudget es eigentlich nicht hergibt.

Natürlich können wir den Erwartungen anderer nachkommen. Das müssen wir aber nicht. Wir müssen nicht »everybody's darling« sein. Es ist in Ordnung, abgelehnt zu werden. Prüfen wir diesen Gedanken: Ein »Nein« zu anderen ist ein »Ja« zu uns selbst. Unsere eigenen Bedürfnisse sind wichtig, vor allem wichtiger als der Applaus von der Tribüne. Wir dürfen uns der Welt auch mit unseren Schwächen und Eigenarten zumuten. Wir müssen nicht permanent die Show-Seite unseres Lebens präsentieren. Die Erwartungen anderer sind und bleiben die Erwartungen anderer.

Auf keinen Fall aber sollten wir die Erwartungen anderer *abwerten*. Alle haben das Recht, Erwartungen an uns Eltern zu stellen, ein bestimmtes Verhalten zu fordern. Auch Kinderlose glauben ja, intime Kenntnisse zu haben und mitreden zu können. Kein Grund, sich zu ärgern! Selbstverständlich können andere sich einmischen und Erwartungen formulieren. Aber *wir* entscheiden, wie wir handeln!

Elternwohl vor Kindeswohl

»Genießen Sie die Zeit!« Was die Hebamme nach der Geburt unseres ersten Kindes sagte, wurde einige Wochen später von uns nur noch mit schiefem Lächeln erinnert – zu diesem Zeitpunkt sehnten wir nichts so sehr herbei wie zwei Stunden Tiefschlaf. Die hatte gut reden! Die Wahrheit dieses Satzes zeigte sich erst, als die gemeinsame Zeit mit dem Kind vorbei war und das Bedauern über ihre Flüchtigkeit melancholisch machte.

Wir haben zuvor die fünf Phasen der Elternjahre definiert. Die Übergänge von der einen zur nächsten sind oft nicht scharf zu zeichnen und alle haben ihre eigenen Schwerpunkte, ihre wunderbaren Momente und ihre stillen (und auch weniger stillen) Verzweiflungen. Eingedenk der Trennungsstatistiken müssen wir sogar anerkennen: Die Elternjahre sind ein Hochrisikogebiet für Paare! Die Frage, die uns daher im Folgenden leiten soll: Wie überleben wir als Paar die Elternjahre? Was können wir tun, um ein »Danach« zu ermöglichen?

Beginnen wir mit der Zeit nach der Geburt des Kindes. Von den meisten Eltern wird sie neun Monate sehnlichst erwartet. Aber für manche ist die plötzliche Dreisamkeit ein Start in die Krise. Mit der Hoch-Zeit hat man sich offenbar eine Tief-Zeit eingebrockt.

Übergang von zwei auf drei

»Ich kann nicht mehr, ich bin fertig.« Maike kämpft mit den Tränen. »Unser Sohn ist zwar erst drei Jahre alt, aber mit Lukas als Vater halte ich es nicht mehr aus. Alles, was ich mache, ist irgendwie nicht o. k. Und auch unser Eheleben geht den Bach runter.« – Wir können davon ausgehen, dass es ihrem Mann Lukas ähnlich geht. Vielen Eltern fällt es schwer, den Übergang von der Zweier- zur Dreierbeziehung klug zu gestalten.

Mit dem Elternwerden verlieren wir unser vorheriges Leben. Aus Mann und Frau werden Vater und Mutter; zur Paarbeziehung kommt die Elternrolle hinzu. Mann und Vater sind aber nicht identisch, Frau und Mutter ebenso wenig. Die Mutter hatte sich ja einst in einen Mann verliebt – nicht in einen Vater. Und der Vater hatte sich einst in eine Frau verliebt – nicht in eine Mutter. Was nicht ausschließt, dass sich auch Mutter und Vater lieben können. Aber die Liebe wird komplexer, die Stolpersteine größer. Wie zuvor bemerkt, können wir daher nicht von der Hand weisen, dass die Paarbeziehung grundsätzlich bedroht ist durch ein Kind. Was im Vorfeld oft nicht bedacht und später gerne verschwiegen wird.

Spätestens #regrettingmotherhood hat das Tabu gebrochen. Seitdem wissen wir, dass die frühen Elternjahre nicht für alle eine Bullerbü-Idylle sind. Eine von Nestlé 2021 veröffentlichte Studie kommt zu dem Ergebnis, dass für etwa ein Drittel aller Elternpaare weltweit das Kindhaben zu sozialer Vereinsamung führt. Alles dreht sich offenbar nur noch um das Kind. Und die Umwelt fragt ja auch nur, ob es dem Kind gut geht, nicht, wie es Mutter oder Vater geht. Die Gefahr: Zunehmend verliert man sich als Paar aus den Augen.

Eine Paradoxie: Viele Paare wollen mit einem Kind ihre Liebe vertiefen – und verflachen sie dadurch. Geblendet vom Kinderglück, vergessen sie die Pflichten gegen sich selbst! Es ist erfahrungsgemäß klar, was auf der Strecke bleibt, wenn man beruflich voll eingespannt und das Kind anstrengend ist: der Partner. Er ist es, den man am leichtesten zur Seite schieben kann. Er ist ein »Ehda«, er ist ja »eh da«. 80 Prozent aller Paare reduzieren nach der Geburt ihre Kommunikation, ihre Zärtlichkeit und ihre Sexualität. Frauen, sonst selbst- und modebewusst, mutieren zu markanter Unauffälligkeit. Plötzlich wird die Kleidung weit, fleckenfreundlich und funktional. Männer verblöden ihre Sprache zu »Ei-wo-ist-er-denn-der-Kleine?« (da natürlich, er kann ja auch nicht weg) und verhandeln Home-Office-Zeiten, um sich nebenbei um das Kind kümmern zu können. Was wiederum Dichte-Stress erzeugt. Wenn aber keine Distanzen gewahrt bleiben, wächst das Trennungsrisiko. Kommt es zur Scheidung, sind bei etwa der Hälfte der Scheidungen minderjährige Kinder betroffen. Davon wiederum fallen 40 Prozent ins erste Geburtsjahr des ersten Kindes. Auch wenn es nicht zur Trennung kommt: Eltern streiten sich neun Mal mehr als kinderlose Paare. Vor allem, wenn sie sehr jung sind.

Wie wichtig es aber ist, dass es Mutter und Vater gut geht, zeigt schon eine kleine Befragung, die eine befreundete Lehrerin mit einer Schulklasse von zehnjährigen Kindern (insgesamt 36) durchführte. Die Kinder wurden gebeten, eine Bitte an die eigenen Eltern zu richten. Die Schreiben blieben anonym, wurden gesammelt und ausgewertet. Die häufigsten Nennungen lassen sich so zusammenfassen: »Ihr sollt nicht miteinander streiten.« Erst danach kommen »Ihr sollt nicht so viel mit mir schimpfen« oder »Ihr sollt häufiger für mich da sein«. Das zeigt: Die positive häusliche Atmosphäre erwächst aus der *Gestimmtheit* der Eltern. Fehlt es daran, leidet das Kind.

Guy Bodenmann, Professor für Klinische Psychologie an der Universität Zürich: »Kinder sind seismographisch für Stress der Eltern empfänglich, spüren deren Gereiztheit oder Rückzugsverhalten und leiden darunter.« Konflikte zwischen Eltern alarmieren Kinder, bedrohen ihr Sicherheitsgefühl. »Stress der Eltern ist in hohem Maß mit kindlichen Verhaltensauffälligkeiten und psychischen Störungen assoziiert«, sagt Bodenmann. Wenn wir als Eltern gestresst sind, versagen wir also bei dem Ziel, das die meisten von uns für das wichtigste halten: dem Kindeswohl. In den

Jugendgerichtssälen hört man dann nicht selten von schwer zerrütteten Familienverhältnissen. Nach Daten des Statistischen Bundesamts wächst die Zahl der registrierten Kindeswohlgefährdungen um jährlich etwa zehn Prozent.

Wir dürfen daher nicht zulassen, dass wir uns als Paar aus den Augen verlieren. Eben auch, weil es für das Kind nicht gut ist. Denn nur wenn Eltern glücklich sind, ist es das Kind auch. Daraus leitet sich die Forderung ab, die wir schon eingangs dieses Buches notiert haben: Kinder haben ein Recht auf glückliche Eltern.

Übergang von drei auf zwei

Daniel und Petra trennen sich. Beide sind um die 50. 24 Jahre waren sie zusammen. Das Gemeinsame war schon länger aufgebraucht, ihr Kind kittete die Ehe. Aber jetzt, wo das Kind flügge ist, haben sie den Mut, sich dies einzugestehen: »Ja, wir sind eine funktionierende Wohngemeinschaft, vielleicht noch Bruder und Schwester, aber die Liebe ist unterwegs verloren gegangen.« Die Trennung läuft undramatisch. Das Kind, 20 Jahre alt, macht den Eltern dennoch Vorwürfe: »Ich habe schon lange gespürt, dass ihr nur noch meinetwegen zusammen wart.«

Diese Situation ist klassisch für Paare beim Übergang von drei auf zwei. Sie trennen sich oft in dem Moment, in dem das letzte Kind das Haus verlässt und sich dann nichts Gemeinsames mehr findet. Wozu sind wir jetzt noch zusammen? Sie haben sich zu lange als »Nur-noch-Eltern« definiert und nicht mehr wirklich umeinander gekümmert. Vor allem haben sie nicht die Zeit *nach* dem Kind vorbereitet.

Diese Abwärts-Mechanik beginnt oft früh und unmerklich. In den ersten Lebensmonaten des Kindes ist dessen Vorrangigkeit überlebensnotwendig; ein Baby hat absolute Priorität. Es will alles, jetzt, sofort. Nichts duldet Aufschub. Da gibt es kaum Platz für Zweisamkeit der Eltern. Wenn man in dieser Zeit Eltern lauscht, dann hört man häufig: »Wenn es unserm Kind gut geht, dann geht es auch uns gut.« Erstens-zweitens. Vorrangig-nachrangig. Aber viele Eltern neigen dazu, die in dieser Phase eingeübten Verhaltensweisen zu *verstetigen*. Die ständige Verfügbarkeit zum Beispiel, im Säuglingsalter unabdingbar, wird bis ins Kleinkindalter verlängert. Und so werden die Bedürfnisse des Kindes allmählich *dauerhaft* den eigenen übergeordnet. Unmerklich wird das Kind zum Lebens-*Mittelpunkt*, dem alles andere nachgestellt ist. Das Kind wird zum Gravitationszentrum eines Sonnensystems, das alle Energie aufsaugt. Entsprechend schwer fällt es nach den ersten Elternjahren, sich wieder als *Paar* ins Zentrum zu stellen. Eltern haben es gleichsam »verlernt«.

In ironischer Drehung des 1979 erschienenen Bestsellers *Das Drama des begabten Kindes* von Alice Miller könnte man vom »Drama der begabten Eltern« sprechen. Gerade sie, die gut ausgebildet sind, voll guten Willens und in hohem Maße sensibel für ihre elterliche Aufgabe, laufen Gefahr, sich *ausschließlich* an den Bedürfnissen des Kindes auszurichten. Der Überdosis an Verherrlichung des Kindes entspricht die Unterdosierung der Zuwendung für sich als Paar. Man muss kein Psychologe sein, um zu wissen, was mit Menschen passiert, die jahrelang ihre Wünsche und Bedürfnisse unterdrücken. Oft verlagern sich auch die emotionalen Bedürfnisse der Eltern vom Partner weg und hin zum Kind. Mütter und Väter werden so gleichsam abhängig von der Glückserfüllung durch das Kind. Man kann jedoch nicht alle Emotionen dem Kind widmen und dann von einer Paarbeziehung erwarten, dass sie einen durchs Leben trägt. Das ist nicht selten eine tragische *self-fulfilling prophecy*: Weil man fürchtet, die

Liebesversorgung durch den Partner später zu verlieren, intensiviert man die Liebesversorgung durch das Kind – und treibt genau damit den Partner in die Flucht.

Welche Schlüsse können wir als Eltern daraus ziehen?

Elternjahre sind nicht deckungsgleich mit Kinderjahren. Wir dürfen die radikale Kindzentrierung der Babyjahre daher nicht als *dauerhaft* normal betrachten. Das Kind wird älter und muss lernen, die Aufmerksamkeit zu teilen. Ab etwa 18 Monaten beginnt dieser Prozess. Sanfter formuliert: Mit dem Älterwerden des Kindes sollten Paar-Zeit und Ich-Zeit wieder mehr Raum einnehmen. Wir dürfen es nicht verpassen, uns selbst wieder in den Mittelpunkt zu stellen. Denn das Kind wurde uns als Paar geschenkt. Es ist ein »durchlaufender Posten«. Nach den Elternjahren lassen wir es wieder los. Und auch wenn wir immer Eltern bleiben, so sind doch die Elternjahre im engeren Sinne nur eine begrenzte Phase im Leben von Erwachsenen. Es gibt ein Vorher und vor allem ein Nachher. Im Idealfall ziehen Kinder weiter, der Partner bleibt. Und mit ihm vielleicht etwas Neues. Ein alter jüdischer Witz diskutierte die Frage: »Wann beginnt das Leben?« Ein Katholik antwortet: »Bei der Zeugung«, ein Protestant meint: »Bei der Geburt«, und der Jude sagt: »Wenn der Hund tot ist und die Kinder aus dem Haus.«

Was ist das Elternwohl?

»Ich fühle mich sehr allein in unserer Beziehung«, offenbarte Melinda Gates in ihrem Buch *The Moment of Lift*, das zwei Jahre vor ihrer Scheidung von Bill Gates erschien. Wie Millionen anderer Frauen saß sie zu Hause mit ihren Kindern, während ihr Mann der Welt Microsoft schenkte. Sie hingegen fühlte sich neben Bill »unsichtbar«, das gemeinsame Gespräch versiegte. Schauen wir uns selbst an: Wann haben wir uns das letzte Mal in Ruhe und interessiert mit unserem Partner unterhalten?

Wir müssen aufpassen, dass die Liebe nicht vertrocknet, dass wir in der Aufmerksamkeit für den Partner nicht nachlassen. Wir dürfen nicht in den Besitz des anderen übergehen, nicht glauben, wir hätten ihn »im Sack«. Denn: *Jeder geht dahin, wo er sich wahrgenommen fühlt.* Der Wettbewerb schläft nicht. Wenn wir unseren Partner für selbstverständlich halten, wird es jemanden geben, der das nicht tut.

Die Forschungslage ist eindeutig: Eltern, die sich auch in ihrer Paarrolle lebendig halten, trennen sich seltener. Sie können dennoch eine starke Bindung zu ihren Kindern haben – ja gerade deshalb. Eine Dauernähe aber leiert aus wie ein altes Gummiband. Das Lösungswort heißt *Entwicklung.* Wenn es keine Entwicklung als Paar mehr gibt, trennt man sich. Wenn man sich aber selbst und auch als Paar miteinander weiterentwickelt, hat man gute Chancen, glücklich gemeinsam alt zu werden. Diese Chance wird oft in den Elternjahren verspielt. Der Achtsamkeitssinn stumpft ab, wenn der Karren einmal rollt. Dann bleibt man oft nur deshalb zusammen, weil man nicht vollkommen unglücklich ist.

Der Vorrang des Elternwohls

Lautsprecherdurchsage im Flugzeug: »Im unwahrscheinlichen Fall eines Druckverlustes fallen Sauerstoffmasken aus der Kabinendecke. Ziehen sie diese zunächst selbst über Mund und Nase und helfen sie erst dann mitreisenden Kindern.« Offenbar scheint der Hinweis auf die Reihenfolge notwendig: Welcher Vater oder Mutter würde nicht zuerst sein Kind schützen wollen! Wenn wir jedoch einen Moment nachdenken, ist die Sache klar. Wenn Vater und Mutter erstickt sind, hilft das dem Kind auch nicht.

Alle Erfahrung zeigt: Elternpaaren geht es am besten, wenn die Liebesbeziehung für sie *vorrangig* ist. Denn die Liebesbeziehung ist eine Energiequelle für harte Wegstrecken. Die Sorge der Eltern um sich selbst und um ihre Liebe füreinander ist aber auch das Beste, was man für das Kind tun kann. So kann das Elternpaar länger für den Nachwuchs sorgen. Das Kind lernt zudem, dass Lieben nicht heißt, sich aufzuopfern.

Elternwohl *vor* Kindeswohl? Man kann das in dieser Verdichtung leicht missverstehen. Man beachte, dass wir nicht »Elternwohl *statt* Kindeswohl« sagen. Das eine soll und kann das andere nicht ersetzen! Aber das Elternwohl kommt »vorher«, hat die älteren Rechte. Eltern sind vor dem Kind da und insofern vorrangig. Ohne Eltern gäbe es das Kind nicht und könnte es auch nicht überleben. Mithin ist das Elternwohl die *Voraussetzung* für das Kindeswohl. Es ist der Grund und Boden, aus dem das Kindeswohl gedeiht. Und alles, was aus dieser Wurzel wächst, hat Kraft; was nur vom Ziel gezogen wird, bleibt schwach. Anders formuliert: Kindeswohl *durch* Elternwohl. Das Elternwohl ermöglicht dem Kind eine gesunde Entwicklung. Es bekommt der Erziehung jedenfalls nicht gut, wenn man versucht, »voraussetzungslos« das Kindeswohl zu fördern, indem man das Elternwohl ausblendet. Das ist der Irrtum von Amerikas Konservativen, die das Recht auf Abtreibung verneinen: Sie wollen nicht verstehen, dass die Entwicklung des Fötus vom Wohlbefinden der Mutter abhängt – was eben nicht gewährleistet ist, wenn sie das Kind gegen ihren Willen austragen muss.

Noch klarer wird dieser Gedanke, wenn man ihn negativ formuliert. Setzte man – umgekehrt – das Kindeswohl vor das Elternwohl, dann hätte niemand etwas davon. Langfristig am wenigsten das Kind. Wenn das Elternwohl zerstört ist, ist auch das Kindeswohl zerstört. Insofern wäre für manche Eltern schon viel gewonnen, wenn sie das Verhältnis ausgewogener gestalteten –

als einen Akzentwechsel auf einem Kontinuum, das nicht zertrennt werden darf.

Was heißt das konkret?

Die Praxis des Elternwohls

»Die Liebe sei wie die Säulen des Tempels – Luft sei zwischen euch.« Ein altgriechisches Sprachbild. Es meint: Zu viel Nähe ist weder gut für die Beziehung zwischen Mutter und Vater noch zwischen Eltern und Kind. Wir müssen Abstand halten, nicht permanent aufeinander kleben.

Dafür ist es hilfreich, Rollen zu trennen. Eltern, Paar, Frau, Mutter, Mann, Vater – das sind verschiedene Rollen, die jeweils ihre eigene Kontur haben. Deshalb sollten wir für *Wechsel* sorgen. Zu unterscheiden sind Situationen, in denen wir klar Eltern sind, von solchen, in denen wir ein Paar sind. Und diese sind wiederum zu trennen von solchen, wo jeder für sich ein Individuum ist.

Das hat zunächst eine *zeitliche* Dimension.

Grundlegend dafür ist das Unterbrechen der Alltagsroutine. Wir müssen aufmerksam bleiben für das Übermaß des Immergleichen. Wir dürfen nicht täglich das Murmeltier grüßen, sollten keinen mechanischen All-Tag zulassen. Vor allem sollten wir Festtägliches ehren. Und dann das konkurrenzlose Geheimnis jeder funktionierenden Beziehung: sich Zeit schenken, Interesse aneinander zeigen, das In-der-Welt-des-anderen-vorkommen-Wollen. Denn mehr als Zeit besitzen wir nicht. Karl Kraus würde wohl sagen: Sonst leben wir die Elternjahre »nicht einmal einmal«. Konkret bedeutet das: Gemeinsam ausgehen, im Restaurant sitzen, sich bedienen lassen, miteinander sprechen, ohne unterbrochen zu werden, über Dinge, die in der alltäglichen Hektik untergehen, auch über die Organisation des Alltags, weil sich die Abläufe ändern, heiter und leicht angetrunken nach Hause kommen. Auszeiten organisieren, gemeinsam spazieren gehen. Und dabei reden, reden, reden.

Jedes Gespräch, jedes Sich-Anblicken, kleine Momente der Aufmerksamkeit, winzige Handlungen wie kurze Berührungen – das alles sind Einzahlungen auf das schon zuvor erwähnte Beziehungskonto, das wir mit unserem Partner führen. Wenn Geben und Nehmen nicht ausgeglichen sind, stimmen die Bilanzen nicht. Das müssen wir uns sagen. Wir dürfen keinen Groll aufkommen lassen, keinen alten Ärger bunkern. Deshalb sollten wir immer wieder Gelegenheiten suchen, uns wechselseitig im Gespräch Saldenmitteilungen zu machen.

Dafür können wir uns Kinderbetreuung von außerhalb holen: Babysitter, Großeltern, Freunde, Nachbarn. Zu empfehlen sind zudem die Dienste professioneller Reinigungskräfte, Hundesitter, Gärtner (plus Mitarbeit der Kinder!). Wenn es finanziell möglich ist, sollten Alltagsverrichtungen ausgegliedert werden, und sei es nur punktuell oder ab und zu – das vermindert nicht nur Streitquellen, man schafft auch aktiv Raum für das Erhalten der Beziehung. Beziehungspflege statt Raumpflege.

Wir können aber auch ohne finanziellen Einsatz für Entlastung sorgen. Zum Beispiel, indem das Kind abends rechtzeitig im Bett ist, weil wir Eltern dann Zeit für uns haben. Ohnehin kann das Kind sonntagabends ab 19 Uhr auf seinem Zimmer sein, wenn es etwas älter ist. Damit wir als Paar gemeinsam kochen oder einen Film schauen können. Und das Kind lernt, dass Mama und Papa nicht allzeit verfügbar sind.

Ebenso wichtig: ein Bad nehmen oder ein Buch lesen. Wir dürfen uns verwöhnen und verwöhnen lassen. Und das nicht nur in den Phasen, in denen das Kind schläft. Lassen wir das Kind mitmachen oder, falls es das nicht mag, kann es sich selbst beschäftigen. Wir sind keine Daueranimateure! Weiter ausgreifend:

Gemeinsame gesellschaftliche Projekte neben der Elternrolle vorantreiben. Nicht Unsummen für Spielzeug ausgeben, sich selbst aber knapp halten. Nicht an Ferienorte fahren, wo wir ohne Kind nie hinfahren würden. Nicht vergessen, an Wochenenden Dinge zu tun, die *uns* Spaß machen. Also Aktivitäten, die wir auch ohne Kinder gemacht hätten.

Zur zeitlichen Dimension kommt die *räumliche*:

Man übertreibt nur wenig, wenn wir von einem räumlichen Terrorregime des Kindes sprechen, unter das sich viele Eltern ducken. Ob Peter Handke bei seinem *Versuch über das stille Örtchen* den Vater oder die Mutter mitbedachte, die sich auf selbiges flüchten, um sich 20 Minuten zu erholen? In der Tat gibt es oft kaum Rückzugsmöglichkeiten für uns Eltern, können wir kaum »unter vier Augen« oder ganz alleine sein. Aber wir können lernen, Grenzen zu setzen. Wir können einige Quadratmeter gegen das Kind verteidigen, sei es ein kleines Büro oder eine Ecke im Wohnzimmer. Einen »eigenen« Ort schaffen, der für das Kind tabu ist. Wir können verhindern, dass das Arbeitszimmer, in dem wir früher abgeschieden geschrieben und gelesen haben, zur dauerbelegten Telefonzelle der pubertierenden Tochter wird. Wir können einschreiten, wenn das Badezimmer, in dem wir Eltern früher unsere Schönheitsrituale vollzogen, zu einer bahnhofshallenartigen Transitzone wird. Wir können »Halt!« rufen, wenn das Schlafzimmer, in dem wir früher das gemacht haben, was man halt so im Schlafzimmer macht, zu einem berghüttenhaften Massenlager umfunktioniert werden soll.

Apropos Schlafzimmer. Historisch betrachtet kam es erst mit der bürgerlichen Kleinfamilie auf. Heute ist es zum Standard geworden. Und damit gleichzeitig zum Tabu geronnen. Auch ohne Kind ist es für viele Paare das Symbol ihrer Zusammengehörigkeit. Wenn man nicht gemeinsam nächtigt, heißt es häufig: »Irgendetwas scheint in der Beziehung nicht zu stimmen!« Vor allem Männer, die Hauptverursacher nächtlicher Schnarchkonzerte, reagieren oft beleidigt, wenn die Partnerin in einem anderen Zimmer schlafen will. Eine kuriose Idee, die Qualität einer Beziehung bei nächtlicher Dunkelheit zu beurteilen! Grundsätzlich ist doch zu fragen, ob die Beziehung nicht genau dadurch erhalten wird, dass man eben *nicht* alles miteinander teilt. Kann es nicht durchaus reizvoll sein, wie in den Anfangstagen zu fragen: »Gehen wir zu dir oder zu mir?«? Lässt nicht gerade die nächtliche Dauerpräsenz die Lust im wahrsten Sinne des Wortes einschlafen? Müssen unbedingt beide Eltern wach werden, wenn das Kind frisch geboren ist und gestillt werden will? Oder später häufig nachts wach wird und getröstet werden muss? Gerade bei Letzterem kann man sich abwechseln, damit wenigstens einer morgens ausgeschlafen ist. Der französische Schriftsteller Henry de Montherlant: »Die Ehe ist eine Hölle bei gemeinsamem Schlafzimmer; bei getrennten Schlafzimmern ist sie nur noch ein Fegefeuer; ohne Zusammenwohnen wäre sie vielleicht das Paradies.«

Grundsätzlich sollten wir uns jeden Abend die Frage stellen »Was habe ich heute getan, um meine Partnerschaft lebendig zu halten?« Wenn die Antwort dünn ausfällt, können wir am nächsten Tag nachbessern.

Ich-Wohl für Mütter und Väter

Telefonanruf bei einem Freund: »Wie geht es dir?« Antwort: »Uns geht es gut.« Plural? Woher kommt das »uns«? Der Freund – Ende 30, jahrelang hatte man mit ihm über Fußball, Musik und Politik gesprochen – er ist Vater geworden, ein engagierter Vater, Teil einer Partnerschaft, die planetengleich um die Sonne kreist – und die Sonne heißt »Maja«. *A star is born!* Ein strampelnder Wonneproppen. Vorbei ist das Eigenleben des Freundes, abgelöst durch Familienglück aus Windeln, Wickeltisch und Warten auf das »Bäuerchen«. Monothematisch wird die elterliche Selbstaufopferung entfaltet. Dass »sie« gestern Nacht dreimal »gekommen« ist, hat plötzlich eine ganz andere Bedeutung.

Aus Gleichstellungsgründen auch das Beispiel einer Mutter. »Wir sind in der dritten Klasse.« Wir? Die Mutter spricht nicht im Majestätsplural. Gemeint ist Leon, dritte Klasse. Aber die Mutter drückt offenbar nochmals die Schulbank, assistiert nicht nur bei den Hausaufgaben, sondern erledigt sie weitgehend selbst. Was ist mit der Mutter als Individuum? Ist sie derart mit dem Kind identifiziert, dass sie kaum noch zu unterscheiden weiß? Dass ihr die Selbstauslöschung gar nicht mehr auffällt? Insgesamt scheint es vor allem Müttern schwerzufallen, ihre eigenen Bedürfnisse zu benennen und durchzusetzen. Erst über Jahre lernen sie zu erkennen, dass sich in ihrer Erschöpfung unbefriedigte Bedürfnisse artikulieren. Was wiederum ambivalente Gefühle erzeugt: Es ist nicht leicht, sich von den Bedürfnissen derer abzugrenzen, die uns am Herzen liegen. Das aber sollten wir tun, wenn wir spüren, dass es eine kluge Investition in den weiteren gemeinsamen Weg ist.

Das Immer-verfügbar-Sein, das Anbieten und Anregen, die dauernde Festspielleitung – wir lassen uns manchmal so von der Familie in Beschlag nehmen, dass wir vergessen, uns um uns selbst als Einzelne und Einzige zu kümmern. Dass wir vergessen, entschieden und selbstbewusst »Ich« zu sagen. Und es auch so meinen. Es wäre aber Selbstsorge, aus dem Situationsstrom des Alltags herauszutreten und »sich um das Selbst zu sorgen«. Auch als Individuen sollten wir uns früh Bereiche und Zeiten reservieren, in denen wir uns als Einzelpersonen erleben und entwickeln können. Es muss selbstverständlich sein und kann organisiert werden, dass wir abends zum Sport gehen. Oder uns noch einmal in unsere Arbeit stürzen. Gerade für junge Mütter bedeutet

Emanzipation auch, die berufliche Weiterbildung am Abend ohne schlechtes Gewissen der Gutenachtgeschichte vorzuziehen. Wir sollten uns mit uns selbst solidarisieren: Was brauche ich gerade? Brauche ich in diesem Moment Ruhe? Dann muss ich es klar und deutlich sagen. Ohne Genervtsein, ohne Rumschreien, ohne Verlust der Selbstkontrolle. Oder ich gehe in ein anderes Zimmer. Oder gehe kurz ins Freie und nutze den großen Tröster Natur, und sei es im Stadtpark. Time-out – was für die Disziplinierung der Kinder eingeführt wurde, ist meistens noch wichtiger für mich. Ich tue dann, was mir guttut. Nichts hat so viel Autorität wie selbstbewusstes Zu-seinen-Bedürfnissen-Stehen. Ein Buch, das noch zu schreiben wäre: *Jede Mutter und jeder Vater kann schlafen lernen.*

Auch die Weisheit der Alten gilt es zu beherzigen: Männer stärken sich bei Männern, Frauen stärken sich bei Frauen. Als Mutter mit der Freundin ein paar Tage wegfahren, möglichst fern der Heimat, in eine Fremde, die uns zusammenrücken lässt und wechselseitig stärkt. Vor allem aber für Männer gilt: Freundschaften nicht vernachlässigen. Das tun Männer nämlich unverhältnismäßig häufig und stehen im Alter oft ohne sozialen Konvoi da. Entsprechend abhängig werden sie von der Kraft der Frauen. Frühe Selbstsorge stärkt auch Männer im Alter.

Gegenrede: Liegt all das nicht nahe am Egoismus, gar an der Vernachlässigung des Kindes? In der Tat, dieser Vorwurf lauert sprunghaft. Fast könnte man von einer »Inquisition gegen das Ich« (Sloterdijk) sprechen. Wir leben in einer Zeit, in der sich jeder bemüht, seine fürsorglichen Anstrengungen zur Schau zu stellen – ein moralisierendes Glänzenwollen. Dabei müssen wir nicht mitmachen. Hier wird keine Rücksichtslosigkeit gefordert, keine herzlose Ichsucht. Und kein verantwortungsvoller Vater oder Mutter behauptet, das Kindeswohl sei ihm egal. Im Gegenteil, es gibt auch Rückbezüge: Ein glückliches Kind kann auch Eltern glücklich machen. Aber die Wechselwirksamkeit beginnt bei uns Eltern, nicht beim Kind. Henne oder Ei? Henne! Denken wir an die Sauerstoffmaske im Flugzeug!

Happy Parentaholics

An einem Flughafen, Werbung für eine Bank. In großen Lettern: »Am I a good father? Do I spend too much time at work? Can I have it all? – For some of life's questions, you're not alone. Together we can find an answer.« Normalerweise bin ich gegenüber feministischen Überspanntheiten immun, aber das geht mir dann doch zu weit: Gibt es in Flughäfen nur Väter? Keine Mütter? Haben Mütter nicht ähnliche Fragen? Und was soll das denn sein: ein »guter« Vater? Ist das einer, der nicht »too much at work« ist? Auch ein hart arbeitender Vater kann ein guter Vater sein. Wenn er *gerne* arbeitet und glücklich dabei ist. Was nützt ein Vater, der zu Hause rumhängt, weil er sich hat einreden lassen, ein Vater müsse seine Kinder »erleben« und mit ihnen spielen, der aber unglücklich ist, weil er keine Freude an Kinderspielen hat? Weil er eigentlich etwas anderes will, nämlich arbeiten? Väter waren über Jahrtausende abwesend, haben für Nahrung und Sicherheit gesorgt. Und auch heute noch gibt es viele Väter, die ihr Kind nur kurz abends sehen und das auch nicht immer. Sind sie deshalb schlecht? Nein. Es geht ihnen nur schlecht, wenn sie etwas hören von »neuen Vätern« und ihrer *work-life-balance-blending-integration*. Dann haben sie schlagartig ein schlechtes Gewissen. Zu Recht?

Was Menschen tun, das *wollen* sie tun. Weil sie sich so *entschieden* haben. Das entspringt dem natürlichen Fluss ihrer Energien. Was immer da für den Einzelnen so attraktiv sein mag: Wir gehen dahin, wo es spannend ist. Da schauen wir nicht auf die Uhr, da phantasieren wir nicht über Alternativen, da beklagen wir nicht die Kosten. Da sind wir ganz bei uns. Das Lächeln der Kinderlieben mag uns bemitleiden, aber für uns selbst ist es in Ordnung. Solange man uns nicht den Floh ins Ohr setzt, wir müssten uns ja »eigentlich« schlecht fühlen.

Und genau das machen diese Stimmen. Sie sorgen dafür, dass wir erst unsicher werden, dann unzufrieden. Sie senken uns, die wir eben noch ganz bei der Sache waren, den Selbstzweifel ins Herz. Sie gaukeln uns vor, dass es möglich sei, für das Kind, die Familie, die Hobbys, die Freunde zu sorgen und gleichzeitig eine steile Karriere hinzulegen. Das läuft auf den Wunsch hinaus, keinen Preis zahlen zu müssen. Diese Stimmen *erschaffen* also die Unzufriedenheit, die sie zu beheben vorgeben. Wer an seinem Schreibtisch sitzt und von Hawaii träumt, ist weder an seinem Schreibtisch noch auf Hawaii.

An dieser Stelle kommt ein Begriff ins Spiel, der nicht nur ein Phänomen der Arbeitswelt ist, sondern auch der Kindererziehung: *Burnout*. Wenn wir dem Phänomen Burnout in der Erziehung wirklich nahekommen wollen, dann müssen wir zunächst feststellen: Erziehungsstress wird sehr unterschiedlich empfunden. Was den einen runterzieht, beflügelt den anderen. Sonst müssten *alle* ausbrennen, die ihren Erziehungsauftrag unter vergleichbaren Bedingungen erfüllen. Tun sie aber nicht. Es gibt jene, die sieben Tage die Woche ihr Kind betreuen und begeistert bei der Sache sind. Sie erleben diese Zeit als sinnvoll, unterhaltsam, genussreich. Andere hingegen fühlen sich in den Turbulenzen des Erziehungsalltags zunehmend unwohl, werden jeden Tag unzufriedener. Von ihnen wird dieselbe Situation völlig anders erlebt.

Es ist also nicht nur eine Frage der objektiven Gegebenheiten, sondern vor allem des subjektiven Wahrnehmens, die beantwortet werden muss. Und da gilt: In den Burnout wandern wir nicht, wenn das Kind nervt, im Home-Office sich die Zoom-Termine türmen. Es sind nicht äußere Belastungen, die uns überfordern. Auch Spitzenathleten belasten sich übermäßig – aber landen sie im Burnout? In letzter Konsequenz entspringt Burnout nur einer Quelle: Wenn wir »Ja« sagen und »Nein« meinen. Wenn wir Zeit mit dem Kind verbringen, aber »eigentlich« etwas anderes wollen. Wenn alles in uns ruft »Das will ich nicht!« und wir trotzdem anders handeln. Nur dann brennen wir aus.

Diejenigen Eltern, die sich entschieden haben, sich und ihr Leben dem Kind zu widmen, die enden nicht im Burnout – wenn sie dies mit klarem Blick auf das tun, was sie bewusst dafür abwählen. Sie sind sicher auch müde und abgespannt und geistig oft unterfordert. Aber deshalb verzweifeln sie nicht. Und *alles haben* zu können, den Preis nicht zahlen zu müssen, der nun mal fällig ist – das ist nicht von dieser Welt.

Wenn wir aber unser Kind nicht vernachlässigen und doch mit Haut und Haaren in unserem Job aufgehen, dann sollte man uns nicht zu therapieren versuchen. Dann ist kein Platz für Schuldgefühle. Allerdings muss uns klar sein, dass wir für unsere Nichtanwesenheit einen Preis zahlen: unwiederbringliche Erfahrungen mit dem Kind. Wenn wir heute keine Zeit haben, mit unserem Sohn den vierten Geburtstag zu feiern, dann werden wir nie wieder Gelegenheit dazu haben. Er hat nur einmal seinen vierten Geburtstag.

Tragisch ist nur, wenn Menschen diese Entscheidung *nachträglich* betrauern. Oft hören wir in der Lebensbilanz alter Menschen, sie hätten falsche Prioritäten gesetzt. Was sie erst merkten, als es zu spät war. Das ist kein hilfreicher Gedanke. Wir dürfen nicht zurückschauend die Tatsache ausblenden, dass wir zu dem Zeitpunkt, als wir uns für oder gegen Zeit mit dem Kind entschieden, gute Gründe dafür hatten. Was immer für den Einzelnen gezählt haben mag: seinen Lebensunterhalt zu verdienen, Karriere zu machen oder sich schlicht nicht zu langweilen. Ja, wir verpassten etwas, aber das war uns damals unwichtig. Und deshalb entschieden wir uns dagegen. Täglich. Reue ist daher zwar menschlich verständlich, aber blind. Sie unterstellt nachträglich als wichtiger, was wir damals nicht leisten wollten oder konnten. So wie früher alles nur deshalb besser war, weil wir uns nicht mehr recht erinnern.

Sehnsucht sucht immer das Beste im Abwesenden. Weshalb sie nie Gefahr läuft, sich erfüllen zu müssen. Es gibt aber kein Paralleluniversum, wo wir unser gelebtes Leben mit einem ungelebten abgleichen können. Wir wissen nicht, ob wir mit mehr Kinderzeit glücklicher geworden wären. Deshalb sollten wir im sentimentalen Rückblick auf die Elternjahre nicht das Ungelebte idealisieren. Sondern das Gelebte begrüßen.

Ein paar Regeln für die Elternjahre

Ist das »gut genug«, was wir hier besprochen haben? Müssen wir nicht ambitionierter sein? Müssen wir nicht weit mehr dem Slogan der Gegenwart folgen: »Follow the science!«? Das Augenmerk der Gesellschaft ist ja nicht darauf gerichtet, was Eltern alles machen, sondern was sie alles *falsch* machen.

Von Karl Popper, dem Übervater der Wissenschaft, wissen wir, dass Wissenschaft kein absolutes und immerwahres Wissen bietet, sondern nur Vermutungen. Und dass diese Vermutungen wieder durch bessere Vermutungen ersetzt werden. Deshalb sollten wir uns nicht im Übermaß an Wissenschaft oder Expertentum orientieren. Niemand kann uns sagen, worin genau unsere Herausforderungen mit *diesem* Kind bestehen und wie wir ihnen begegnen können. Zweifellos gibt es im Einzelnen hilfreiche und vielfältige Hinweise, um bestimmte Muster zu identifizieren. Aber keine Patentrezepte. Und ein technokratisches Vorgehen wird dem Einzelfall ohnehin nicht gerecht. Hier hilft Bescheidenheit. Und Zurückhaltung gegenüber anderen: Mische dich niemals in das Erziehungsverhalten anderer Eltern ein. Niemals! Man kann mit (fast) allen Menschen vernünftig reden, nur nicht mit Eltern über Erziehung. Schon so mancher ist dabei an heiliger Inbrunst gestorben.

Das »Erkenne dich selbst« auf dem Apollotempel von Delphi hatte im Griechischen die ursprüngliche Bedeutung des »Sei bescheiden, sei nicht wie Gott«. Was kann das für die Elternjahre heißen? Manchmal ist es intelligent, Wissen zu vermeiden. Es muss auch nicht immer von Vorteil sein, sich weiterzuentwickeln. Man kann auch *gut genug* sein – es reicht aus, absolut Schädliches zu verhindern. Das ist gleichzeitig die Quelle unserer Autonomie, des eigenverantwortlichen Handelns, das wir uns in keiner Lebensdimension nehmen lassen sollten. Denn vieles geht doch gut in der Erziehung unseres Kindes. Vieles funktioniert auch ohne unser Zutun. Und ohne unsere Sorgen.

Diese Haltung will ich in einigen goldenen Regeln für die Elternjahre zusammenfassen – und spreche Sie abschließend direkt an:

Erstens: Sorgen Sie sich nicht übermäßig um Ihr Kind. Die meisten Kinder entwickeln sich von alleine gut. Seien Sie nicht überzuständig, stehen Sie nicht dauernd im Weg rum. Das Kind muss lernen, so früh wie möglich ohne Sie auszukommen.

Zweitens: Überschätzen Sie nicht Ihren erzieherischen Einfluss. Bleiben Sie gelassen. Die Gene können Sie ohnehin nicht verändern. Und wie das soziale Umfeld prägt, das entscheidet das Kind weitgehend selbst.

Drittens: Vertrauen Sie Ihrer Intuition. Stoppen Sie Ihren inneren Dauerkritiker. Sie machen weniger falsch, als Sie meinen, wenn Sie sich selbst vertrauen.

Viertens: Halten Sie Distanz zu Experten und Ratgebern – auch zu diesem Buch. Verlassen Sie nicht Ihren eigenen Weg. Haben Sie in stiller Entschiedenheit den Mut zur Abkehr von Erziehungsmoden. Erziehung ist Zwickmühlenkunde.

Fünftens: Vermeiden Sie destruktive Ansprüche. Sowohl gegenüber dem Kind als auch gegenüber sich selbst. Verlieren Sie nicht vor lauter Schneller-höher-weiter-Perfektionsdrang die Freude am Zusammensein mit dem Kind. Versuchen Sie nicht, das Kind nach Ihrem Bilde zu formen. Bleiben Sie vielmehr neugierig auf das Besondere Ihres Kindes.

Sechstens: Tun Sie nicht Gutes, sondern vermeiden Sie Schlechtes. Unterlassen Sie Verhaltensweisen, die das Kind eindeutig schädigen. Wenig falsch machen ist wichtiger als viel richtig machen.

Siebtens: Geben Sie Ihrem Kind niemals so viel Macht über sich, dass Sie es aus Ihrer Liebe fallen lassen. Sagen Sie nicht »Ja«, wenn Sie »Nein« meinen. Damit helfen Sie weder dem Kind noch sich selbst.

Achtens: Vernachlässigen Sie nicht Ihre Beziehung als Paar. Wenn es Ihnen wichtig ist, auch *nach* den Elternjahren zusammenzubleiben, dann sollten Sie so früh wie möglich Gemeinsamkeit ohne das Kind pflegen. Vor allem wird es Ihrem Kind guttun, wenn Sie für sich als Paar sorgen.

Neuntens: Vernachlässigen Sie sich nicht als Individuum. So können Sie mit sich selbst Freundschaft schließen und bleiben gleichzeitig attraktiv für Ihren Partner. Distanzen sind wichtig, um wieder zusammenkommen zu können. Und sich auf das Wiederbegegnen zu freuen.

Das bringt uns – *zehntens* – zum Schluss. Wir haben diese Überlegungen begonnen mit dem Leben, das weitermachen will. Wir schließen auch damit. Das Leben ist unendlich. Es setzt sich in uns fort, fließt durch uns hindurch. Nur für *uns* hat es einen Anfang und ein Ende. Wir können das Leben aber weiterreichen –

an unser Kind. Dann stehen wir im Dienst des Lebens, auch wenn wir sterben. Denn neues Leben braucht Raum. Es kann nur entstehen, wenn wir Platz dafür frei räumen, dadurch einen neuen Anfang setzen und uns mit unserem Ende versöhnen. So wirken wir weiter, auch wenn wir vergangen sind. In unserem Kind bleiben wir dem Leben erhalten. Den Anfang dafür bilden die Elternjahre. Die Tage mit einem Kind mögen lang sein, aber die Jahre mit einem Kind sind kurz.

Nachwort und Dank

»Bevor ich heiratete, hatte ich sechs Theorien über Kindererziehung. Jetzt habe ich sechs Kinder und keine Theorie.« Der Earl of Rochester hat das geschrieben, im 17. Jahrhundert. Ich habe auch keine Theorie. Aber Erfahrung. Um die zu erklären, will ich kurz persönlich werden.

In dem Augenblick, in dem ich dieses Buch schreibe, bin ich 68 Jahre alt, Vater von vier Kindern und Großvater von vier Enkeln. Ich habe unter anderem Pädagogik, Psychologie und Philosophie studiert, bin ausgebildeter Lehrer am Gymnasium, habe fast 40 Jahre als Managementberater und Personalentwickler gearbeitet, etliche Bücher zur Führungspsychologie geschrieben, darunter mit *Die Entscheidung liegt bei dir!* einen Ratgeber zur Lebenskunst, den viele Eltern auch auf ihr Familienleben bezogen haben.

Das alles erklärt noch nicht meinen Willen, ein Buch zur Kindererziehung zu schreiben. Dieser entstand so: Anfang der 80er Jahre wurde ich Mitarbeiter des amerikanischen Chemieunternehmens 3M. Außer meinem Studium und meiner Lehrerausbildung hatte ich nicht viel zum Thema »Lernen von Erwachsenen« zu bieten. Um dieses Defizit auszugleichen, gab mir mein Chef einige Bücher zur Mitarbeiterführung. Bei der Lektüre hatte ich ein Schlüsselerlebnis: Es schien mir, als hätten die Autoren Ratgeber zur Kindererziehung herbeigezogen, das Wort »Kind« durch »Mitarbeiter« ersetzt und den Text dann weitgehend unverändert veröffentlicht. Entsprechend ging man immer von der Lenk- und Hilfsbedürftigkeit des Mitarbeiter-Kindes aus. *Managing as Parenting.*

Meine Reaktion auf diese Infantilisierung von Erwachsenen war – Zorn. Nein, so wollte ich Führung nicht verstehen, so konnte keine *Leistungspartnerschaft* entstehen. Mein Ursprungsmantra entstand: »Wir haben im Unternehmen keinen Erziehungsauftrag!« Und so wurden meine Managementbücher getragen von einem Menschenbild, das dem Mitarbeiter ein Erwachsensein im Plus und Minus zutraut.

Und dann dies: »Schreiben Sie doch mal ein Buch über Kindererziehung! Da gibt es doch viele Parallelen. Mit den Mitarbeitern kommen wir ja einigermaßen zurecht, aber mit der Tochter (wahlweise dem Sohn, den Kindern des neuen Partners), da ist es manchmal zum Heulen.« Vielleicht können Sie sich vorstellen, wie sehr mich dieser Wunsch in Verlegenheit brachte. Ich lachte kurz auf, war mir aber sicher, dass ich dazu weder Lust noch Zeit hatte. Und ich dachte nicht im Traum daran, mich an eine Arbeit zu wagen, zu der ich außer meiner Erfahrung als Vater nicht viel beizutragen hatte. »Nein!« war daher regelmäßig meine Antwort, ob man denn nicht den fundamentalen Unterschied zwischen einem Erwachsenen und einem Kind sehe. Erziehung bedeute Führung; aber Führung bedeute nicht Erziehung.

Aber bevor ich Ihnen erzähle, ich sei das Opfer fremder Erwartungen, will ich gerne zugeben, dass diese Idee in mir arbeitete. Fast schon »heimlich« sammelte ich Gedankensplitter, kleine Beobachtungen und Reflexionen zu Erziehungsfragen. Über 30 Jahre häufte sich so ein Berg an Unsortiertem an. Und während der Pandemie nahm ich mich dann des gesammelten Materials an. Das Ergebnis liegt nun vor Ihnen.

Zusätzlichen Rat geholt habe ich mir in Texten von so unterschiedlichen Denkern wie Immanuel Kant, Friedrich Nietzsche,

Martin Heidegger, Michel Foucault, Peter Sloterdijk; ihre Spuren werden Sie zahlreich finden. Ein wenig habe ich mich auch in der Erziehungsliteratur umgesehen und auch dort interessante Funde gemacht, die ich vereinzelt einstreuen konnte. Viel gelernt habe ich zudem aus den Schriften des großen Biologen Edward O. Wilson. Das meiste aber stammt aus meiner Erfahrung als Vater.

Mir bleibt letztlich nur noch eines: zu danken. Der Arbeitskreis Neue Erziehung meiner Heimatstadt Essen hat mich als jungen Vater schon früh begleitet mit seinen ausgezeichneten »Elternbriefen«. Während der Niederschrift dieses Buches haben Sabine Bruderer und Jochen Klein viel bei-, zu- und abgetragen. Mein übergroßer Dank aber gilt Nicole Bröscher. Mit ihrer Erfahrung als Schulpsychologin hat sie mir unbekannte Perspektiven eröffnet und mich gleichzeitig vor mancher Verstiegenheit bewahrt. Eine ebenso kritische wie wohlwollende Erstleserin hätte ich mir nicht wünschen können.

Die Geburt des ersten Lesers ist der Tod des Autors. Das gilt auch für Bücher, die sich der Kindererziehung angenommen haben. So wie John Wayne es sagte, als er vor einer ähnlich großen Herausforderung stand: »Courage is being scared to death, but saddling up anyway.«

Literaturverzeichnis

Acosta, Rina Mae / Hutchison, Michele: The Happiest Kids in the World, New York 2017

Ahrbeck, Bernd: Was Erziehung heute leisten kann, Stuttgart 2020

Alder, Kathrin: Bin ich eine gute Mutter?, in: NZZ v. 24.08.2021, S. 15

Ariès, Philippe: Geschichte der Kindheit, München 1975

Badiou, Alain: Philosophie des wahren Glücks, Wien 2016

Banze, Sonja/ Freisinger, Gisela Maria: Freiheit unter Aufsicht, in: manager magazin 09/2021, S. 109–116

Baum, Antonia: Gib alles!, in: FAS v. 26.10.2014, S. 43

Beglinger, Martin: Streng, beharrlich und liebevoll, in: NZZ v. 19.09.2020, S. 46–48

Bernau, Patrick: Die Macht der Gene, in: FAS v. 29.08.2021, S. 18

Berndt, Christina: Individuation, München 2019

Betzler, Monika: Erziehung zur Autonomie, in: Deutsche Zeitschrift für Philosophie 6/2011, S. 937–953

Bleisch, Barbara: Warum wir unseren Eltern nichts schulden, München 2018

Brisch, Karl Heinz: Bindung und emotionale Gewalt, Stuttgart 2017

Chotjewitz, David: Bekenntnisse eines neuen Vaters, in: Kursbuch »Die Väter«, Heft 140, 6/2000, S. 37–44

De Neve, Jan-Emmanuel / Christakis, Nicholas A. / Fowler, James H. / Frey Bruno S.: Genes, Economics, and Happiness, in: Journal of Neuroscience, Psychology, and Economics 2012, Vol. 5, No. 4, 193–211

Donzé, René: Zu viel Lob schadet dem Kind, in: NZZ am Sonntag v. 18.12.2016, S. 12

Doucleff, Michaeleen: Hunt, Gather, Parent, New York 2021

Drawert, Kurt: Schreiben. Vom Leben der Texte, München 2012

Dreikurs, Rudolf / Soltz, Vicki: Kinder fordern uns heraus, Stuttgart 1990

Eberle, Ute: Sie lieben und sie schlagen sich, in: Wie Erziehung gelingt, GEO Wissen 54, 2014, S. 66–75

Fischer, Sarah: Die Mutterglück-Lüge, München 2016

Frömel, Susanne: Abschied von der Erziehung, in: Wie Erziehung gelingt, GEO Wissen 54, 2014, S. 126–136

Fthenakis, Wassilios E.: Engagierte Vaterschaft, Opladen 1999

Galiani, Sebastian / Staiger, Matthew / Torrens, Gustavo: When Children Rule: Parenting In Modern Families, NBER Working Papers 23087, 2017

Gampert, Christian: Der entmachtete Vater, in: Kursbuch »Die Väter«, Heft 140, 6/2000, S. 161–169

Gerk, Andrea / Port, Moni: Ich bin da mal raus. Ideen gegen den Optimierungswahn, Zürich 2021

Grolimund, Fabian: Was Kindern nach einer Trennung hilft, in: Das Schweizer ElternMagazin Fritz + Fränzi, 12/2021, S. 50–51

Grolimund, Fabian / Rietzler, Stefanie: Dem Glück auf der Spur, in: Das Schweizer ElternMagazin Fritz + Fränzi, 10/2021, S. 94–95

Grünenfelder, Andrea: Konflikte in der Erziehung nutzen, in: NZZ v. 13.01.2021, S. 18

Grüninger, Thomas: Regt euch ab!, in: NZZ am Sonntag v. 19.01.2020

Hahlweg, Kurt: Mit Konsequenz erziehen, in: Wie Erziehung gelingt, GEO Wissen 54, 2014, S. 27–35

Harden, Kathryn: The Genetic Lottery, Why DNA Matters for Social Equality, Princeton 2021

Heidbrink, Marcus / Berg, Victoria / Feltes, Florian: Die Jungbullen kommen, in: Harvard Business Manager 5/21, S. 39–53

Herzinger, Richard: Diktatoren, in: Kursbuch »Die Väter«, Heft 140, 6/2000, S. 67–85

Hoekzema, Elseline et al.: Pregnancy Leads to Long-Lasting Changes in Human Brain Structure, in: Nature Neuroscience, 2017

Hombach, Stella Marie: Warum so streng?, in: FAS v. 16.01.2022, S. 53

Hummel, Katrin: Wozu sind wir noch verheiratet, in: FAS v. 08.08.2021, S. 9

Juul, Jesper: Mit Gelassenheit erziehen, in: Wie Erziehung gelingt, GEO Wissen 54, 2014, S. 26–34

Juul, Jesper: In der Sackgasse, in: Das Schweizer ElternMagazin Fritz + Fränzi, 1/2022, S. 77–79

Kals, Ursula: Selber Duzi-Duzi!, in: FAS v. 19.02.2017, S. 12

Kieserling, André: Lass uns Freunde bleiben, in: FAS v. 16.01.2012, S. 56

Kirady, Maria: Die heimlichen Erzieher, in: Wie Erziehung gelingt, GEO Wissen 54, 2014, S. 117–124

Klett, David: Die Entdeckung der Kindheit, in: Merkur 11/2010, S. 1111–1115

Kleven, Henrik / Landais, Camille / Sogaard, Jakob: Does Biology Drive Child Penalties?, in: American Economic Review, Insights 3/2021

Kloepfer, Inge: Wieder aufstehen, in: FAS v. 06.12.2015, S. 47

Knabenhans, Anja: Eltern auf dem Scheiterhaufen, in: NZZ v. 18.04.2020, S. 38

Krogerus, Mikael: Alles fürs Kind, in: Das Schweizer ElternMagazin Fritz + Fränzi, 10/2021, S. 22
Krohn, Philipp: Macht euch locker!, in: FAZ v. 18.02.2018
Leckelt, Marius / König, Johannes / Richter, David / Back, Mitja / Schröder, Carsten: The personality traits of self-made and inherited millionaires, in: Humanities and Social Sciences Communications, 2022, Vol. 9, no. 1
Leibovici-Mühlberger, Martina: Wenn die Tyrannenkinder erwachsen werden, Wien 2016
Leist, Anton: Eine Frage des Lebens, Frankfurt 1998
Levine, Ross / Rubinstein, Yona: Smart and Illicit. Who Becomes an Entrepreneur and Do They Earn More? NBER Working Papers 19276, 2013/2015
Liessmann, Konrad Paul: Geld, Gott und Gesetz, in: Kursbuch »Die Väter«, Heft 140, 6/2000, S. 45–52
Liessmann, Konrad Paul: Der Schmerz, der bleibt, in: NZZ v. 17.04.2021, S. 21
List, John A. / Petrie, Ragan / Samek, Anya: How Experiments with Children Inform Economics, NBER Working Papers 28825, 2021
Luhmann, Niklas: Liebe als Passion, Frankfurt 1982
Lukesch, Barbara: Aber es sind doch deine Eltern!, in: NZZ am Sonntag Magazin, 4/21, S. 18–23
Maas, Rüdiger: Generation lebensunfähig, München 2021
Maas, Rüdiger: Eine Generation von schwachen Menschen, Interview in: NZZ am Sonntag v. 14.11.2021, S. 22–23
Manella, Jürg: Der relationale Mensch, Zürich 2013
Martenstein, Harald: Erziehung ist nichts für Feiglinge, in: Wie Erziehung gelingt, GEO Wissen 54, 2014, S. 158–161
Matuschek, Milosz: Doktor Petersons Rosskur, in: NZZ v. 12.06.2018, S. 13
Moalem, Sharon: Das stärkere Geschlecht, München 2020

Niejahr, Elisabeth: Eierstöcke, mein Baby und ich, in: Die Zeit v. 23.10.2014, S. 20
Nolan, Virginia: Die Liebe bewahren, in: Das Schweizer ElternMagazin Fritz+Fränzi, 6/2021, S. 12–29
Nolan, Virginia: Eltern sind nicht für alles verantwortlich, Interview mit Annette Cina, in: Das Schweizer ElternMagazin Fritz + Fränzi 10/2021, S. 17–20
Omer, Haim / Haller, Regina: Raus aus der Ohnmacht. Das Konzept Neue Autorität für die schulische Praxis, Göttingen 2019
Ortmann, Günther: Als Ob, Wiesbaden 2004
Papageorge, Nicholas W. / Ronda, Victor / Zheng, Yu: The Economic Value auf Breaking Bad: Misbehavior, Schooling and the Labor Market, NBER Working Papers 25602, 2019
Patou-Mathis, Marylène: Weibliche Unsichtbarkeit, München 2021
Pauen, Sabina: Was ist ein Baby?, in: Universitas 5/2017, S. 5–24
Pauen, Sabina: Vom Baby zum Kleinkind, Heidelberg 2018
Peterson, Jordan B.: 12 Rules for Life, Toronto 2018
Plomin, Robert: Blueprint. How DNA Makes Us Who We Are, Boston 2018
Puri, Nina / Kaloff, Susanne: Elternkrankheiten, München 2007
Ramming, Philipp: »Der Vater hofft, dass sich das Kind selber erzieht. Das nenne ich Feigheit vor dem Feind«, sagt der Erziehungsexperte, Interview in: NZZ am Sonntag v. 29.09.2018 S. 52–53
Ramming, Philipp: Interview in: NZZ am Sonntag v. 18.12.2016, S. 12
Reichenbach, Charles: Zuspruch fürs Leben, Weiach 2020
Renz-Polster, Herbert: Kinder verstehen, München 2009
Renz-Polster, Herbert: Erziehung prägt Gesinnung, München 2019
Rigos, Alexandra: Die Zeit danach, in: Wie Erziehung gelingt,

GEO Wissen 54, 2014, S. 138–144
Rotthaus, Wilhelm: Wozu erziehen? Heidelberg 2007
Rühle, Alex: Vom guten Gefühl, gebraucht zu werden, in: Wie Erziehung gelingt, GEO Wissen 54, 2014, S. 76–83
Russel, Bertrand: Eroberung des Glücks, Frankfurt 1982
Schaaf, Julia: Warum tust du dir das an?, in: FAS v. 27.03.2022, S. 11
Schlick, Moritz: Vom Sinn des Lebens, in: Fehige, Christoph / Meggle, Georg / Wessels, Ulla (Hg.): Der Sinn des Lebens, München 2000, S. 309–322
Schotte, Dietrich: Was ist Gewalt? Frankfurt 2020
Schröder, Lisbeth: Wenn Glück unglücklich macht, in: FAS v. 27.02.2022, S. 56
Sies, Claudia: Das kleine Handbuch für die Liebe, Freiburg 2013
Sloterdijk, Peter: Die schrecklichen Kinder der Neuzeit, Berlin 2014
Sloterdijk, Peter: Wer noch kein Grau gedacht hat, Berlin 2022
Stamm, Margit: Letzte Lektion Liebesentzug, in: NZZ v. 01.12.2020, S. 18
Stamm, Margit: Überleister und Langsamlerner, in: NZZ v. 29.05.2021, S. 21
Stamm, Margit: Unsere Kinder, die kleinen Könige, in: NZZ v. 30.04.2022, S. 21
Stein, Annett: Wie Erziehung zur Bürde wird, in: Die Welt v. 18.11.14, S. 20
Stephan, Cora: Das Schweigen der Männer, in: Kursbuch »Die Väter«, Heft 140, 6/2000, S. 105–114
Thomä, Dieter: Eltern, München 2002
Vaihinger, Hans: Die Philosophie des Als Ob, Reprint der Ausgabe von 1911, Leipzig 1986
Weiss, Bertram: Der Schmerz der Kinderseele, in: Wie Erziehung gelingt, GEO Wissen 54, 2014, S. 90–97

Winterhoff, Michael: Warum unsere Kinder Tyrannen werden, Gütersloh 2008
Zanoni, Sarah: Wir Eltern machen weniger falsch, als wir meinen, Interview in: Das Schweizer ElternMagazin Fritz + Fränzi, 1/2022, S. 43–47
Zastrow, Volker: Kreisch!, in: FAS v. 18.01.2015, S. 3